Allegria

Die Autorin

Safi Nidiaye war ursprünglich Journalistin und wurde durch ihre Arbeit als Medium eine der bekanntesten spirituellen Lehrerinnen im deutschsprachigen Raum. Im Mittelpunkt ihrer Seminare stehen die Beschäftigung mit dem Höheren Selbst und eine praktische Methode um »vom Kopf ins Herz« zu kommen. Sie lebt und arbeitet in der Nähe von München. Zu ihren erfolgreichsten Büchern gehört der Bestseller *Liebe ist mehr als ein Wort.*

Von Safi Nidiaye sind in unserem Hause erschienen:

Das befreite Herz
Der entscheidende Schritt
Das Tao des Herzens
Die Weisheit der Inneren Stimme
Ihr höheres Selbst
Liebe ist mehr als ein Gefühl
Das Bewusstseins-Orakel
(enthält das Buch *Den Weg des Herzens gehen)*
Aufwachen und Lachen
Probleme lösen mit Meditation
Herz öffnen statt Kopf zerbrechen

Safi Nidiaye

Aufwachen – und lachen

Der einfache Weg zur Freiheit
von Ärger, Angst und Leid

Ullstein

Besuchen Sie uns im Internet:
www.ullstein-taschenbuch.de

Allegria im Ullstein Taschenbuch

MIX
Papier aus verantwortungsvollen Quellen
FSC® C014496

Ullstein Taschenbuch ist ein Verlag der
Ullstein Buchverlage GmbH, Berlin
Neuausgabe
1. Auflage August 2007
6. Auflage 2015

Umschlaggestaltung: FranklDesign, München
Titelabbildung: www.vietmeier.com
Gesetzt aus der Meridien Roman
Satz: Leingärtner, Nabburg
Papier: Pamo Super von Arctic Paper Mochenwangen GmbH
Druck und Bindearbeiten: GGP Media GmbH, Pößneck
Printed in Germany
ISBN 978-3-548-74381-3

Inhalt

Teil II:
Anmerkungen zu einzelnen Lebensthemen . . 93

Teil III:
Anmerkungen zu einzelnen Gefühlen 183

Teil IV:
Zur Technik 215

Dieses Buch widme ich allen, die einen Ausweg aus ihren Problemen suchen, die es satt sind, von ihren eigenen Emotionen oder denen anderer beherrscht zu werden, in einem Teufelskreis gefangen zu sein oder in ihren Verhaltensmustern zu erstarren; die verzweifelt oder wütend, traurig oder verbittert sind, die aus ihrem Ärger, ihrem Unwohlsein oder ihrer Depression nicht herausfinden oder in schwierige Beziehungen verstrickt sind; die wieder aus ganzem Herzen lachen möchten; die sich einen besseren Zugang zu ihrem Herzen wünschen; die Liebe und Heilung, Trost und Befreiung suchen; die den Himmel vor lauter Alltag nicht mehr sehen und sich danach sehnen, zu erwachen und das Licht ihres wahren Wesens, die Liebe ihres Herzens und die Freude, Teil dieses grenzenlosen Universums zu sein, wieder zu entdecken.

Einleitung

In diesem Buch geht es ums Erwachen. Aber nicht um das ganz große Erwachen[1], das in seltenen Ausnahmefällen als Ein-für-allemal-Rundum-Erleuchtung, meist aber als kurzer Moment der Erkenntnis oder Ekstase erlebt wird, aus dem man alsbald – bereichert durch eine schöne Erinnerung und den Ansporn, weiter fleißig zu meditieren – ins gewöhnliche Bewusstsein zurückkehrt. Hier geht es vielmehr um ein vergleichsweise kleines, unspektakuläres Erwachen, das jedoch zu einer großen und bleibenden Befreiung führt: zum Aufwachen nämlich aus der Hypnose ganz bestimmter einzelner Gedanken und Gefühle – jener Gedanken und Gefühle, die uns unglücklich machen, die liebevolle Beziehungen in quälende Angelegenheiten verwandeln und einfache Situationen in Probleme. Dieses kleine Erwachen verändert die innere Realität sofort und durchschlagend und führt, wenn es häufig oder kontinuierlich geschieht, ganz automatisch auch zum Erwachen in höhere, spirituelle Dimensionen hinein. Und das Schöne ist, dass man es willentlich in Gang setzen kann.

Was uns an Leid, Angst und Ärger festhalten lässt, ist unsere Identifikation mit bestimmten Gedanken und Gefühlen, die uns so selbstverständlich sind, dass wir sie nicht bemerken. Wir halten sie für Realität, anstatt zu erkennen, dass es nur Gedanken und Gefühle sind. Dadurch entgeht unserer Aufmerksamkeit die Tatsache, dass es sich um Gedanken und Gefühle aus der Vergangenheit handelt, die mit der gegenwärtigen Situation nichts zu tun haben – um Gespenster aus einer längst vergangenen Zeit, die durch die scheinbare Ähnlichkeit der aktuellen Situation mit einer vergangenen heraufbeschworen werden. Da sie uns jedoch nicht bewusst sind, können wir diese Verwechslung nicht bemerken.

Würden wir sie bemerken, so wären wir in der Lage, aus unserem Irrtum zu erwachen – und darüber zu lachen, wie dumm wir waren. Ganz so einfach ist es allerdings nicht mit dem Erwachen. Das Problem ist nämlich, dass die alten Gedanken und Gefühle, mit denen wir uns unbewusst identifizieren, nicht nur in unserem Kopf existieren; wäre das so, dann wäre es in der Tat ein Leichtes, aus ihnen zu erwachen. Wir müssten nur auf sie aufmerksam werden, um zu verstehen, dass sie erstens gar nichts mit der gegenwärtigen, sondern mit einer vergangenen Situation zu tun haben, und dass es zweitens keine Tatsachen sind, sondern nur Gedanken – und Gefühle, die aus diesen Gedanken entstehen. Und schon wären wir von unserem Irrtum befreit, und die Angelegenheit, die uns eben noch auf Grund der unsinnigen alten Gedanken wie ein riesiges Problem erschien, wäre auf einmal überhaupt keines mehr.

Aber so leicht geht das nicht. Was es etwas schwieriger macht, ist die Tatsache, dass die fraglichen Gedanken und Gefühle

a) zu unserer Identifikation gehören und für Tatsachen gehalten werden und

b) eine Realität in unserem Körper darstellen, die durch anderes Denken nicht einfach gelöscht wird.

Beides werde ich im nächsten Kapitel erklären.

Dennoch gibt es einen einfachen Weg, aus diesen alten, Leid erzeugenden und einschränkenden Gedanken und Gefühlen zu erwachen. Diese Technik ist so einfach und so direkt, dass sich jeder, der sie erlernt hat, fragt, warum er nicht schon längst darauf gekommen ist. Sie trägt der jeweiligen inneren Wahrheit Rechnung und will nichts anders haben, als es ist; sie manipuliert nichts, überfordert niemanden und kann jederzeit und überall von jedem praktiziert werden, der ernsthaft gewillt ist, aus seinen Qualen, Ängsten und Ärgernissen zu erwachen. Woran auch immer Sie leiden und worin auch immer Sie sich verstrickt haben (schwierige Beziehungen, Depression, Suchtverhalten, Ärger, Eifersucht oder was auch immer): Dieser direkte Weg in die Freiheit steht Ihnen immer offen. Mit jedem Schritt, den Sie auf ihm tun, werden Sie ein wenig mehr aufwachen – und lachen.

AUFWACHEN AUS

– den falschen Gedanken, die wir ein Leben lang für wahr gehalten haben

– den quälenden Gefühlen und Konflikten, welche die Folge dieser Gedanken waren

– dem Zwang, uns wieder und wieder in Situationen zu begeben, welche die gleichen quälenden Gefühle und Konflikte hervorrufen

– den falschen Ideen, aus denen sich das Bild zusammensetzt, welches wir von uns selbst haben

– den Missverständnissen, die die Beziehung zu unseren Lebenspartnern trüben

– dem Gefangensein in Angst und Phobie

– der Verstrickung in Probleme und problematische Beziehungen

– Gewohnheiten, Süchten und Verhaltenszwängen

– dem Drama von Hoffnung und Enttäuschung, Schuld und Schulden, Unterdrückung und Verstrickung, Forderung und Verweigerung

– dem Beherrschtwerden durch emotionale Bedürfnisse – unsere eigenen und diejenigen unserer Mitmenschen.

ERWACHEN ZU DER ERKENNTNIS, DASS

– das Problem, das uns gerade quält, auf einem Gedanken basiert, den wir für wahr gehalten haben

– dieser Gedanke ein Gedanke ist und keine Tatsache

– wir uns deshalb so schlecht fühlen, wie wir es tun, weil wir ihn nicht als Gedanken erkannt, sondern für eine Tatsache gehalten haben

– auch dieses Gefühl keine Tatsache ist, die uns bedrohen, verschlingen, umbringen oder für immer gefangen nehmen kann, sondern nichts als ein Gefühl
– wir wagen können, es zu fühlen
– wir genau dadurch frei werden von ihm.

ERWACHEN ZU
– der tatsächlich erlebten (nicht nur gedachten) Erkenntnis dessen, dass nichts von dem, was ein anderer sagt, tut oder denkt, uns selbst verletzen, herabsetzen oder kränken kann
– innerer Freiheit
– Bewusstheit
– Unabhängigkeit
– Verbundenheit mit allem
– Liebe
– Mitgefühl
– Lebensfreude und
– der Freiheit, unser Leben schöpferisch zu gestalten.

Teil I: Erwachen

Wenn Sie nachts wach werden und im Halbdunkel des Zimmers eine menschliche Gestalt sich bewegen sehen, erschrecken Sie und fürchten sich. Wenn Sie dann aber das Licht einschalten und entdecken, dass da nichts weiter ist als ein Kleid, das vor dem offenen Fenster hängt und sich im Wind bewegt, dann lachen Sie. Was haben Sie sich nicht alles ausgemalt … Wie gut, dass Sie nicht die Nachbarschaft zusammengeschrien oder die Polizei gerufen haben! Wie absurd wäre das gewesen. Deshalb lachen Sie, nachdem Sie das Licht eingeschaltet und Ihren Irrtum erkannt haben. Und Sie lachen, weil Sie vom Bann einer beängstigenden Vorstellung befreit wurden.

Identifikation

Unser ganzes Drama liegt in der Identifikation. Würden wir uns nicht mit bestimmten Gedanken und Gefühlen identifizieren, so gäbe es kein Drama, kein Leid und wesentlich weniger Probleme. Was nicht gleichbedeutend ist mit der Abwesenheit von Gefühlen, wie manche befürchten. Im Gegenteil, wir würden sogar viel mehr und viel vollständiger fühlen – wir würden Schmerz und Freude, Liebe und Frieden, Entzücken, Ärger, Angst, Sehnsucht, Hoffnung und Enttäuschung intensiv fühlen. Nur würden wir diese Gefühle weder festhalten noch verdrängen, und dadurch wären sie einfach Momente des inneren Erlebens, vorübergehende Arten, sich zu fühlen – und eben kein Drama. Ebenso wenig, wie es ein Drama ist, dass die Sonne am Abend untergeht oder dass es manchmal regnet oder schneit.

Sich mit etwas zu identifizieren bedeutet, dieses Etwas für sich selbst zu halten. Wenn ich mit meinem Körper identifiziert bin, gehe ich davon aus, dass ich mein Körper bin, und dies ist die Perspektive, aus der heraus ich alles betrachte. Wenn ich mit meiner Wut identifiziert bin, stellt die Wut die Perspektive dar, aus der heraus ich alles betrachte. Wut ist das, was in mir denkt und aus mir heraus spricht und handelt. Wenn ich mit dem Gedanken, schuldig zu sein, identifiziert bin, ist Schuldigsein etwas, das zu meinem Ich gehört, das mein Ich definiert, und ich betrachte mich und die Ereignisse meines Lebens aus der Perspektive eines Schuldigen.

Das, womit ich mich identifiziere, ist also zugleich die Perspektive, aus der heraus ich alles betrachte. Bilde ich mir ein, Napoleon zu sein, so werde ich die Welt so wahrnehmen, wie Napoleon sie wahrnehmen würde – zumindest wie ich mir vorstelle, dass er es tun würde –, und dementsprechend fühlen, denken und handeln.

Wir glauben zwar nicht, Napoleon zu sein, aber viel weniger verrückt sind wir auch nicht; auch wir bilden uns die unsinnigsten Dinge ein und merken es nicht. Hier sind einige dieser absurden Ideen, mit denen ganz normale Menschen wie Sie und ich sich identifizieren, meist ohne es zu wissen:

Ich bin verachtenswert.
Ich bin nicht liebenswert.
Ich bin wenig wert.
Ich bin nichts wert.
Ich werde nicht wahrgenommen.
Ich bin schlecht.
Ich fühle mich schuldig, weil es mich gibt.
Ich bin hässlich.
Ich bin schmutzig.
Ich verdiene es nicht, glücklich zu sein.
Ich bin jemand, der nie bekommt, was er braucht.
Ich bin jemand, dem nichts gelingt.
Ich bin ein Versager.

Daneben gibt es auch Gedanken, die sich nicht mit »Ich bin« formulieren lassen und mit denen wir trotzdem identifiziert sind. Zum Beispiel diese:

Was immer ich tue, ich mache mich schuldig.
Von dieser Person verlassen zu werden, würde mich umbringen.
Ich darf nichts nehmen.
Ich darf mich nicht freuen.
Ich habe nicht das Recht zu existieren.
Dieses Gefühl kann ich nicht aushalten.
Ungerechtigkeit ist unerträglich.
Das Leben ist für immer sinnlos, wenn dieser Mensch nicht bei mir ist.

Grundsätzlich bedeutet Identifikation mit einem Gedanken, diesen so sehr für wahr zu halten, dass man sich selbst nicht ohne diesen Gedanken wahrnehmen kann.

Wir identifizieren uns mit einer Unzahl von Gedanken, die miteinander gemäß unserer eigenen Psycho-Logik verknüpft und verwoben sind, uns daran hindern, wahrzunehmen (die Wahrheit zu nehmen!), und uns stattdessen Ereignisse und Situationen auf eine bestimmte Art interpretieren lassen. Sie gehören zur Programmierung unseres Denkens. Jemand, der seinen Computer einfach nur als fertiges Arbeitsgerät benutzt, das jemand anders für ihn eingerichtet hat, bekommt von seiner Programmierung nichts mit. Ebenso wenig bemerken wir diese grundsätzliche Programmierung unseres Denkens – es sei denn, wir werden darauf aufmerksam gemacht: beispielsweise durch die Konfrontation mit Menschen, deren Denken und Fühlen auf anderen Grundüberzeugungen basiert.

Einige unserer Glaubenssätze entsprechen einfach der allgemeinen Übereinkunft; sie bilden die Fundamente des kollektiven Denkens unserer Kultur oder der Menschheit allgemein. Um sie soll es in diesem Buch nicht gehen, sondern um jene negativen oder einschränkenden Meinungen, die wir von uns selbst haben, mit denen wir von klein auf identifiziert sind und die unser Gemüt, unsere Beziehungen und unser Leben verdunkeln und vergiften.

Die Tatsache, dass wir uns unbewusst mit Gedanken dieser Art identifizieren, ist dafür verantwortlich, dass Ereignisse und Situationen, mit denen wir sonst ganz pragmatisch umgehen würden, für uns zum Problem werden und Beziehungen zum Drama. Wir interpretieren Ereignisse entsprechend den Ideen, mit denen wir uns identifizieren.

Wenn wir auf die Welt kommen, sind wir zunächst einmal überhaupt nicht definiert und abgegrenzt vom Rest der Welt; es gibt keine Identifikation, es gibt überhaupt keine Idee von »Ich« und »Nicht-Ich« in uns (das ist jedenfalls der Normalfall[2]). Unsere Mutter und in einem diffuseren Sinne auch unser Vater werden von uns nicht als andere Menschen wahrgenommen, sondern als etwas, das zu uns gehört, als Bestandteil unserer selbst. Dieser Bestandteil unserer selbst, der da draußen in Gestalt unserer Eltern herumläuft, ist derjenige Teil, der bestimmt, was Realität ist, was wahr ist, was gilt. Durch das, was sie tun, sagen, fühlen und denken, formt sich nach und nach unsere Sicht auf uns selbst und die Welt – bis wir eines Tages, wenn überhaupt, entdecken, dass es vielleicht auch eine andere Art gibt, uns und die Welt zu betrachten, weil unsere Eltern nicht Gott, sondern einfach nur Menschen sind. Wenn dieses Erwachen geschieht, ist unsere Identifikation jedoch längst festgelegt, ohne dass sie uns je bewusst geworden wäre.

Wenn also meine Eltern, während ich noch ein kleines Kind bin, das noch keine oder noch keine fertig abgegrenzte eigene Identität hat, mir gegenüber ein ablehnendes Verhalten an den Tag legen, dann betrachte ich mich nicht nur als abgelehnt, sondern auch als ablehnenswert. Denn was die Eltern äußern, ist für mich so etwas wie das Wort Gottes – es hat absolute Gültigkeit und Richtigkeit und wird nicht in Frage gestellt. Es bestimmt, was Realität ist. Die Haltung, die meine Eltern mir gegenüber einnehmen, wird deshalb als die einzig wahre Haltung mir gegenüber akzeptiert, und wenn sie mich ablehnen, muss ich etwas sein, das ablehnenswert ist.

Daraus entsteht die Identifikation. Sie ist die Botschaft, die ich mir selbst und der Welt über mich vermittle. Seht her, ich bin ablehnenswert. Das Gleiche gilt für »verurteilt«, »verlassen«, »verraten«, »gedemütigt«, »wertlos« und ähnliche grundlegende negative Identifikationen. Und so beginnt das Drama. »Ich bin abgelehnt« und »Ich bin ablehnenswert« wird nicht als Gedanke erkannt, sondern für Realität gehalten. Man identifiziert sich damit. Etwas, womit man sich identifiziert, nimmt man jedoch nicht wahr; also bemerken wir diese Gedanken auch nicht. Würden wir sie bemerken, so wäre es unerträglich, ja tödlich für uns, denn es gäbe dann kein »Ich« mehr außerhalb von »Abgelehntsein«, da »ich« ja mit

»abgelehnt« gleichgesetzt wird. »Ich« würde darin untergehen.

Das wissen wir, und deshalb haben wir große Angst davor, auch nur in die Nähe dieser negativen Grundgefühle zu kommen, mit denen wir uns identifizieren. Diese Angst nehmen wir jedoch auch nicht wahr; würden wir sie wahrnehmen, so könnten wir nicht umhin, auch das zu bemerken, wovor wir Angst haben – und das wollen wir ja nicht.

Was wir von dem ganzen Thema noch wahrnehmen (wenn wir überhaupt unsere Aufmerksamkeit einmal auf uns selbst statt auf die Welt um uns herum richten), sind unsere emotionalen Reaktionen – wie wir plötzlich fluchtartig den Raum verlassen oder an die Decke gehen oder uns verkrampfen oder verschließen – und die Spuren, die diese Gefühle in unserem Körper hinterlassen. Wir nennen sie Schmerzen, Verspannungen, Blockaden oder Krankheitssymptome.

Zusammengefasst sieht unsere Problematik – das, was unsere Probleme erzeugt – so aus:

1. *Die Gedanken, mit denen wir identifiziert sind, sind uns nicht bewusst, und zwar gerade deshalb, weil wir mit ihnen identifiziert sind.*

Wir gehen also selbstverständlich davon aus, Versager zu sein oder schuldig oder abgelehnt etc., und merken es nicht. Es ist uns nicht bewusst, wie wir auf Grund dessen alles falsch interpretieren.

2. *Die Gefühle, die wir auf Grund dieser Gedanken haben, sind uns ebenfalls nicht bewusst, weil wir mit den Gedanken, die sie verursachen, identifiziert sind.*

Wir fühlen uns also unbewusst ganz selbstverständlich schuldig, ungeliebt, wertlos etc. Dieses Gefühl bildet den Grundton unserer inneren Atmosphäre; wir kennen keine andere Art, uns zu fühlen. Daher kommen wir nicht auf die Idee, dieses Gefühl wahrzunehmen.

3. *Vor diesen unbewussten negativen Grundgefühlen haben wir große Angst.*

Es ist die Angst, wir könnten sie nicht ertragen, nicht überleben, wir würden von ihnen verschlungen. *Diese Angst beherrscht uns.* Sie zwingt uns dazu, zu versuchen, unser Leben so einzurichten, dass wir mit dem gefürchteten schlimmen Gefühl nicht konfrontiert werden.

4. *Dass wir von dieser Angst beherrscht werden, ist uns ebenfalls nicht bewusst.*

Denn auch mit dieser Angst sind wir identifiziert und nehmen sie infolgedessen nicht wahr. Wir finden es völlig normal, dass wir so handeln, wie wir handeln, und kommen nicht auf die Idee, dass Angst dahinter steckt. Und da alle in unserer Gesellschaft von Ängsten besessen sind, trifft man auch selten auf jemanden, dem das auffällt.

Ein Gedanke, mit dem wir identifiziert sind, bildet die Perspektive, aus der heraus wir die Welt betrachten. Solange wir nicht gelernt haben, unsere Aufmerksamkeit statt nach außen auf uns selbst zu richten – also sozusagen anstelle der Welt, die wir durch das Fenster wahrnehmen, das Fenster selbst anschauen –, wird uns dieser Gedanke auch nicht auffallen. Das Gefühl, das er in uns erzeugt, kann von uns ebenfalls nicht wahrgenommen werden, solange wir mit dem Gedanken identifiziert sind. Wie kann man dann die falschen und schädlichen Gedanken, mit denen man sich unbewusst identifiziert, überhaupt entdecken und entkräften?

Ganz einfach: Man kommt ihnen durch die Probleme, mit denen man sich herumschlägt, auf die Spur. Probleme sind ein Geschenk des Himmels; sie helfen uns, uns der negativen Programmierung unseres Denkens und Fühlens bewusst zu werden, zumindest wenn wir unsere Chance nutzen. Denn jedem Problem liegt eine negative Identifikation zu Grunde – ein Gedanke, den man für wahr hält und der ein negatives Gefühl erzeugt.[3]

Wäre es nicht so, so würde die betreffende Angelegenheit für uns kein Problem, sondern einfach eine Angelegenheit darstellen, und wir würden so intelligent wie möglich mit ihr umgehen. Nun gibt es allerdings Menschen, die meinen, keine Probleme zu haben, weil sie eben mit allen Angelegenheiten so umgehen: so intelligent wie möglich, ohne sich aufzuregen oder ein Drama daraus zu machen – und fertig. Sie werden Bücher wie dieses entweder gar nicht lesen oder seine Weisheiten auf andere Leute anwenden.

Wann immer mir solche Menschen begegnet sind, habe ich allerdings die Erfahrung gemacht, dass sie sehr wohl Probleme hatten, diese jedoch nicht wahrnahmen. Ihre Wahrnehmung war auf die Welt der Dinge gerichtet, nicht auf die der Gefühle[4] – auf die Außenwelt, nicht aber auf die Innenwelt. Wenn Sie zu diesen Menschen gehören, werden auch Sie Dinge sagen, wie ich sie oft gehört habe: »Ich habe kein Problem! Wenn mein Nachbar mir seinen Dreck vor die Tür kehrt, dann habe doch nicht ich ein Problem, sondern er!« Stimmt nicht, entgegne ich dann, denn der Nachbar sitzt in aufgeräumter Stimmung vor dem Fernseher, während Sie ununterbrochen darüber nachdenken, wie Sie es ihm heimzahlen können, und zum Zahnarzt müssen, weil Sie nachts mit den Zähnen knirschen.

Sie bemerken nicht, dass Sie wütend sind, Sie bemerken nicht, dass das Verhalten des Nachbarn bei Ihnen einen empfindlichen Nerv getroffen hat – Sie bemerken Ihr eigenes Problem nicht, weil Sie darauf beharren, dass es beim anderen oder überhaupt in der Außenwelt oder in

Ihrem Körper liegt: »Ich habe keine Probleme. Mir geht es ausgezeichnet. Wenn da nur nicht diese Herzschmerzen wären ...« Aber es gibt keine Probleme da draußen. Weder in der äußeren Welt noch in unserem Körper. Probleme sind subjektiv. Sie existieren in unserem Denken und verursachen Gefühle: negative Gefühle.

Solange wir nach Abhilfe für diese negativen Gefühle suchen, bleibt das Problem ungelöst. Wenn ich eine aufsteigende Depression bemerke und denke: »Ich muss schnell an die frische Luft oder eine fröhliche Musik auflegen oder etwas Schönes lesen«, dann bin ich identifiziert. Nämlich mit der Angst vor der Depression. Ich halte Depression für etwas, das mich, sobald ich es zulasse, verschlingt, weil ich mit dem Gedanken, der sie auslöst, unbewusst identifiziert bin; zum Beispiel: »Das Leben ist sinnlos« oder »Alles läuft falsch« oder »Ich bekomme doch nicht, was ich mir wünsche« etc. Da ich glaube, das Leben sei sinnlos, das aber nicht wahrhaben möchte, eben weil ich es für wahr halte und deshalb unerträglich finde, suche ich dann nach Ablenkung von dem unangenehmen Gefühl.

So bekennt auch Sophie Kinsellas kaufsüchtige Heldin Rebecca Bloomwood beim Gedanken an ihre Schulden:

> **Mir ist sehr wohl bewusst, dass das leise, stete Pochen ganz hinten in meinem Kopf das Entsetzen im Doppelpack ist: Schuld und Panik.**
> **SchuldSchuldSchuldSchuld.**
> **PanikPanikPanikPanik.**
> **Wenn ich es zuließe, würden sie sich blitzschnell ganz nach vorne drängen und die Kontrolle übernehmen ... Der Trick ist daher, einfach nicht darauf zu hören ... oder sich mit anderen Gedanken abzulenken oder sich zu beschäftigen ...**[5]

Auf diese Weise bleibe ich mit dem negativen Grundgefühl und der Angst davor identifiziert. Zwar kann ich vielleicht für einige Augenblicke, Stunden, Tage oder auch für längere Zeit einen Stimmungswechsel herbeiführen, indem ich mich andauernd bemühe, etwas zu tun, das mich von dem schlimmen Gefühl ablenkt – aber damit löse ich mein Problem nicht, sondern verschlimmere es. Denn zu der Depression, die stets am Rande meines Bewusstseins lauert, und der Angst vor ihr gesellt sich nun noch die ständige Anstrengung, die aus meiner Bemühung herrührt, ihr aus dem Weg zu gehen. Und mein armer Körper trägt das alles aus. Denn jedes unserer Gefühle ist nicht nur ein seelischer, sondern zugleich auch ein körperlicher Zustand, und ein verdrängtes Gefühl wird zu einem dauerhaften Körperzustand.

Solange wir unbewusst vor uns hinleben, wie es allgemein üblich ist, gleicht unser Leben einem Slalomlauf. Wir tun alles, was wir können, um Situationen aus dem Weg zu gehen, von denen wir annehmen, dass sie unsere alten Schmerzen wecken können. Da alle in unserer Gesellschaft Slalom laufen, fällt uns das zunächst nicht auf. Wenn trotz unserer Bemühungen das Schlimme passiert und jemand an unsere alte Wunde rührt, werden wir innerlich in einer Weise reagieren, mit der wir versuchen, den Schmerz abzuwehren oder ihm auszuweichen (mit Wut, Ohnmacht, Trauer, Resignation, Eifersucht – etwas aus der Palette der negativen Gefühle) und äußerlich mit einem Verhalten, von dem wir uns erhoffen, dass es uns vor dem Schmerz schützt (Flucht, Angriff, Blockade, passiver Widerstand, Verschließen, Kälte etc.).

Mit diesem Verhalten hindern wir uns jedoch nicht nur daran, unseren Schmerz wahrzunehmen, sondern auch unsere emotionale Reaktion auf ihn. Wir werden also, um im Beispiel zu bleiben, den Schmerz der Ablehnung nicht fühlen, wir werden auch nicht merken, dass wir Angst davor haben, ihn fühlen zu müssen – wir werden einfach flüchten und/oder Fluchtgedanken hegen (»Diese Situation ist unerträglich«, »Das halte ich nicht aus«, »Das muss ich mir nicht bieten lassen«, »Ein Grund mehr, mich zu trennen« etc.). Diese Verteidigungsstrategien verfestigen sich im Laufe unseres Lebens zu einem »Charakterpanzer« (wie Wilhelm Reich es nannte), der sich auch körperlich als »Muskelpanzerung« niederschlägt.

So werden wir zu Menschen, deren Handlungsspielraum wesentlich kleiner ist als der, der uns potenziell zur Verfügung steht, und die, ohne es zu merken, Opfer ihrer Angst sind und/oder ihre Mitmenschen zu Opfern ihrer Angst machen (indem wir sie zum Beispiel tyrannisieren, unterdrücken, kontrollieren, manipulieren, missbrauchen, beleidigen, herabsetzen etc.). Bestimmte Situationen müssen wir meiden, bestimmte Gefühle können wir nicht ertragen, bestimmte Menschen versetzen uns in Wut, Beziehungen müssen einem bestimmten Muster folgen – sonst müssen wir die betreffende Person verlassen oder werden depressiv/wütend/frustriert/verbittert und so fort.

Solange wir nicht auf die Idee kommen, die Aufmerksamkeit auf das zu richten, was sich in uns abspielt, erleben wir uns deshalb als Opfer einer Realität, die uns aufgezwungen scheint. Wir können nicht anders als soundso fühlen und handeln. Wir sind, reagieren, denken nun mal so. Und weiter: Die Welt ist soundso, Frauen beziehungsweise Männer sind soundso, unser Leben ist soundso, und wir sind entweder Opfer von alledem oder versuchen, die Welt, die Männer, Frauen oder wen auch immer zu ändern – was ein ziemlich aussichtsloses Unterfangen ist.

Bis wir eines Tages auf die Idee kommen, das alles in Frage zu stellen. Oder jemand anders uns darauf bringt, was allerdings nichts nützt, solange wir für diese Idee nicht reif sind. Denn die Zeit ist erst dann gekommen, wenn wir in der Lage sind, mit dem Schmerz unseres Lebens umzugehen. Dann kann das Erwachen beginnen.

Erwachen aus der Identifikation

Erwachen bedeutet, etwas, das man für Realität gehalten hat, als nicht real zu erkennen. Wenn ich im Traum von einem Tiger verfolgt werde, fürchte ich mich zu Tode; aber sobald ich aufwache, fällt die Angst von mir ab, weil ich erkenne, dass ich den Tiger nur geträumt habe. Ich erwache also *aus* etwas – aus dem Traum mit dem Tiger – und *zu* etwas: nämlich zur Realität, die darin besteht, dass ich gemütlich im warmen Bett liege.

Um zu entdecken, dass ein Traum ein Traum ist und nicht die Realität, muss ich – oder muss sich – Bewusstheit einschalten. Dadurch ändert sich meine Blickrichtung. Anstatt aus der Perspektive des Träumers vor dem Tiger davonzulaufen, bin ich nun in der Perspektive der Bewusstheit und nehme wahr, wie ich träume, vor einem Tiger davonzulaufen. Dadurch wache ich auf.

Wenn ich mit einem Gedanken identifiziert bin, nehme ich mich und die Ereignisse aus der Perspektive dessen wahr, der an diesen Gedanken glaubt. »Ich bin schwach und abhängig, und man kann mit mir machen, was man will.« Wenn ich daran glaube, werde ich mich entsprechend verhalten, und die Welt wird entsprechend auf mich reagieren. Man wird mit mir machen, was man will. Unter den Menschen in der Welt da draußen werde ich besonders die wahrnehmen, die Opfer sind, die wehrlos sind, mit denen man alles machen kann. Mit ihnen werde ich mich solidarisch fühlen. Überhaupt werde ich wahrscheinlich die Welt als einen Ort empfinden, in dem die Starken oder Skrupellosen mit den Schwachen oder Feinfühligen verfahren, wie es ihnen gefällt. Das alles wird mir selbstverständlich erscheinen, da mir die Tatsache, dass ich mit einem bestimmten Gedanken identifiziert bin, nicht bewusst ist. Ich halte ihn ja für wahr und kam bisher nie auf die Idee, ihn überhaupt zu bemerken, geschweige denn in Frage zu stellen. Er gehört zu den Parametern meiner Realität.

Um aus diesen Identifikationen aufzuwachen, muss man die Blickrichtung ändern. Anstatt aus seiner Identifikation heraus die Welt zu betrachten, muss man sich umdrehen und betrachten, womit man sich identifiziert, während man die Welt betrachtet.

Wenn ich über einen anderen Menschen schlecht denke, bin ich mit einer Emotion identifiziert, ohne es zu merken. Ich träume gleichsam. Wenn mir meine Gedanken bewusst werden, werde ich auf den Inhalt des Traums aufmerksam. Wenn ich entdecke, dass meine unfreundlichen Gedanken daher rühren, dass ich mich über den Betreffenden geärgert habe, fange ich an, mich an die Realität zu erinnern. Wenn ich bemerke, dass ich mich deshalb geärgert habe, weil ich mich von ihm gedemütigt fühlte, tritt die Wirklichkeit deutlicher in mein Bewusstsein. Wenn ich Demütigung als meine Idee und meine Art, mich auf Grund dieser Idee zu fühlen, erkenne, beginne ich aufzuwachen. Wenn ich dieses Gefühl, das ich vorher mit einer Tatsache verwechselt habe, nun als Gefühl wahrnehme – also bewusst fühle –, bin ich wach geworden. Als ich träumte, meinte ich, herabgesetzt zu *sein*, was ich zu Recht unerträglich fand und mit Ärger abzuwehren versuchte – wobei ich meine Aufmerksamkeit nicht auf meinen Ärger richtete (das hätte mich ja in die Nähe des unerträglichen Gedankens gebracht), sondern auf die andere Person, indem ich mich damit beschäftigte, sie in Gedanken zu verurteilen und zu vernichten. Nun, da ich wach bin, ist mir mein wahres Gefühl bewusst – der Schmerz der Demütigung –, und ich bin nun nicht mehr der Gedemütigte, sondern derjenige, der das Gefühl der Demütigung *wahrnimmt*. Der Wahrnehmende. Ich stehe auf dem sicheren Boden der Bewusstheit. Ganz ähnlich drückt es übrigens die moderne Zen-Meisterin Joko Beck aus: Ihr zufolge ist Bewusstheit der einzig sichere Platz im Universum.[6]

Man muss es erlebt haben, um zu wissen, dass das die Befreiung schlechthin ist: der Wahrnehmende zu sein, nicht der Identifizierte.[7] Es bedeutet keine Distanzierung von dem Gefühl – keine Dissoziation, wie man in der Psychologie sagt –, sondern man erlebt das Gefühl mit allen Fasern. Aber man erlebt es bewusst, und dadurch entdeckt man, dass es ein Gefühl ist und nicht die Realität. Es nützt nichts, das theoretisch zu erkennen, man muss es *erleben.*

Gefühle sind wie Wasser, und verdrängte, also nicht wahrgenommene Gefühle sind wie Eis. Ebenso wie ein Eisbrocken vom Licht und der Wärme der Sonnenstrahlen aufgetaut und in Wasser zurückverwandelt wird, werden verdrängte Gefühle von Bewusstheit (Licht) und Liebe (Wärme) aufgetaut und wieder in etwas Fließendes, Wandelbares, Flexibles zurückverwandelt. Solange der Eisbrocken ein Eisbrocken ist, ist er eine erstarrte, abgesonderte Realität, ein gefrorener Zustand.[8] Genauso verhält es sich mit unserem Identifikationsgefühl (zum Beispiel »abgelehnt« oder »schuldig«). Es ist ein ganz bestimmtes Gefühl, das sich immer gleich anfühlt – altbekannt, urvertraut und selbstverständlich –, und es basiert auf einem ganz bestimmten Gedanken, der für eine unwandelbare Tatsache gehalten wird. Es ist ein unbewusster, abgespaltener Teil unserer selbst, der ein Eigenleben führt.

Schmilzt jedoch das Eis, so vermischen sich die Moleküle des Wassers, das den Eisbrocken gebildet hat, mit denen des übrigen Wassers, und der Eisbrocken als separates Etwas existiert nicht mehr. So geschieht es auch mit unserem alten Identifikationsgefühl, sobald wir es bewusst gefühlt haben (gefühlt, nicht nur bemerkt!). Es heißt dann nicht mehr, feststehend und unwandelbar, an der Basis unseres Selbstgefühls: »Ich bin abgelehnt«, sondern hier und da fühlen wir uns einmal abgelehnt, ebenso wie wir uns hier und da einmal akzeptiert fühlen oder weder akzeptiert noch abgelehnt, sondern neutral behandelt oder wie auch immer.

An dieser Stelle sei noch einmal in Kurzform der Unterschied am Beispiel der Ablehnung herausgearbeitet:

Vorher: »Ich bin abgelehnt« ist die Brille, durch die wir die Welt betrachten, und die Basis der Art, wie wir uns fühlen und auf die Welt reagieren; es wird für eine feststehende Tatsache gehalten, ohne dass wir uns dessen bewusst sind. Wir halten es für selbstverständlich, dass es so ist, und interpretieren das Verhalten unserer Mitmenschen automatisch dementsprechend.
Nachher: Gelegentlich kann es vorkommen, dass wir uns abgelehnt fühlen, so wie es in anderen Fällen vorkommt, dass wir uns akzeptiert, geliebt, bewundert, verachtet oder sonstwie fühlen. Wir erkennen das dann jeweils als unser eigenes momentanes Gefühl und verwechseln es nicht mit der Realität.

Wie löst man sich nun aus der Identifikation? Wie entdeckt man sie überhaupt? Ein Weg besteht darin, seine Gedanken zu beobachten, anstatt sie einfach nur zu denken.[9] Aber es ist nicht jedermanns Sache, das andauernd zu üben. Selbst wenn man es gern möchte, vergisst man es doch oft. Man denkt einfach nicht daran. Die größte Chance ist immer dann gegeben, wenn man ein akutes Problem hat. Dann fällt es einem nämlich ein, weil der Leidensdruck so groß ist, dass man über alles froh ist, was helfen kann.

Wie kann ich nun ein Problem dazu nutzen, mich aus einer alten negativen Identifikation zu lösen? Ich muss die Blickrichtung ändern. Anstatt auf das Problem zu schauen, schaue ich auf mich selbst: Ich betrachte die Art, wie ich auf das Problem schaue. Ich werde meiner Gedanken und Gefühle gewahr. Dabei fällt mir auf, dass ich mit bestimmten Gedanken und Gefühlen identifiziert bin. Sobald mir das auffällt, bin ich aus der Identifikation schon aufgewacht. Aufwachen aus der Identifikation bedeutet nämlich nicht, die betreffenden Gedanken für unwahr zu erklären – sondern zu erkennen, dass es Gedanken sind (statt Tatsachen). Der leichteste Trick, aus einem Gedanken, mit dem man identifiziert ist, zu erwachen, besteht darin, seine Aufmerksamkeit auf den Körper zu lenken. Wie fühlt es sich an, das zu denken?

Wenn ich das tue, beginne ich meine Blickrichtung zu ändern. Anstatt aus der verzerrten Perspektive meiner Identifikationsgedanken heraus die Welt zu betrachten und dabei etwas wahrzunehmen, was nicht die Realität ist, sondern nur die verzerrte Version der Realität, nehme ich wahr, was diese verzerrte Sicht mit mir macht. Mit mir und meinem Körper.

Gefühl, Körper und Schicksal

Zunächst einmal ist ein Gefühl nichts anderes als ein Gedanke: »Ich werde abgelehnt«, »Ich bin wütend«, »Ich habe Angst«. Aber wo nimmt dieses Gefühl Realität an? In unserem Körper. Ein Gefühl ist ein Gedanke, den wir körperlich erfahren. Es ist eine Art, wie sich die Energie in unserem Körper verhält. Wut zum Beispiel ist eine Zusammenballung von Energie, die mit großer körperlicher Anspannung einhergeht.

Unser Körper ist durchdrungen, beseelt, bewegt und gestaltet von der Art, wie wir denken und uns auf Grund dessen fühlen. Er schwitzt, wenn wir Angst haben, er lässt Tränen fließen, wenn wir traurig sind, verkrampft sich, wenn wir uns gehemmt fühlen und so fort. Unsere Organe verarbeiten unsere Gefühle: unsere Leber unseren Zorn, unsere Nieren unsere Angst, unsere Lungen unsere Trauer, unser Magen und unsere Speiseröhre unseren Ärger und was wir sonst noch herunterschlucken oder was uns sauer aufstößt, unser Herz Freude, Liebe und Schmerz.[10] Unsere

Wut lässt uns die Zähne zusammenbeißen, die Fäuste ballen, die Rückenmuskeln anspannen, unsere Angst verkrampft unseren Solarplexus, sitzt uns im Nacken und so weiter und so fort. Wenn wir Schmerz leiden, erkranken und uns verspannen, dann sind wir das selbst, nicht unser Körper; er ist das, wodurch wir das tun. Er ist die Inkarnation nicht nur unserer schönen unsterblichen Seele, sondern auch all der deprimierenden Ideen, die wir über uns selbst hegen.

Um zu erfahren, dass jedes Gefühl tatsächlich eine körperliche Realität ist, können Sie die Lektüre an dieser Stelle unterbrechen und eine kleine Übung machen. Denken Sie an irgendein Gefühl, zum Beispiel an Traurigkeit. Schließen Sie die Augen und konzentrieren Sie sich darauf. Denken Sie an etwas Trauriges, holen Sie Ihre »Lieblingstraurigkeit« hervor oder denken Sie einfach das Wort »Traurigkeit«. Spüren Sie Ihren Atem und nehmen Sie wahr, wie Ihr Körper reagiert. Bei den meisten Menschen ziehen sich Schultern und Mundwinkel nach unten, der Atem wird schwer. Was geschieht bei Ihnen? Versuchen Sie es auch mit anderen Gefühlen. Denken Sie an Wut, an Angst, an Freude, an Liebe, an Sehnsucht.

Jeder Gedanke ist mit einem Gefühl verbunden und jedes Gefühl mit einem Körperzustand. Flüchtige Gedanken erzeugen flüchtige Gefühle und vorübergehende Körperzustände. Immer wiederkehrende Gedanken erzeugen immer wiederkehrende Gefühle und Körperzustände, die zur Gewohnheit werden – sich »chronifizieren«. Gedanken, mit denen man identifiziert ist, erzeugen ein bleibendes

Gefühl, und dieses bleibende Gefühl ist mit einem bleibenden Körperzustand verbunden. Wenn ich mit der Idee identifiziert bin, ein Versager zu sein, fühle ich mich – na ja, wie sich eben jemand fühlt, der sich für einen Versager hält: versagermäßig. Das schlägt sich in meiner Haltung nieder, in meinem Muskeltonus, in meiner Art zu atmen, in meiner Libido.

Es ist ein ziemlich elendes Gefühl – nur dass es mir eben, da ich damit identifiziert bin, noch nie aufgefallen ist, weil ich mich nicht anders kenne. Ich kenne keine andere Art, mich zu fühlen. Genau das macht die unbewusste Identifikation aus. Deshalb und weil die Gefühle und Gedanken, mit denen wir uns identifizieren, zur Realität in unserem Körper werden, ist es nicht so leicht, aus ihnen zu erwachen. Es ist einfach, wenn man den Trick kennt (den ich Ihnen hier beibringe), aber nicht leicht. Es reicht nicht aus, einen solchen Gedanken zu entdecken und als Irrtum zu erkennen, auch wenn das die Identifikation ein wenig lockert und man danach nicht mehr so vollständig von dem Gefühl, das dieser Gedanke erzeugt, beherrscht wird wie vorher.

Wenn Sie Ihr Leben lang unbewusst für wahr gehalten haben, dass Sie auf Grund bestimmter Vorfälle in Ihrer frühen Kindheit »schuldig« sind, und Ihnen eines Tages klar wird, dass das gar nicht stimmt – jemand präsentiert Ihnen Tatsachen, von denen Sie nichts wussten und die alles in ein neues Licht rücken –, dann bewirkt das natürlich eine Änderung in Ihrem Denken. Sie fühlen sich erleichtert und befreit. Wahrscheinlich werden Sie jedoch feststellen, dass Sie trotzdem immer noch automatisch auf viele Situationen so reagieren, als wären Sie schuldig, als wäre Schuld Ihre zweite Natur – also etwas, das Sie nicht abschütteln können.

Wenn Sie nun auf eine solche Identifikation aufmerksam werden und erkennen, dass Sie zeitlebens einem Irrtum unterlegen sind, so denken Sie »im Kopf« fortan anders, aber im Körper fühlen Sie sich noch genau wie vorher. Das Gefühl, mit dem Sie sich immer identifiziert haben, verschwindet nicht einfach dadurch aus Ihrem Körper, dass Sie anders denken.[11] Erwachen geschieht dadurch, dass Bewusstheit auftaucht. ***Wenn ich aus etwas erwachen möchte, muss ich es bewusst wahrnehmen.***

UM AUS DEN GEDANKEN UND GEFÜHLEN, MIT DENEN SIE SICH IDENTIFIZIEREN, ZU ERWACHEN, MÜSSEN SIE

1. merken, dass ein Gedanke in Ihrem Kopf ist, mit dem Sie sich identifizieren
2. auf das Gefühl aufmerksam werden, das diesen Gedanken begleitet, und
3. dieses bewusst fühlen. Das bedeutet, es als das zu erleben, was es ist: ein körperlicher und zugleich seelischer Zustand. Einen Körperzustand bewusst wahrnehmen heißt: Ich spüre, wie meine Hände sich verkrampfen. Einen seelischen Zustand bewusst wahrnehmen heißt: Ich erlebe, wie ich mich fühle, während meine Hände sich verkrampfen. Ich *fühle* meine Angst.

Wenn ich mich mit einem bestimmten negativen Gefühl identifiziere, dann halte ich, wie gesagt, dieses Gefühl für die Realität, und verkörpere diese. Ich bin dann wandelnde Schuld, Ablehnung, Erniedrigung oder was auch immer. Auf einer mehr oder weniger bewussten Ebene nimmt das jeder Mitmensch, dem ich begegne, wahr und reagiert darauf gemäß seiner eigenen Charakterstruktur. Er spiegelt es mir, indem er mich genauso behandelt, wie ich mich selbst behandle, also verurteilend, ablehnend oder demütigend, um die genannten Beispiele aufzugreifen; oder er reagiert wütend, wenn er dieselben verdrängten Schmerzen in sich trägt wie ich und Wut sein Abwehrverhalten dagegen ist. Auf diese Weise gestaltet das Gefühls-Gedanken-Gebilde, zu dem ich unbewusst »ich« sage, nicht nur meinen Körper, sondern auch meinen erweiterten Körper, mein persönliches Umfeld und Schicksal zumindest mit.

Wenn ich schon sehr früh als Kind von meinen Eltern im Stich gelassen worden bin (oder ihr Verhalten so interpretiert habe), ist mein grundlegender Schmerz der, verlassen worden zu sein. Und dort liegt meine Identifikation: ich = verlassen. Ich habe traurige Augen und hängende Schultern (wie die spirituelle Lehrerin Lise Bourbeau aus Kanada an Menschen beobachtet hat, die vor allem an dieser Grundwunde leiden). Ich kenne mich selbst nicht anders als »verlassen«; deshalb verlasse ich mich auch andauernd selbst, indem ich nicht bei mir bin und mich fühle. Dagegen bin ich ganz bei den Menschen um mich herum, in die ich mich genauestens einfühle, um der Gefahr vorzubeugen, dass sie mich verlassen; denn die Angst davor ist schließlich meine größte Angst. So besetze ich die anderen mit meiner Aufmerksamkeit, damit sie mir nicht entrinnen können.

Natürlich tun sie das trotzdem, schon deshalb, weil die Art, wie ich dauernd mit meiner Aufmerksamkeit bei ihnen bin (was ich wahrscheinlich »Liebe« nenne), ihnen irgendwann auf die Nerven geht; andererseits aber auch, weil jeder Mensch ganz natürlich für seine Mitmenschen als Spiegel fungiert, in dem sie sich erkennen können – was bedeutet, dass diese anderen mit mir das tun, was ich mit mir selbst tue: mich verlassen.

So liegt eine geniale Gerechtigkeit des Schicksals genau in dem, was wir für so ungerecht halten: Derjenige, der ohnehin schon darunter leidet, verlassen worden zu sein – um im Beispiel zu bleiben –, wird obendrein auch noch von den Menschen, die ihm etwas bedeuten, im Stich gelassen; derjenige, der ohnehin schon ein armer Teufel ist, bleibt es auch, weil nämlich der Reichtum nur zu jenen kommt, die sowieso schon reich sind – und so fort.

Solange ich denke: »Hier bin ich, und dort ist die Welt, und das sind zwei verschiedene Dinge«, erlebe ich mich als Opfer dessen, was ich für die Welt halte, und kann das alles nicht anders als ungerecht finden. Beginne ich aber zu erwachen, so fange ich an zu entdecken, dass die Welt, in der ich mich befinde, ein Spiegel ist, in dem ich mich selbst erkennen kann – und dass das Verhalten meiner Mitmenschen mir gegenüber möglicherweise nicht primär auf ihre Bosheit oder Dummheit zurückzuführen ist, sondern auf das geistige Naturgesetz, dass sie mir die Art spiegeln, wie ich mich selbst behandle.[12]

Sie kennen das: Wenn jemand sich selbst verachtet, wird auch die Welt ihn nicht achten. Natürlich nicht – er läuft ja als Fleisch gewordene Selbstverachtung herum, er strahlt durch seine Blicke, sein Verhalten, seine Haltung, seine Aura, seine Gedanken die Botschaft seiner Identifikation aus: »Ich bin verachtenswürdig.« Nicht: »Ich bin Karl Kohlkopf, und ich leide darunter, mich verachtenswürdig zu fühlen«, sondern: »Ich bin Karl Kohlkopf, der Verachtete und Verachtenswürdige.«

Darauf reagiere ich natürlich entsprechend, indem ich ihn auch verachte. Es tut ja auch ganz gut, gelegentlich einmal jemanden verachten zu können, vor allem wenn ich auch an geringer Selbstachtung leide. Da habe ich nun jemanden vor mir, der noch verachtenswürdiger ist als ich, und schon fühle ich selbst mich ein wenig über ihn erhaben. Vielleicht kann ich mir sogar den Luxus leisten, mich zu diesem armen Wurm herabzuneigen und ihm demonstrativ ein wenig Achtung zukommen zu lassen. Das erhöht zumindest für den Augenblick meine eigene Selbstachtung enorm.

Wir verhalten uns unseren Mitmenschen gegenüber also nicht unbedingt immer wie neutrale Spiegel, die sie einfach so behandeln, wie sie sich selbst behandeln – unser Spiegel ist vielmehr gefärbt, getrübt oder strukturiert durch unsere eigene Identifikation mit bestimmten Gedanken und Gefühlen. Das macht die gegenseitige Spiegelei spannender und verwirrender zugleich. Und schafft eine Menge Probleme.

Wie wir uns unsere Probleme schaffen

Auf dem Grunde unserer Psyche existiert der Schmerz unserer »seelischen Wunden«, wie Lise Bourbeau[13] es formuliert. Sie zählt fünf Grundschmerzen auf: Verlassen, abgelehnt, verraten, gedemütigt, über- oder unterprivilegiert sein (= der Schmerz der Ungerechtigkeit). Zu ihnen gehört jeweils, wie sie beobachtet hat, eine bestimmte Abwehrstrategie (Abhängigkeit, Flucht, Kontrolle, Unterwürfigkeit, Starrheit) und ein bestimmter körperlicher Ausdruck. Für mich waren ihre Ausführungen sehr hilfreich, ich habe jedoch im Lauf meiner Arbeit die Liste der Grundschmerzen ergänzt: Denn um ein Gefühl wirklich wahrnehmen und ihm sein Herz öffnen zu können, ist es wichtig, es genau zu erkennen, sprich den richtigen Namen dafür zu finden – deshalb ist für mich die Frage, ob es unter eine dieser Rubriken passt, nicht relevant.

Ich habe also ihre Liste um andere Grundschmerzen ergänzt: Dazu zählt, nicht geachtet, nicht wertgeschätzt zu sein; übersehen, übergangen, verleugnet zu werden; erstickt, verdrängt, unterdrückt, abgetrennt, isoliert, einsam, ausgeliefert, verurteilt zu sein. Es gibt vermutlich sogar noch einige mehr. Jedenfalls ist das wahre Gefühl, das hinter jeder negativen Emotion steckt – sei diese nun Wut oder Eifersucht, Ärger, Trauer oder Angst –, immer Schmerz. Und die negativen Emotionen sind nur unser Versuch, diesen Schmerz nicht fühlen zu müssen. Es mag durchaus nützlich sein, anhand der eben aufgeführten Beispiele eine Vorstellung davon zu bekommen, welcher Art dieser Schmerz sein kann.

Der eine leidet an der einen, der andere an der anderen »seelischen Wunde« und mancher von uns an mehreren gleichzeitig – je nach Kindheitsbiografie.[14] Eine davon ist jedoch unser schmerzhaftes Hauptthema, unser »Allerschlimmstes«: das, wovor die Angst am größten ist. Weil wir es nie gefühlt haben, halten wir dieses Gefühl für unerträglich, für etwas, womit man nicht leben kann oder das einen sogar umbringt.

Wenn mein grundlegender Schmerz aus der Idee »Ich bin wertlos« resultiert, strahle ich das, wie schon erläutert, auch aus – die meisten Menschen sind dann tatsächlich geneigt, mich gering zu schätzen. Aber manchmal kommt es doch vor, dass mir ein Mensch begegnet, der anders ist; der mir mit Respekt und Wertschätzung gegenübertritt. Aber mehr als einen Augenblick lang – wenn überhaupt – werde ich das nicht an mich heranlassen, weil es nicht zu meiner Identifikation passt. So seltsam das klingt, aber ein Mensch, der mir mit Respekt und Wertschätzung begegnet, kann mir dann sogar bedrohlich vorkommen, denn mein Ich ist ja gleichgesetzt mit »nichts wert«, und dieses Ich – das einzige, das ich kenne und das ich zu sein meine! – wird durch diesen Menschen tatsächlich bedroht.[15]

So können mich Respekt und Wertschätzung, die mir unverhofft entgegengebracht werden, einen Augenblick lang positiv berühren, mich vielleicht sogar zum Weinen bringen – weil mein Herz angerührt wird –, aber kaum verschwindet die betreffende Person aus meinem Gesichtskreis oder bekundet einmal nicht ausdrücklich ihre Wertschätzung (vielleicht weil sie gerade mit etwas anderem beschäftigt ist), falle ich wieder zurück in den Normalzustand – nämlich, mich wertlos zu fühlen. Wieder zu Hause im gewohnten »Ich«. Vielleicht hebt sich mein Selbstwertgefühl auch vorübergehend durch ein Ereignis – ich werde beruflich befördert, stehe plötzlich im Rampenlicht oder kaufe einen teuren Mantel –, aber dieses neue Gefühl lässt sich nicht lange halten, solange der alte Glaubenssatz noch existiert.

So fahre ich fort, mich wertlos zu fühlen, hole mir von meinen Mitmenschen das entsprechende Feedback und interpretiere alle Situationen, die mir auch nur die geringste Möglichkeit dazu geben, im Sinne dieser meiner Überzeugung, die so zu einer Selffulfilling Prophecy (sich selbst erfüllenden Prophezeiung) wird. Und obwohl ich mich so wertlos fühle, fühle ich den Schmerz der Wertlosigkeit nicht. Er beherrscht mich nur.

Doch er möchte gefühlt werden. Er möchte, dass ich mich seiner endlich erbarme, ihn nicht länger allein lasse, unbemerkt, ungesehen, ungefühlt. Er möchte endlich wahrgenommen, verstanden und aus seiner Erstarrung erlöst werden. Und so tut er – der ja ein Teil von mir ist und sich ebenso wie mein bewusstes Ich meiner Intelligenz, meiner Intuition und meines Körpers bedient – alles, um mich in Situationen zu bringen, die mich auf ihn aufmerksam machen.

Manchmal ignoriere ich ihn vollständig; manchmal bemerke ich ihn zwar, lasse mich aber unbewusst von der Angst vor ihm überwältigen und entwerfe flugs eine Strategie, die mich vor ihm schützt. Ich meine dann, mein Problem gelöst, meine Gefühle in den Griff bekommen, mein Leben erfolgreich bewältigt zu haben. In meiner Beziehung mit der Person X habe ich es vielleicht geschafft, die Lage so zu arrangieren, dass nichts passieren kann, dass der alte Schmerz auf keinen Fall wieder auftauchen wird. Denn X ist anders als die anderen. Sie wird mich nicht verraten, verlassen oder welches auch immer mein meistgefürchteter Schmerz ist.

Aber letztlich nützt es mir nichts, in dieser Strategie erfolgreich zu sein. Denn mein Problem ist ja gar nicht dieser Schmerz, sondern meine Angst vor ihm, die deswegen so groß ist, weil ich meine »Wertlosigkeit« oder was auch immer nicht für ein Gefühl, sondern für eine Tatsache halte! Dieser Irrtum schafft das Problem. Und solange ich dem Schmerz aus dem Weg gehe, werde ich meinen Irrtum nicht entdecken.

Erwachen aus unbewussten Überzeugungen

Viele Autoren haben schon darauf hingewiesen, dass unsere unbewussten Glaubenssätze unsere Realität erschaffen.[16] Jedoch bin ich bei den meisten von ihnen mit der Art nicht einverstanden, wie sie die Problematik negativer und einschränkender Glaubenssätze zu lösen vorschlagen.

Die Einzige, bei der ich einen zufriedenstellenden Ansatz gefunden habe, ist Jane Roberts. Sie – oder ihr Geist-Autor Seth – empfiehlt, nach der Entdeckung eines solchen Glaubenssatzes bewusst das Gefühl wahrzunehmen, das mit dieser Überzeugung einhergeht. Das ist ein Punkt von entscheidender Wichtigkeit. Aber danach empfiehlt sie ebenso wie die anderen Autoren, sich einen neuen, besseren Glaubenssatz zuzulegen.

Ich selbst habe viele Jahre lang mit diesen Techniken experimentiert und teilweise sehr gute Ergebnisse damit erzielt. Aber dann, im Zuge der Entwicklung der körperzentrierten Herzensarbeit (jener Technik also, auf der die Ausführungen des vorliegenden Buches basieren[17]), entdeckte ich, dass es viel leichter geht. Man muss nicht das negative Gefühl durch ein positives und den negativen Glaubenssatz durch einen positiven ersetzen. Das ist erstens auf Dauer mühsam und schwer durchzuhalten, befreit uns zweitens nicht von dem wirklichen Problem, nämlich der falschen Identifikation, macht uns drittens nicht offen für die Wahrheit und kann viertens zur Spaltung führen, weil wir nämlich durch den Versuch, uns absichtlich mit einem neuen, positiven Gefühl zu identifizieren, das alte, negative nicht aufgeben, sondern nur aus unserem Bewusstsein verdrängen – womit es uns weiterhin beherrscht.

Es ist viel einfacher. ***Eine falsche Überzeugung muss man nicht ändern, man muss nur aus ihr erwachen.*** Man muss sich auch keine neue Überzeugung zulegen, mit der man sich anstelle der alten identifiziert – so gut sie auch sein mag, sie kann doch niemals der Wahrheit gerecht werden und ist somit wieder eine Einschränkung! –, sondern einfach wach bleiben, und zwar auf dem sicheren Boden der offenen und neutralen Bewusstheit, und wahrnehmen (also »die Wahrheit nehmen«). Die Wahrheit ist immer vollkommener und wunderbarer, als der schönste Glaubenssatz es sein kann. Das erfahren aber nur die, die sich der Wahrheit auch öffnen. Wer das tun möchte, muss jede Manipulation der Realität aufgeben und diese einfach *wahrnehmen.*

Solange ich versuche, das Negative abzuschaffen und das Positive an seine Stelle zu setzen, bleibe ich auf der Ebene der Dualität. Auf dieser Ebene brauche ich das Dunkel, um Licht als Licht erkennen zu können, und die Nicht-Liebe, um Liebe als solche erkennen zu können. In dieser Welt gibt es nichts ohne sein Gegenstück: hell und dunkel, männlich und weiblich, stark und schwach, passiv und aktiv und so fort.

Jenseits davon gibt es ein Allumfassendes. Dieses Allumfassende können wir als etwas entdecken, das uns (unseren Körper, unsere Persönlichkeit) umschließt (das All), aber ebenso als etwas, das in uns enthalten ist: als tiefste Dimension unseres eigenen Wesens, als innerste Realität unseres Herzens. Wenn wir die Mauern unseres Herzens durchbrechen, wenn wir unser Herz öffnen, stoßen wir auf dieses Allumfassende. Denn es ist in uns. Es ist grenzenlose Liebe, grenzenlose Akzeptanz, grenzenlose

Bereitschaft. Das ist das Positive jenseits des Positiven und Negativen. Es ist Gott im eigenen Herzen.

Das ist unsere innerste Natur. Sie ist schon so, man muss sie nicht erst dazu machen. Man braucht es sich nicht einzureden. Man muss es nur entdecken. Und dafür muss man nichts weiter tun, als Bewusstheit einzuschalten. Man muss wahrnehmen, womit man sich identifiziert, und sich daraus lösen durch die schlichte Erkenntnis, dass der Gedanke, mit dem man sich identifiziert, ein Gedanke ist, und das Gefühl, das er auslöst, ein Gefühl – und diesem sein Herz öffnen. Es geht um Wahrnehmen und Annehmen. Mehr nicht.

Wenn ich das eine Zeit lang in den Situationen meines Lebens konkret anwende, werde ich frei von dem betreffenden Glaubenssatz und diesem Gefühl. Ohne mir absichtlich eine neue Überzeugung zuzulegen, bleibe ich einfach offen für die Erfahrung, die das Leben mir präsentiert und die ich nun nicht mehr im Licht der alten Überzeugung interpretiere, sondern einfach wahrnehme. Es ist eine Freude, aus dem alten, Leid erzeugenden Gedanken aufgewacht zu sein und stattdessen in den Situationen, die einen früher unglücklich oder wütend gemacht haben, einfach frei und freudig leben und wahrnehmen zu können. Ganz von selbst entdecke ich durch Wahrnehmen die Wahrheit, die wahren Zusammenhänge, durch die eine Realität hindurchschimmert und immer deutlicher zu Tage tritt – die Realität reiner Liebe, reiner Freude und der Fülle grenzenloser Möglichkeiten.

Ein fundamentaler Irrtum

Ein grundlegender Irrtum an der Wurzel unserer Probleme besteht darin, dass wir glauben, etwas, das ein anderer Mensch denkt, fühlt oder äußert, könne uns verletzen, klein machen oder herabwürdigen (oder aufwerten, beglücken, erfüllen oder befriedigen). Aber unser Glück oder Unglück entsteht nicht aus dem, was andere tun, sondern daraus, wie wir interpretieren, was sie tun. Wenn ich zu einer Freundin sage: »Heute siehst du aber gut aus«, fühlt sie sich gut, weil sie das als Kompliment versteht; eine andere fühlt sich aber schlecht, weil sie diesen Satz so versteht, als hätte ich gesagt: »... und das erstaunt mich, es passt gar nicht zu dir, denn normalerweise siehst du grauenhaft aus.«

Für ein Kind, das noch keine eigene Vorstellung von einem abgegrenzten Ich entwickelt hat und in Symbiose und völliger Abhängigkeit lebt, ist es natürlich, sich dementsprechend zu fühlen, wie andere, vor allem seine Bezugspersonen, sich ihm gegenüber äußern oder verhalten. Aus einer Handlung oder Haltung eines Elternteils oder einer wichtigen Bezugsperson wird eine Identifikation des Kindes. Wenn die Mutter das Kind ablehnt – beispielsweise, weil sie gar kein Kind haben wollte, sondern die Empfängnis als »Unfall« betrachtet –, fühlt das Kind sich abgelehnt. Es denkt: »Ich bin abgelehnt.« Wenn die Eltern das Kind in einschneidender Weise bestrafen oder ausschimpfen oder durch ihre Haltung Missbilligung ihm gegenüber ausdrücken, denkt das Kind: »Ich bin schlecht« und fühlt sich auch schlecht. Das heißt, es fängt an, sich mit »abgelehnt« oder »schlecht« zu identifizieren. Wenn Mutter, Vater oder die Person, die ihre Stelle vertritt, das Kind nicht liebt oder sich nicht liebevoll verhält, denkt das Kind: »Ich bin ungeliebt« und fühlt sich entsprechend. Es denkt sogar »Ich bin nicht liebenswert«, weil es die Eltern, wie schon erklärt, für Gott hält.

Und hier liegt der Irrtum. Attribute wie »abgelehnt«, »schlecht« oder »ungeliebt« werden vom Kind für Merkmale seines Wesens gehalten – es identifiziert sich damit, anstatt zu erkennen, dass die (tatsächliche oder scheinbare oder auch momentane) Ablehnung, die die Bezugsperson ihm entgegenbringt, *deren* Gefühl ist und nichts über das

Wesen des Kindes aussagt; dass ein Urteil der Eltern deren Gedanken ausdrückt, jedoch nichts mit seinem eigenen Wesen zu tun hat; und dass die Tatsache, dass die Mutter möglicherweise keine oder wenig Liebe zu dem Kind hegt, mit der emotionalen Verfassung der Mutter, nichts aber mit dem Wesen des Kindes zu tun hat. Ein Kind, überhaupt ein menschliches Wesen ist einfach es selbst, ganz gleich, was andere Menschen über es denken oder in Bezug auf es fühlen mögen! Als Erwachsener kann man das erkennen, aber nicht als Kind, solange die Eltern noch Teil von einem selbst beziehungsweise Gott und Welt in einem sind.

Wären wir in einer natürlichen Welt groß geworden, wie sie Jean Liedloff in ihrem berühmten Amazonasbericht beschreibt[18] – also unter nicht zivilisierten, nicht neurotischen, sondern naturverbundenen Menschen –, so wären wir ganz selbstverständlich in unserem Wir-selbst-Sein anerkannt und bestätigt worden, und es gäbe nicht nur keine negative Identifikation wie »Ich bin nicht liebenswert«, sondern auch keine positive. Unser Selbstbild wäre nicht durch einschränkende Glaubenssätze definiert, weder durch »Ich bin abgelehnt« noch »Ich bin geliebt«, wir würden uns über derlei keine Gedanken machen, weil Liebe und Akzeptanz der natürliche Zustand wäre und wir keinen anderen kennen würden.

Diesen natürlichen Zustand haben wir aber entweder überhaupt nicht oder selten erlebt oder sind, wenn doch, einige Male auf schockartige Weise aus ihm herausgefallen. Bei jedem dieser traumatischen Erlebnisse entstand eine negative Identifikation.[19] Und dieser fundamentale Irrtum über unsere Identität – ob er nun im Einzelfall »Ich bin schlecht«, »nichts wert«, »ungeliebt«, »schuldig«, »abgelehnt« oder wie auch immer lauten mag – beherrscht uns so lange, bis wir ihn entdecken und aus ihm erwachen. So kommt es, dass wir uns abgelehnt fühlen, wenn ein für uns wichtiger Mensch uns durch sein Verhalten Ablehnung signalisiert. Wir können das nicht trennen: »Er lehnt mich ab = Ich werde abgelehnt = Ich bin abgelehnt (und lehne mich selbst ab).« – »Sie liebt mich nicht = Ich werde nicht geliebt = Ich bin ungeliebt (und liebe mich selbst nicht).« – »Sie mögen mich nicht = Ich bin unbeliebt.« – »Er ist auf mich böse = Ich bin böse (= schlecht).« – »Sie macht mir Vorwürfe = Ich bin schuldig.«[20]

Man kann es jedoch nicht oft genug betonen: Wenn ein Mensch – und sei er noch so wichtig für mich – mir ablehnende Gefühle entgegenbringt, so ist das keine Aussage über mich, sondern über ihn, seine Gefühle, seine Denkweise und seine eigene Geschichte. Er sieht etwas in mir, das er in sich selbst ablehnt, jemanden aus seiner Kindheit, der ihm wehgetan hat, oder was auch immer. Selbst wenn er mich meint, meint er nicht mich im Ganzen, mein Wesen, sondern bestimmte Verhaltensweisen oder Eigenschaften von mir; oder aber er lehnt es ab, mir diesen oder jenen von mir ersehnten Platz in seinem Leben, in seinem Herzen oder in seiner Firma zu geben. Wenn ich an der Grundwunde der Ablehnung leide, komme ich jedoch nicht auf die Idee, dass der Betreffende etwas anderes meinen könnte als mein ganzes Wesen.

Es ist selten, dass jemand mit seiner Ablehnung wirklich mich selbst im Ganzen meint. Aber selbst wenn das einmal eintreten sollte – und sogar wenn dieser Jemand mich aus ganzem Herzen verabscheut –, so ist das nicht meine Angelegenheit, sondern seine! Es ist sein Gefühl. Meines ist der Schmerz der Ablehnung. Und der kommt nicht von ihm, sondern von meiner Identifikation. Davon, dass ich »ich« mit »abgelehnt« gleichsetze.

Vermutlich leuchtet Ihnen das ein. Aber um es zu realisieren, sodass es Ihr Leben verändert, müssen Sie es in einer konkreten Situation erkennen und tatsächlich entsprechend fühlen: Ein Mensch, der Ihnen wichtig ist, verhält sich ablehnend, und Sie reagieren nicht emotional. Sie flüchten nicht, verschließen sich nicht, werden nicht wütend oder hysterisch; Sie fühlen einfach Ihren Schmerz, erkennen ihn als Ihr eigenes Gefühl und nehmen ihn als solches an. Und lassen das Gefühl des anderen seine Angelegenheit sein.

Wenn Sie so vorgehen, erkennen Sie nach und nach durch Ihr verändertes inneres Erleben, dass Abgelehntsein nicht Ihre Realität ist, sondern ein Gedanke und Gefühl aus Ihrer Kindheit, eine falsche Identifikation. Und dass dieses Gefühl immer noch gelegentlich auftaucht, weil die Folgen einer lebenslangen Identifikation mit einem Gefühl nicht von heute auf morgen verschwinden. Aber wenn es auftaucht, ist es kein Problem mehr für Sie, sondern nur ein Gefühl, das nichts weiter will, als gefühlt zu werden, solange es eben da ist: für einen Augenblick. Nichts weiter. Und übrigens tut es gut, es zu fühlen – im Gegensatz zu dem, was man sich vorstellt, solange man es nicht fühlt.

Mit der Zeit werden Sie sich weniger als Opfer von Menschen oder Situationen erleben. Sie werden Ihrer emotionalen Reaktionen immer mehr gewahr; mit der Zeit werden Sie immer seltener emotional auf das reagieren müssen, was andere sagen oder tun. Und wenn Sie es doch tun, werden Sie leichter entdecken, was hinter Ihrer Reaktion steckt, und sich schneller daraus lösen können. Sie werden nach und nach in der konkreten Erfahrung einzelner Situationen erkennen, dass das, was andere denken, fühlen, tun und äußern, deren Sache ist und Sie nicht verletzen, nicht vernichten und nicht herabsetzen oder kränken kann.

Nun werden Sie vielleicht empört sein und sagen: »Moment mal, da stimmt doch was nicht. Wenn ein Mensch mich unverschämt behandelt, muss ich doch gekränkt oder zornig reagieren; wenn jemand dies und das tut, muss ich doch soundso fühlen. Das würde doch jeder tun. Das geht doch gar nicht anders!« Es geht doch. Auf ein und denselben Vorfall reagiert der eine gleichgültig, der andere aufbrausend, der Dritte traurig, der Vierte mit Bitterkeit, der Fünfte spuckt Gift und Galle, und der Sechste freut sich, dass endlich mal was los ist! Und ein Heiliger würde überhaupt nicht reagieren, denn er hätte keine eigene Emotion, nur ein offenes Herz für den anderen.

Wie würden Sie reagieren, wenn Ihr Ehepartner fremdgehen würde? Und wie würden Sie sich wirklich fühlen? Die eine Person antwortet mit Wut, Empörung, Hass oder Aggression, weil sie sich gedemütigt fühlt und das nicht aushält (weil Demütigung ihr Grundschmerz und ihre Identifikation ist). Eine andere Person wiederum antwortet mit Trauer und Bestürzung, weil sie sich im Stich gelassen fühlt. Ein Dritter fühlt sich in erster Linie verraten, für einen Vierten besteht die Katastrophe vor allem darin, möglicherweise verglichen zu werden und schlecht abzuschneiden (sich wertlos, hässlich oder ungenügend zu fühlen). Und ein Mensch, dessen negative Identifikationen von dem Vorfall nicht berührt werden, würde die Achseln zucken und sagen: »Das kommt vor.« Womöglich würde er sogar freudig ausrufen: »Wie schön, mein Schatz, dass da noch jemand ist, der dich liebt!«

Im Allgemeinen halten wir unsere emotionalen Reaktionen für normal. Wir suchen Verbündete, die uns das bestätigen: Menschen, die genauso fühlen wie wir – sie sind uns sympathisch – und uns damit bestätigen, dass unsere Art zu fühlen die richtige und die einzig wahre ist. Sie regen sich über die gleichen Dinge auf wie wir. Sie verachten und bewundern dieselben Leute wie wir, sie ärgern sich über dasselbe und sind über dasselbe traurig. Sie erwarten Glück von denselben Umständen, von denen auch wir es erwarten, und finden dasselbe gerecht oder ungerecht wie wir. Vielleicht sind Sie in Ihrer Welt ausschließlich von solchen emotionalen Verbündeten umgeben – von Leuten, die so fühlen wie Sie – und wissen deshalb gar nicht, dass es auch ganz andere

Möglichkeiten gibt, auf Situationen zu reagieren, als die, die in Ihrem Kreis für selbstverständlich gehalten werden.

Wir reagieren mit dieser oder jener Emotion nicht, weil Ereignisse oder das Verhalten von Mitmenschen uns dazu zwingen, sondern weil wir Ereignisse, Äußerungen und Handlungen entsprechend unserer persönlichen Psycho-Logik interpretieren. Je öfter wir mitten in einer Situation, in der wir verletzt reagieren, aufwachen, uns aus der Identifikation mit dem Gedanken lösen, der den Schmerz verursacht, und stattdessen den Schmerz als Gefühl wahrnehmen, desto mehr erwachen wir zur Realität unserer Unverletzbarkeit. Letztlich sind wir nämlich unverletzbar. Es ist weder wahr, dass irgendjemand uns verletzen kann, noch, dass wir selbst uns verletzen können. Das, was wir sind, kann weder verletzt noch vernichtet noch verringert (noch vergrößert), weder im Wert herabgemindert noch heraufgesetzt werden durch das, was ein anderer denkt, fühlt, sagt oder tut – oder was wir selbst denken, fühlen oder tun.[21]

Das ist uns aber nicht klar. Selbst wenn wir es »im Kopf« begreifen oder in einem Moment der Erleuchtung erkennen oder wenn ein Wissender uns darauf hinweist, nützt uns das wenig. Wir müssen es im richtigen Leben konkret erfahren. Wir können dies aber nur, indem wir durch den Schmerz hindurchgehen – von dem wir immer dachten, ihn nicht oder nicht unbeschadet überleben, ja ihn noch nicht einmal erleben zu können – und am anderen Ende nicht nur lebendig, sondern auch unversehrt und heil, ja sogar heiler als zuvor herauskommen.

Um das tun zu können, um nicht unterzugehen oder in der Angst stecken zu bleiben, müssen Sie den sicheren Weg kennen. Der sichere Weg ist der einfache Weg.

Der einfache Weg

Der Weg, den ich entdeckt habe und Ihnen hier zeigen werde, ist einfach. Er setzt an bei dem, was ist, und besteht darin, es wahrzunehmen. Einfacher geht es nicht.

Auf diesem Weg werden Sie an keiner Station überfordert sein. Wenn Sie es doch sind, haben Sie die Vorgehensweise nicht ganz verstanden und setzen sich selbst unter Druck. Es geht immer um das Naheliegende und um das Machbare. Es geht niemals darum, etwas zu verändern. Nichts soll anders sein, als es ist. Kein Teil Ihrer selbst soll vergewaltigt, überfordert, übergangen, verurteilt oder verändert werden. Es geht niemals um einen Kraftakt, sondern schlicht und einfach um das Wecken von Bewusstheit. Und das ist einfach, wenn man den Trick heraus hat. Alles, was Sie brauchen, ist der ernsthafte Wunsch, aus Ihren Problemen, Leiden und Verstrickungen zu erwachen. Sie brauchen keine große Disziplin und keine Vorkenntnisse, um diesen Weg gehen zu können. Nur Bereitschaft.

Erwachen bedeutet bewusst werden. Wie ich schon mehrfach sagte: Um aus etwas zu erwachen, muss man es bewusst wahrnehmen. Mehr nicht. Wenn Ihnen also gerade ein Problem sehr zu schaffen macht oder Ihre Beziehung zu Ihrem Lebenspartner sich zu einem Albtraum gestaltet oder Sie sich selbst auf welche Art auch immer das Leben zur Hölle machen, dann hören Sie auf, Ihre Energie darauf zu verschwenden, nach Lösungen zu suchen. Hören Sie auf, sich gegen die Situation, in der Sie gerade stecken, zu sträuben. Ich sage nicht, dass Sie sie akzeptieren sollen. Hören Sie einfach auf mit allem *Tun* und beginnen Sie stattdessen mit dem *Wahrnehmen*. Schalten Sie Bewusstheit ein. Richten Sie den Scheinwerfer Ihrer Aufmerksamkeit auf das innere Dilemma statt auf das äußere.

Nehmen Sie Ihre Gedanken wahr. Nehmen Sie Ihren Körper wahr. Nehmen Sie wahr, wie Sie sich fühlen. Fühlen Sie es. Körperlich. Nun stehen Sie wieder auf dem sicheren Boden der Bewusstheit und sind von der Identifikation befreit, die Ihr Problem verursacht hat.[22] Wenn Sie sich dabei überfordert fühlen, sind Sie nicht auf dem einfachen Weg, sondern machen es kompliziert. Jemand beklagte sich: »Ich habe so viel zu tun, es ist mir sowieso schon alles zu viel. Jetzt soll ich mich auch noch hinsetzen und etwas wahrnehmen ... Ich fühle mich momentan mit der Übung völlig überfordert.« Der Mann hatte die Übung falsch verstanden. In seiner Situation ging es lediglich darum, die Überforderung, unter der er ohnehin schon litt, auch als Gefühl wahrzunehmen – sprich: sie zu *fühlen*, anstatt überfordert zu *sein*.

Dafür benötigt man keine besondere Zeit und keinen besonderen Ort. Alles, was nötig ist, ist ein kleines Aufwachen, ein Aha-Erlebnis, die Entdeckung: »Wenn ich mir so zuhöre, fällt mir auf, dass es in mir ein Gefühl der Überforderung geben muss. Aber wo ist dieses Gefühl? Kann ich es wahrnehmen? Wie fühle ich mich eigentlich dabei?« Und schon bin ich bei mir, anstatt in den Überforderungsgedanken zu verschwinden, fühle mich, spüre meinen Atem und kann nun wahrnehmen, was in der momentanen Lage zu tun und zu lassen ist – und zwar viel klarer als vorher, da ich die Dinge aus der Perspektive des Überforderten wahrnahm. Ein Gefühl blockiert mich, solange ich es nicht fühle. Sobald ich es fühle, lässt es mich frei.

Im Allgemeinen überfordern wir uns, wenn wir ein Problem haben und versuchen, es zu lösen. Ich litt beispielsweise in meinen früheren Beziehungen darunter, immer völlig aus meiner Mitte zu fallen. Ich war nicht bei mir, sondern bei meinem Partner, und völlig abhängig von seinen Launen. Ich wusste, dass das falsch war. Alle sagten es mir. Ich litt darunter. Meine Beziehungen litten darunter. Aber ich konnte mir vornehmen, was ich wollte, welche Technik auch immer anwenden, um zentriert und bei mir selbst zu bleiben – »Ich werde meinen Atem spüren, ich werde in meiner Mitte sein, ich werde tun, was ich selbst tun will, ich werde bei mir bleiben« –, es half alles nichts.

Der Fehler war zu denken, so, wie es war, sei es falsch und müsse anders werden. Eines Tages wurde mir das klar. Ich kam auf die Idee, den Zustand genauso, wie er war, bewusst wahrzunehmen (anstatt zu versuchen, ihn zu ändern). Ich änderte meine Blickrichtung. Anstatt die zu sein, die aus der Mitte gefallen und nicht bei sich war und versuchte, das zu ändern, war ich nun die, die das Gefühl, aus der Mitte gefallen und nicht bei sich zu sein, wahrnahm. Ich *fühlte* es. Genau dadurch war ich wieder in meiner Mitte und bei mir. Nur dass diese Mitte woanders war, als ich es mir vorgestellt hatte. Es gibt keinen speziellen Ort dafür. Es ist einfach Bewusstheit. Ob ich gerade »aus der Mitte« gefallen oder »in der Mitte«, bei mir oder bei jemand anderem oder überhaupt nicht da bin: Bewusstheit kann ich immer einschalten und damit wieder in die Mitte und zu mir gelangen. Und zwar nicht indem ich das, was ist, verändere, sondern indem ich es *wahrnehme*.

Es ist immer derselbe Fehler, und selbst Menschen, die wie ich schon lange üben, machen ihn automatisch immer wieder. Man denkt, so, wie es ist, sei es falsch, und man müsse es ändern. Dann fängt man an zu kämpfen. Aber man kann es nicht ändern. Es wird nur noch falscher. Und es kommt zum ursprünglichen Problem noch das Problem hinzu, das dadurch entsteht, dass man einen aussichtslosen Kampf führt. Man versucht, nicht eifersüchtig zu sein, wenn man eifersüchtig ist. Man versucht, sich zu beruhigen, wenn man sich dauernd aufregt. Man versucht, sich weniger zu ärgern.

Ein Freund von mir stellte fest, dass es außer seinem Ärger, unter dem er ständig litt und der in seinem ganzen Körper saß, noch einen Ärger über diesen Ärger gab. Er war wütend darüber, dass er ständig wütend war. Er wollte, dass dieser Ärger verschwand. Mit anderen Worten, das dominierendste Gefühl war der Wunsch, der Ärger möge aufhören. Diesen Wunsch musste er wahrnehmen (fühlen) und annehmen (ihm sein Herz öffnen). Danach war ihm wesentlich wohler, er entspannte und beruhigte sich, und auch seine körperlichen Symptome reduzierten sich merklich.

Das große Geheimnis ist: Das, was Sie ändern möchten, bleibt bestehen; das, was Sie akzeptieren, ändert sich. »Annehmen ist der große Wandler«, sagte schon Laotse. Ich spreche hier nicht von äußeren Tatsachen, sondern von inneren – von Gefühlen, von verfestigten Denkweisen und den Fühlgewohnheiten und Verhaltensmustern, die sich daraus ergeben: »Mein Problem ist, dass ich immer so ungeduldig werde.« – »Immer wieder überkommt mich diese Traurigkeit, und dann kann ich nicht anders, ich muss Alkohol trinken.«

Überfordern Sie sich nicht, indem Sie von sich verlangen, anders zu sein, als Sie sind, oder anders zu fühlen, als Sie fühlen. Ändern Sie einfach die Blickrichtung. Seien Sie nicht identifiziert, sondern nehmen Sie wahr. Nehmen Sie bewusst wahr, wie Sie sich fühlen. Damit meine ich wesentlich mehr, als es nur zur Kenntnis zu nehmen. Das ändert nichts. Erbarmen Sie sich Ihres Gefühls. Seien Sie bei ihm, in Ihrem Körper, dort, wo es sitzt. Berühren Sie es mit Ihrem Atem. Lassen Sie es zu. Spüren Sie in es hinein. Öffnen Sie ihm Ihr Herz.

Wenn Sie die Gelegenheit dazu haben, ziehen Sie sich zurück und tun Sie das erst in der geschützten Situation der »Trockenübung«. Aber dann – und das ist das Wichtigste – tun Sie dasselbe mitten in der nächsten konkreten Situation, in der das betreffende Gefühl in Ihnen ausgelöst wird. Nehmen Sie sich nicht vor, in dieser Situation etwas anders zu machen als bisher. Das wäre Überforderung und Rückkehr in Kampf und Krampf. Nehmen Sie sich stattdessen nur das eine vor: dass Sie, während die Situation wie auch immer abläuft, dieses Gefühl bewusst fühlen. Nur so können Sie tatsächlich erkennen, dass es sich um ein Gefühl handelt, das auf der Identifikation mit einem alten Gedanken basiert, und nicht um eine Tatsache. Und damit sind Sie vom Leid befreit. Ein verändertes Handeln ergibt sich daraus übrigens von selbst.

Wann immer es schwierig wird, sollten Sie sich daran erinnern. Seien Sie barmherzig mit sich selbst. Fühlen Sie, was Sie fühlen. Sie werden sich wundern, wie wohl das tut. Fühlen tut gut.

Wenn Sie ärgerliche Gedanken denken, ist Ihnen nicht wohl. Es ist Stress. Ihr Körper leidet. Wenn Sie jedoch Ihren Ärger fühlen, tut es gut, denn Sie sind bei sich und spüren sich – statt außer sich zu sein und Körper und Gefühl im Stich zu lassen. Fühlen ist Zuwendung (und ebenso ist übrigens Mitfühlen Zuwendung zu anderen). Und Zuwendung tut nun einmal gut.

Zuwendung

Zuwendung ist etwas sehr Einfaches. Leider haben die meisten von uns sie nicht gelernt (beziehungsweise sie verlernt). Sie ist das, wonach wir uns in unseren Beziehungen am allermeisten sehnen: dass jemand sich uns zuwendet und für uns da ist, sodass wir seine Gegenwart und Aufmerksamkeit spüren können.

Im Allgemeinen kennen wir diese direkte Zuwendung kaum noch. Wir ersetzen sie im Umgang miteinander und mit uns selbst durch Mittel – wir verteilen mittelbare Zuwendung. Ein Mittel der Zuwendung ist Reden: Wer kann schließlich einfach noch mit jemandem zusammen sein, ohne zu reden? Zuhören gehört auch dazu, ebenso wie Berührung und Körperkontakt. Indirektere Mittel sind Geschenke, etwas für jemanden zu tun, ihm Mahlzeiten zu kochen oder Medikamente zu verabreichen. Wenn aber ein Mensch, der sich nach Zuwendung sehnt, diese nicht bekommt, sondern stattdessen »Zuwendungen«, bleibt er unzufrieden oder wird sogar wütend. Derjenige, der dem anderen diese »Zuwendungen« zuteil werden lässt und möglicherweise viel Geld für sie ausgibt oder viel Arbeit in sie investiert (»Ich stehe den ganzen Tag für dich in der Küche«, »Was glaubst du, für wen ich so viel arbeite?«), wird frustriert sein, weil seine Leistung nicht anerkannt wird. Der Empfänger dieser Wohltaten wird ebenfalls frustriert sein, weil er das, was er sich eigentlich wünscht, nicht bekommt, sondern im Gegenteil das Mittel der Zuwendung sogar die eigentliche Zuwendung meist noch verhindert.

Aufmerksamkeiten anstatt Aufmerksamkeit: Das ist das Drama in vielen Ehen. Mit ihren Kindern tun viele Menschen dasselbe; statt Zuwendung schenken sie ihnen Dinge, mit denen sie sich beschäftigen können. Dabei würde es längst nicht so viel Zeit und Energie kosten, das Zuwendungsbedürfnis des Kindes zu erfüllen, wie viele Eltern offenbar glauben. Schließlich hat kein gesundes Kind das Bedürfnis nach ständiger Zuwendung von Seiten der Eltern – im Gegenteil, es will für sich sein, in seiner Welt, aber geborgen im Wissen um das Vorhandensein und die Erreichbarkeit der Eltern. Wenn aber in Augenblicken, in denen es ein Bedürfnis nach Zuwendung hat, dieses nicht gestillt wird, bleibt das Kind auf Dauer unzufrieden und quengelt nach Aufmerksamkeit. Ein Augenblick ganzer Zuwendung mit ungeteilter Aufmerksamkeit schenkt Frieden und Zufriedenheit. Eine halbherzige, zerstreute Zuwendung hier und da lässt das Kind in einem Spannungszustand von Bedürfnis und Frustration verharren, und mit großer Wahrscheinlichkeit wird es zu einem zuwendungsbedürftigen, wahrscheinlich nach irgendeinem Ersatz (Essen, Zigaretten, Schokolade, Sex, Einkaufen, Fernsehen, Alkohol, Drogen) süchtigen Erwachsenen.

Unmittelbare Zuwendung heißt Zuwendung ohne Mittel. Es heißt, dem anderen seine Gegenwart und Aufmerksamkeit zu schenken, bei ihm zu sein. Wenn das Kind sich wehgetan hat und weint, ist dies die beste Medizin: »Mami kommt, Mami ist bei dir.« Und alles wird gut. Ebendiese unmittelbare Zuwendung können wir uns auch selbst zuteil werden lassen. Nicht als Ersatz für die ersehnte Zuwendung von Seiten anderer – das wäre Selbstvergewaltigung und nicht im Sinne der Wahrheit, wenn der Wunsch nach Zuwendung durch andere in uns existiert –, sondern als erster Schritt zum Erwachen.

Normalerweise sind wir einem Objekt zugewandt, das außerhalb von uns selbst liegt, und nun wenden wir uns uns selbst zu – dem Subjekt. Sobald wir das tun, geschieht etwas Wichtiges. Etwas wird unterbrochen: nämlich der Fluss der Gedanken, die unser Problem aufrechterhalten. Die Gedanken hören nicht auf, aber wir identifizieren uns nicht mehr mit ihnen; wir hören ihnen zu. Und wie das so geht, wenn plötzlich jemand zuhört, werden wir uns der Art bewusst, wie wir denken, und fangen an zu merken, worin unser eigentliches Problem besteht. Wichtig ist die Qualität des Zuhörens: aufmerksam, interessiert und neutral. Wenn Sie in einem Problem feststecken und dann Gelegenheit haben, jemandem davon zu erzählen, der einfach sehr aufmerksam zuhört, ohne Sie zu unterbrechen und ohne das, was Sie sagen, zu kommentieren, kommen Sie »zu Bewusstsein«.

Wenn Ihr Gegenüber mit echtem Interesse und offenem Herzen zuhört, hilft Ihnen das, in Kontakt zu Ihren Gefühlen zu treten. Plötzlich fühlen Sie Ihre Wut oder Ihre Traurigkeit. Ihr Herz beginnt sich zu öffnen. Vielleicht fangen Sie an zu weinen. Männer wundern sich mitunter, wieso manche Frau in Tränen ausbricht, sobald sie sie in die Arme nehmen. Aber das sind gute Tränen. Die Zuwendung des Mannes hilft der Frau, mit ihrem Gefühl in Kontakt zu treten und es zuzulassen.

Sie weint vor Erleichterung darüber, dass endlich jemand da ist.

Aktives Zuhören (so nennt man die ungeteilte und offene Aufmerksamkeit) hilft demjenigen, dem man zuhört, sich seiner Gedanken und Gefühle bewusst zu werden und aus seiner Hypnose zu erwachen. Zuhören, begleitet von Umarmen, ist noch wirksamer; so hat etwa die bekannte Kinderpsychologin Jirina Prekop eine ganze Therapie darauf aufgebaut, die so genannte »Festhaltetherapie«[23].

Aber wir brauchen nicht unbedingt eine andere Person, um mit unseren Gefühlen in Kontakt zu kommen. Dasselbe spielt sich ab, wenn wir uns uns selbst zuwenden und unserem inneren Dialog aufmerksam und offen zuhören. »Offen« bedeutet: ohne Meinung, ohne Urteil. Wir liegen nicht auf der Lauer und stürzen uns mit grimmiger Befriedigung auf jeden »schlechten« oder »falschen« Gedanken – »Ha! Hab ich dich erwischt!«, »Schau mal, was du schon wieder gedacht hast!« –, sondern wir hören einfach aufmerksam zu. Wir sind für uns da. Wir sind gegenwärtig. Da, wo unser Körper ist. Da, wo unser Gefühl sitzt. Da, wo wir selbst sind. Da, wo unser Atem ist.

Der Atem

Der Atem ist das große Geheimnis. Über den Atem zu meditieren kann uns wahrscheinlich alles über die Realität enthüllen, was es zu enthüllen gibt. Atme ich? Werde ich geatmet? Wie ist die Beziehung zwischen mir und dem Rest des Universums oder mir als Einzelwesen und dem Ganzen? Wo beginne »ich« und wo endet das, was nicht ich ist?

So spielt der Atem auch auf dem Weg des Erwachens eine wichtige Rolle. Wenn »ich«[24] geboren werde, beginne ich zu atmen. Mit dem Atem ziehe ich in meinen Körper ein. Und mit dem Atem verlasse ich ihn wieder. Wenn ich »bei mir« bin, bin ich dort, wo mein Atem ist. Wenn ich »außer mir« bin, bin ich woanders: bei den Objekten, mit denen meine Gedanken sich beschäftigen, bei anderen Menschen, bei vergangenen oder zukünftigen Situationen, Möglichkeiten, Wahrscheinlichkeiten, Spekulationen und so fort. Wenn ich gegenwärtig bin, also dort, wo mein Körper ist, im Hier und Jetzt, spüre ich meinen Atem. Wenn ich ihn nicht spüre, bin ich nicht hier. Den Atem spüren ist wie »zu sich kommen«: nach Hause, in den Körper, in den gegenwärtigen Augenblick, auf die sichere Position der Bewusstheit.

Beginnen Sie jetzt damit. Spüren Sie Ihren Atem, während Sie weiterlesen. Oder schließen Sie die Augen eine Weile, um Ihren Atem bewusst wahrzunehmen. Sie können spüren, wie der Atem durch Ihre Nasenlöcher streicht. Sie können fühlen, wie der Bauch sich beim Einatmen hebt und beim Ausatmen senkt. Öffnen Sie die Augen und lesen Sie weiter, während Sie Ihren Atem spüren. Es verändert das Leseerlebnis, nicht wahr?

Wenn Sie noch einmal die Augen schließen, nachdem Sie diesen Absatz zu Ende gelesen haben, können Sie erleben, wie der Atem Ihnen hilft, mit sich selbst in Kontakt zu kommen und sich zu fühlen. Schließen Sie die Augen und spüren Sie Ihren Atem, und zwar nun nicht nur den Lungenatem, sondern den Gesamtatem Ihres Körpers. Denn wir atmen nicht nur Luft durch die Atemwege ein und aus, wir atmen auch Energie und Licht durch die Zellen unseres Körpers und die Poren unserer Haut. Wenn Sie sich auf diesen feineren Atem konzentrieren (und dabei unhörbar durch die Nase atmen), können Sie den ganzen Körper atmen spüren. Dabei fühlen Sie die Wärme und Lebendigkeit Ihres Körpers, aber auch seine Verhärtungen und Erstarrungen. Mit Ihrem Atem durchstreifen und berühren Sie das alles.

Sie und Ihr Atem sind eins. Ihr Atem ist das, womit Sie – Ihre Bewusstheit – Ihren Körper von innen heraus berühren und fühlen.

So können Sie mit Ihrem Atem alles, was Sie an Gefühlen aus Ihrem Bewusstsein verbannt und in Ihrem Körper abgelagert haben, erfassen. Ihre Bewusstheit, gekoppelt an Ihren Atem, kann diese erstarrten Gefühle aus dem Körperzustand, in dem sie festgefroren sind, herauslösen und nach Hause holen in Ihr Herz.

Das Herz

Aufwachen bedeutet, wie ich schon sagte, sich der Realität bewusst zu werden, anstatt in seinen Träumen gefangen zu sein. Dieses Aufwachen geschieht im Allgemeinen stufenweise. Für ein Baby bedeutet solch ein Aufwachen die Entdeckung, dass seine Mutter nicht Teil seiner selbst ist; in einer anderen Lebensphase erwacht man dann zu der Erkenntnis, dass andere eben nicht von einem selbst getrennt sind – dass es Trennung überhaupt nicht gibt.

Aufwachen kann bedeuten, plötzlich zu entdecken, dass das Leben eine gigantische, bedeutsame, einzigartige und kostbare Angelegenheit ist, eine Teilnahme am kosmischen Tanz der Sterne und Atome. Aufwachen kann die Feststellung bedeuten, dass man ebenso wie jeder andere ein sterbliches Wesen ist. Aufwachen kann aber ebenso bedeuten, die eigene Unsterblichkeit zu entdecken – je nachdem, an welchem Punkt seiner inneren Reise man sich jeweils befindet. So gibt es unterschiedliche Stufen des Erwachens. Jedes Mal, wenn man aufwacht, wird es etwas heller, und man kann die Realität etwas deutlicher wahrnehmen. Man erkennt etwas, das man vorher nicht erkannt hatte, und diese Erkenntnis verändert wiederum einen selbst.

Genau genommen erwachen wir nicht aus der Nicht-Wirklichkeit in die Wirklichkeit, sondern wir erwachen aus einer Sichtweise in eine andere, die der Wahrheit näher kommt. Aber zu was erwachen wir letztlich? Zu dem, was wir wirklich und eigentlich sind: zu unserem Herzen.

Wir sind unser Herz: ein Herz auf Beinen, die laufen und tanzen können, ein Herz mit einem Verstand, der denken, erfinden, planen und verstehen kann, ein Herz mit Armen, die handeln, erschaffen und umarmen können. Unsere Persönlichkeit und unser Leben sind die Entfaltung dessen, was in unserem Herzen im »eingefalteten Zustand« angelegt ist, so wie eine Blüte die Entfaltung der Knospe darstellt. Hier handelt es sich um die Entfaltung unserer selbst, unseres Wesenskerns. Dieser Wesenskern ist individuell und nicht individuell zugleich: individuell insofern, als er die Besonderheit und Einzigartigkeit, die unser Wesen ausmacht, im Keim enthält, und nicht individuell insofern, als diese Besonderheit und Einzigartigkeit, die unsere Individualität ausmacht, nicht uns gehört – sie ist uns nur verliehen. Wir haben sie nicht gemacht. Wir wüssten gar nicht, wie wir sie herstellen könnten. Weder unsere Eigenschaften noch unsere Talente noch die Zellen unseres Körpers gehören uns und sind von uns erschaffen worden – sie sind uns nur verliehen. Sie gehören etwas Größerem, sie sind Teil und Ausdruck von etwas Größerem – wenn man so will, Teil und Ausdruck des großen Ganzen oder Gottes.

Das, was wir in unserem wahren Wesen sind, enthält potenziell eine unendliche Fülle an Möglichkeiten und Fähigkeiten. Man könnte sich damit begnügen, im seligen Bewusstsein dieses unendlichen potenziellen Reichtums zu schwelgen, in sich selbst ruhend, in sich selbst vollendet. Die Hindus sagen: Sat-Chit-Ananda, Sein-Wissen-Glückseligkeit, ist unsere innerste Natur. Viele halten ihn für den höchsten Zustand. Es existiert aber oder erhebt sich irgendwann – wer weiß das schon im Voraus – im Herzen dieses Seins die Sehnsucht, seine schlummernden Möglichkeiten und Fähigkeiten in die reale Existenz, in die Manifestation zu bringen:[25] sich zu verwirklichen, Gestalt anzunehmen. Aus dieser Sehnsucht heraus gestalten und entfalten wir uns zu einer Manifestation unseres gestaltlosen und ewigen Wesens, das sich ein Abbild seiner Sehnsucht in Fleisch und Blut erschafft. Wie es im Koran heißt: »Ich war ein verborgener Schatz, und ich sehnte mich danach, erkannt zu werden.«

Unser Herz – dieser geheimnisvolle, fühlende Kern unseres Wesens, der sich jeder Beschreibung entzieht, weil es sich dabei um uns selbst handelt, der uns lachen und weinen und lieben lässt, der uns mit seiner Sehnsucht von Horizont zu Horizont treibt, von Ziel zu Ziel, von Leben zu Leben –, dieses Herz also ist das, was wir letztlich sind. Und das besonders Geheimnisvolle am Herzen ist die Tatsache, dass es einerseits das Allerpersönlichste, Intimste, Geheimste ist, was es überhaupt gibt, und andererseits genau der Ort, an dem wir fühlen, was andere fühlen, und an dem wir auf diese Weise entdecken können, dass wir nicht wirklich voneinander getrennt sind.

Das Herz ist persönlich und unpersönlich zugleich. Die Sehnsucht, die ich tief in der geheimen Kammer meines Herzens finde, ist mein allereigenstes Gefühl – kein anderes Gefühl ist so sehr mein Eigen wie meine Sehnsucht –, aber zugleich ist es nicht »meine« Sehnsucht, sondern etwas, das von jenseits meiner selbst kommt, ebenso wie meine Liebe. Weder die Sehnsucht noch die Liebe habe »ich« gewählt, beabsichtigt oder gemacht, sondern sie sind mir zugeflossen, sie sind mir gegeben worden, ohne dass ich etwas dazu oder dagegen tun konnte. Die einzige Wahl, die ich habe, ist die, mich ihnen zu öffnen oder zu verschließen (wobei Letzteres nicht lange durchzuhalten ist, höchstens einige Leben lang – so lange, bis unsere Seele den geeigneten »Rammbock« gefunden hat, der unsere Barrikade durchbricht).

Der Weg zum Herzen

Das Herz ist unser fühlender Kern. Von diesem fühlenden Kern können wir – das heißt unsere Aufmerksamkeit, unsere Bewusstheit – jedoch meilenweit entfernt sein, so wie es bei den meisten von uns der Fall ist. Dann sind wir nicht »bei uns«, wir fühlen uns nicht, und deshalb bemerken wir auch nicht, was in unserem Herzen vorgeht, was unser Herz bedrückt, was auf ihm lastet, was uns am Herzen liegt, wonach unser Herz sich sehnt. Oft bemerken wir es erst hinterher, wenn wir uns die Zeit nehmen, einem Vorfall, der uns beunruhigt oder geärgert hat, nachzuspüren: »Ach ja, da habe ich mich geärgert. Dabei hätte ich eigentlich am liebsten ... Aber das konnte ich nicht, und deshalb habe ich soundso reagiert.«

Bei sich zu sein und sich zu fühlen ist für uns, die wir das nicht gewöhnt sind, eine Kunst, die wir erlernen und üben müssen, bis sie uns in Fleisch und Blut übergegangen ist – wie jede andere Kunst. Wenn wir bei uns sind und uns fühlen, ist das eine Wohltat für uns und für die Menschen unserer Umgebung. Ein Mensch, der bei sich ist und sich fühlt, hilft auch anderen, bei sich zu sein und sich zu fühlen. Wenn ich bei mir bin und mich fühle, bin ich zu Hause, eins und im Frieden mit mir – ganz gleich, ob das, was ich fühle, ein angenehmes oder ein unangenehmes Gefühl ist.

Solange ich jedoch leide und kämpfe und verzweifelt bin, ist das ein sicheres Zeichen dafür, dass ich nicht bei mir bin und mich nicht fühle, sondern versuche, mich gegen das, was ich im Innersten spüre, zu wehren. Daraus entstehen der Zwiespalt, die Zerrissenheit, die Konflikte und Probleme. Etwas tut mir weh, aber ich will es nicht fühlen, weil ich Angst vor dem Schmerz habe. Ich wehre mich dagegen. Ich wehre mich mit Wut, blockiere mich mit Angst, entweiche in Ohnmacht und Resignation, verschwinde in Traurigkeit oder flüchte in eine Beschäftigung oder Sucht. All unsere negativen Emotionen, angefangen bei Verzweiflung bis hin zu Hass und Bitterkeit sind unsere Art, uns gegen unseren Schmerz zu schützen – fruchtlose Versuche insofern, als der Schmerz trotzdem in uns vorhanden ist und uns quält, sosehr wir uns auch sträuben. Er quält uns so lange, bis wir uns ihm zuwenden. Genau wie ein quengeliges Kind, das sich nach Zuwendung sehnt, gibt er nicht eher Ruhe, als bis er ungeteilte Aufmerksamkeit bekommt. Und sobald wir uns ihm zuwenden und ihn fühlen, sind wir wieder bei uns, wieder zu Hause und wieder heil.

Wir alle haben unser Herz auf die eine oder andere Art verschlossen – die einen mehr, die anderen weniger. Wir leben in einer Gesellschaft verschlossener Herzen. Das liegt nicht daran, dass wir schlechte Menschen sind, sondern daran, dass wir so verletzt sind und niemand uns gelehrt hat, liebevoll und bewusst durch einen Schmerz hindurchzugehen, ohne in ihm zu versinken. Wir verschließen unser Herz, indem wir ein Gefühl, das uns wehtut, nicht wahrnehmen. Wir »verdrängen« es. Wie schon erläutert, verschwindet es dadurch nicht, sondern wird, im Gegenteil, zu einem erstarrten, verfestigten Teil unserer selbst, der eben nur außerhalb des Lichtkegels unserer Aufmerksamkeit existiert – in unserem Unterbewusstsein und in unserem Körper.

Unser Herz ist nicht generell und nicht allem gegenüber verschlossen, aber doch vielem – nämlich allen Gefühlen gegenüber, die wir zuzulassen nie den Mut hatten. Diese Gefühle können wir weder bei uns noch bei anderen ertragen. Aber wir können lernen, unser Herz wieder zu öffnen.

Das ist gar nicht so schwer. Im Laufe der Entwicklung der körperzentrierten Herzensarbeit hat sich herausgestellt, dass es Schlüssel gibt, die jedes noch so verschlossene Herz öffnen können – vorausgesetzt, es besteht die Bereitschaft dazu, und man geht in der richtigen Reihenfolge vor. Diese Schlüssel heißen: Anerkennung, Erlaubnis, Mitgefühl, Erbarmen, Verständnis und Achtung. Sie alle sind Facetten der Liebe, Worte, die sozusagen die Haltung des offenen Herzens beschreiben.[26] Auf geheimnisvolle Weise können diese Worte die Tür des Herzens öffnen – wenn man denn mit dem Gefühl, für das man sein Herz aufmachen möchte, tatsächlich in Kontakt steht (indem man es körperlich fühlt) und das richtige Wort findet, das für dieses Gefühl die Erlösung bedeutet, nach welcher es sich gesehnt hat: das Heimholen aus der Verbannung.

Der direkteste und einfachste Weg zum offenen Herzen setzt immer bei dem an, was zum gegenwärtigen Zeitpunkt im Vordergrund des Bewusstseins steht: bei jenem Thema, um das die Gedanken kreisen. Als Erstes ändert man die Blickrichtung. Anstatt das Thema anzuschauen, schaut man seine Gedanken über das Thema an. Dadurch beginnt man sich aus der Identifikation mit ihnen zu lösen. Dann richtet man die Aufmerksamkeit auf den Körper und tritt in Kontakt zu den Gefühlen, die diese Gedanken auflösen (wie das funktioniert, beschreibe ich in Teil IV genauer). Man spürt seinen Atem, seinen Körper, seine Emotionen. Man öffnet sein Herz für sie.

Dieser Vorgang wird in Gang gesetzt durch die Frage: Was braucht dieses Gefühl von meinem Herzen? Die Frage zielt auf eine Regung des Herzens, die es dazu bewegt, sich zu öffnen: also eine Regung des Erbarmens oder Mitgefühls oder Verständnisses und aller weiteren, oben aufgezählten Schlüsselworte. Manchmal taucht die Antwort spontan auf, manchmal muss man die »Herzensschlüssel« der Reihe nach durchprobieren. Auf welches Wort hin bewegt sich etwas im Herzen, sodass es sich öffnet und von dem Gefühl berühren lässt? Auf welchen Schlüsselbegriff reagiert das betreffende Gefühl mit Erleichterung?

Manchmal muss man sich auf diese Weise durch viele Schichten von Gefühlen hindurcharbeiten, bis man zu dem Schmerz vorstößt, um den sich alles dreht und den die anderen Gefühle – Wut, Frustration, Bitterkeit, Trauer oder was auch immer – nur verdeckt haben. Wenn man vor diesem Schmerz steht und bereit ist, ihm sein Herz zu öffnen, wird einem klar, dass es zumindest für diesen Augenblick keine Medizin und keinen Trost gibt. Keine Abhilfe. Keinen Weg darum herum. Jetzt ist man tatsächlich mit dem großen Schmerz seines Lebens konfrontiert. Das kann ein schwieriger Moment sein. Wenn man sich daran erinnert, dass dieser Schmerz ein *Gefühl* ist, das man wahrnehmen kann – keine Realität, die einen verschlingt –, und dass dieses Wahrnehmen ein Akt des Erbarmens ist, dann kann man es schaffen, sich ihm zu öffnen. Es ist keine Kleinigkeit, einen großen Schmerz anzunehmen. Aber es macht das Herz groß. Und es befreit uns von der Angst vor diesem Schmerz. Es lässt uns ehrlicher, offener, maskenloser zurück, mit einem Herzen, dessen Bereitschaft zu fühlen und mitzufühlen gewachsen ist.

Und unter dem Schmerz liegt das Schöne, das, was wir unter dem Siegel der Unmöglichkeit verschlossen halten, solange wir den Schmerz verdrängen: die Sehnsucht. Sie ist das innerste und eigentliche Gefühl unseres Herzens. Sehnsucht enthält immer eine positive und eine negative Komponente (im Sinne des allgemeinen Sprachgebrauchs). Das positive Gefühl ist das Sehnen, ein Gefühl, das vom Herzen ausgeht und uns nach vorn zieht (konzentrieren Sie sich auf Ihre Sehnsucht, versuchen Sie sie zu fühlen, und Sie werden feststellen, dass dieses Ziehen tatsächlich spürbar ist). Dieses Sehnen bewegt uns – in einem doppelten Sinn, zum einen, indem es uns in einer als schön empfundenen Weise tief anrührt, zum anderen, indem es uns zu etwas hin bewegt: zu seinem Ziel oder Objekt.

Die negative Komponente der Sehnsucht ist der Schmerz, der daraus resultiert, dass wir eben nicht am Ziel oder beim Objekt unserer Sehnsucht, sondern von ihm getrennt sind. Wäre das nicht so, gäbe es keine Sehnsucht. Dieser Schmerz ist schwer zu ertragen; es gibt kaum einen größeren. Wir verdrängen im Allgemeinen unsere Sehnsucht, nur um diesen Schmerz nicht fühlen zu müssen.

Tatsächlich ist er aber nur dann unerträglich, wenn wir die Sehnsucht verdrängen. Wenn wir uns der Sehnsucht öffnen und es zulassen, sie zu fühlen – ganz gleich, ob ihr Ziel oder Objekt uns erreichbar oder unerreichbar erscheint –, dann gewinnen wir, auch wenn es noch so unsinnig erscheint, Hoffnung und Zuversicht zurück. Die Sehnsucht führt uns nach Hause zurück – zu uns. Wir spüren, dass wir ihr vertrauen können, auch wenn wir nicht verstehen wieso. Wir spüren es deshalb, weil sie unser eigentliches, ureigenstes Gefühl ist. Unsere Wahrheit. Und von diesem sicheren Platz aus, an dem wir eins mit der Wahrheit unseres Herzens sind, können wir es wagen, den Schmerz zu fühlen, der die Sehnsucht unweigerlich begleitet.

Unser Problem ist, dass wir meinen, eine Sehnsucht um einer anderen, konträren willen opfern zu müssen. Wir versuchen das Leben auf logische Art zu bewältigen. Zum Beispiel Freiheit kontra Geborgenheit. Wir sind angetreten in dieser Welt, um uns zu einzigartigen Individuen zu entfalten. Unser Elternhaus und das Umfeld, in das wir hineingeboren sind, liefern uns die schützende und nährende Hülle, aus der dieses Individuum eines Tages schlüpfen kann. Das ist mit Trennung und Loslösung verbunden. Es tut weh. Was immer bei uns bleibt, ist die Sehnsucht, wieder eins, wieder geborgen, wieder Kind und eingebettet zu sein. Heimzukehren.

Wir meinen aber, diese Sehnsucht zugunsten einer anderen opfern zu müssen: der Sehnsucht, unsere Flügel auszubreiten und unser eigenes Universum zu entdecken. Das ist eine Logik, die der Entweder-Oder-Programmierung unseres Verstandes entspringt, nicht der Wahrheit. Wahr ist: Die Sehnsucht danach, geborgen und eingebettet zu sein, existiert in uns, und die Sehnsucht danach, frei, selbstständig, eigenständig und besonders zu sein, existiert ebenfalls in uns. Ob und wie sich diese beiden im Leben vereinbaren lassen und verwirklichen können, dürfen wir getrost der Wahrheit überlassen. Wir brauchen nicht zu versuchen, das Paradoxe mit dem Verstand, der dafür nicht eingerichtet ist, zu bewältigen. Alles, was wir zu tun haben, ist, uns unserer wahren Gefühle *gewahr* zu sein.

Gewahrsein

Was für ein schönes Wort: Gewahrsein. Gewahrsein fügt der Wahrheit nichts hinzu und zieht nichts von ihr ab, es verändert sie nicht und maßt sich nicht an, sie zu korrigieren. Man ist einfach gewahr. Es gibt nichts Einfacheres als das, und trotzdem müssen wir erst einmal herausfinden, wie man das macht, weil wir es verlernt haben. Wir kennen das einfache Gewahrsein, die kommentarlose Wahrnehmung nicht. Bei uns läuft neben der Wahrnehmung immer ein Kommentator mit, ein Kritiker, ein Beurteiler, ein Vergleicher: einer, der versucht, zu verstehen, zu analysieren, einzuordnen, eine Korrektur, eine Lösung zu finden: »Es ist schön hier, aber es könnte ein wenig wärmer sein.« – »Es erinnert mich an England.« – »Die Frau sieht unmöglich aus.« – »Ich sollte mich nicht so aufregen.« – »Warum tut er das? Muss das wirklich sein?« Dass wir ständig einen inneren Dialog im Kopf haben, ist nicht das Problem, sondern dass wir mit unserer Aufmerksamkeit in unserem inneren Dialog sind statt in der Wahrnehmung der Realität – und dass wir uns mit den Gedanken in unserem Kopf identifizieren und sie mit der Realität verwechseln.

Wie erreicht man Gewahrsein? Wie wacht man auf? Eigentlich gibt es kein Wie; man muss es einfach tun. Im Grunde genommen existiert kein Trick und keine Abkürzung. Gewahr werden ist einfacher, als man überhaupt beschreiben kann – das Problem ist nur, dass es uns meistens nicht in den Sinn kommt. Es muss uns einfallen. Alles andere ist einfach.

Die Buddhisten nennen es Achtsamkeit. Achtsamkeit fängt beim Atem an. Spüren Sie Ihren Atem? Erinnern Sie sich noch daran, dass ich Ihnen empfohlen habe, Ihren Atem zu spüren? Tun Sie es noch? Wahrscheinlich haben Sie es längst vergessen. Das ist genau unser Problem. Wir vergessen es andauernd. Deshalb müssen wir üben, und wir müssen uns Hilfsmittel schaffen, die uns daran erinnern, zu üben.

Thich Nhat Hanh[27] empfiehlt beispielsweise, bestimmte Signale, die uns von der Welt geliefert werden, zu benutzen, um zur Wahrnehmung des Atems zurückzukehren. Zum Beispiel das Klingeln des Telefons: Gehen Sie nicht sofort ran, sondern spüren Sie erst einmal Ihren Atem. Man kann sich auch kleine Rituale schaffen: die Morgenmeditation, Tai Qi oder was immer Sie an Bewegungsübung betreiben, Gebete, Atemübungen. Sie können in der Wohnung auch kleine Zettel verteilen, auf denen »Atmen« steht (und die man natürlich spätestens nach drei Tagen nicht mehr wahrnimmt, weil man sich daran gewöhnt hat). Sie können sich jeden Morgen einprägen: »Heute werde ich meinen Atem spüren.« Oder konkreter: »Auf dem Weg zur Arbeit werde ich meinen Atem spüren«, »An meinem Arbeitsplatz werde ich meinen Atem spüren« oder auch: »Immer, wenn es schwierig wird, werde ich mich daran erinnern, zu meinem Atem zurückzukehren.«

Den Atem zu spüren ist der Anfang davon, sich selbst zu fühlen und zu seinem Herzen zu gelangen. Was aber heißt eigentlich »sich selbst fühlen«? Was fühlt man da? Da unsere Aufmerksamkeit im Allgemeinen nach außen gerichtet ist, ist das Erste, was wir fühlen, wenn wir sie auf uns selbst richten, die Peripherie dessen, was wir sind – die äußeren Schichten. Erst einmal spüren wir unseren Körper. Wir spüren vielleicht den Schmerz der Verspannung in unseren Schultern. Wenn wir unser Gewahrsein verdichten, konzentrieren, intensivieren, beginnen wir zu bemerken, dass dieser Schmerz (beispielsweise) die Qual unserer Anstrengung ist, ständig alles kontrollieren zu müssen.

Dabei fällt uns vielleicht zum ersten Mal auf, dass uns der Gedanke beherrscht, alles kontrollieren zu müssen: »Aha, so denke ich. So ziehe ich meine Schultern hoch, wenn ich das denke. Und es ist so anstrengend, das aufrechtzuerhalten. Vor irgendetwas muss ich große Angst haben. Ist diese Anspannung im Nacken vielleicht meine Angst? Ja, genauso fühlt es sich an.« Nun sind wir uns unserer Angst gewahr. Wenn wir noch tiefer und aufmerksamer hinspüren, können wir hinter ihr den Schmerz fühlen, der mühsam von Angst und Anstrengung in Schach gehalten wird. Das, wovor wir Angst haben. Ausgeliefert zu sein zum Beispiel. Wenn wir nun, immer noch den Atem spürend, unser Gewahrsein bis zu diesem Schmerz ausdehnen, fangen wir an, ihn zu fühlen. Endlich.

Bisher sind wir stets davor stehen geblieben – wie ein Mensch am Rande eines Abgrunds, der sich weigert, hinunterzuspringen. Genauso kommt uns der Schmerz vor: wie ein Abgrund, der uns verschlingt. Deshalb weigern wir uns, ihn zu fühlen. Wir haben uns unser ganzes Leben lang angestrengt, alles so im Griff zu haben, dass wir diesen Schmerz auf keinen Fall fühlen müssen – daher auch die Anspannung, die Verspannung, die Knoten, die Blockaden, die Müdigkeit oder was auch immer unser chronisches Problem ist. Nun aber werden wir seiner gewahr und fühlen ihn. Ausgeliefert sein: So fühlt es sich an, wenn ich es zulasse. Und schon ist es kein Abgrund mehr, der uns verschlingt, sondern einfach nur ein Gefühl; ein Gefühl, das immer in uns war und an die Tür unseres Herzens geklopft hat, um eingelassen zu werden. Nun, da wir es eingelassen haben, sind wir erleichtert und getröstet.

Auf diese Weise bringt Gewahrsein uns in unser Herz zurück.

Die Sehnsucht befreien

Unter jedem Schmerz sitzt eine Sehnsucht. Das eigentliche Gefühl ist immer die Sehnsucht, nicht der Schmerz. Aber wo Schmerz existiert, müssen wir diesen erst durchleiden, um zur Sehnsucht zurückzufinden.

Solange wir mit den Schmerz erzeugenden Gedanken identifiziert sind, begraben wir die Sehnsucht unter ihm. Unter dem Schmerz des Ausgeliefertseins – um das Beispiel vom letzten Abschnitt fortzuführen – könnte die Sehnsucht nach Schutz und Sicherheit liegen. Unter dem Schmerz des Abgelehntseins könnte die Sehnsucht, angenommen zu werden, zum Vorschein kommen.

Wenn ich mit dem Gedanken, abgelehnt zu sein, identifiziert bin, begrabe ich unter dieser Überzeugung die Sehnsucht nach Annahme. Meine Psycho-Logik ist dann die: Ich sehne mich zwar danach, akzeptiert zu werden, aber es hat keinen Zweck, mich danach zu sehnen, da ich ja grundsätzlich abgelehnt und ablehnenswert bin. Also lasse ich diese Sehnsucht nicht zu. Sie täte nur sinnlos weh. Ich finde mich lieber mit der (vermeintlichen) Realität ab (nämlich der, abgelehnt zu sein).

Wenn nun ein Mensch in mein Leben tritt, der mich liebt und akzeptiert, wird kurz die Hoffnung in mir aufkeimen, ich könne endlich doch angenommen werden; aber da »abgelehnt« und »ablehnenswert« meine Identifikation ist, werde ich jede Handlung dieses Menschen, die nicht ausdrücklich Liebe und Akzeptanz manifestiert, automatisch als Ablehnung interpretieren und somit in das vertraute Normalgefühl zurückfallen. Die Sehnsucht danach, es könne anders sein, taucht kurz auf, wird aber sogleich von dem Gedanken »Es hat doch keinen Zweck« verdrängt.

Die Lösung besteht darin, den Schmerz der Ablehnung als Gefühl wahrzunehmen und nicht als Tatsache – also sich aus der Identifikation zu lösen. Sobald ich das getan habe, taucht ganz von selbst die Sehnsucht nach Annahme auf, und nun bin ich in der Lage, sie von dem Gefühl der Ablehnung zu trennen und als eigenes Gefühl wahr- und anzunehmen. Bevor ich dazu in der Lage bin, muss ich vielleicht erst die Bitterkeit, die Frustration, die Wut anhören, die ich wegen der Ablehnung in mir trage und die zuerst gewürdigt werden wollen. Und die Resignation: der Gedanke »Es hat doch keinen Zweck«. All diese Gefühle wollen gefühlt und vom Herzen angenommen werden, bis der Weg frei ist für die Sehnsucht. Wenn ich sie endlich vom Deckel der Bitterkeit, der Resignation, des »Es ist ja doch zwecklos«-Glaubens befreit habe, atmet mein ganzes Wesen vor Erleichterung auf. Denn unmöglich oder nicht: Meine Sehnsucht ist meine Sehnsucht, mein wahres Gefühl. Sie zuzulassen, bringt mich zu mir nach Hause zurück.

Unter dem Schmerz des Ungeliebtseins sitzt die Sehnsucht nach Liebe. Unter dem Schmerz des Verrats sitzt die Sehnsucht nach Vertrauen. Unter dem Schmerz der Demütigung sitzt die Sehnsucht nach Achtung. Unter dem Schmerz der Trennung sitzt die Sehnsucht nach Vereinigung. Und so fort. Die Identifikation mit der negativen Idee – dem Gedanken, ungeliebt und nicht liebenswert, verachtet und verächtlich, gedemütigt, wertlos etc. zu sein – beerdigt die Sehnsucht unter sich. Solange wir die Sehnsucht verdrängen, kann sie ihre schöpferische Kraft nicht entfalten.

Denn Sehnsucht ist schöpferisch. Das ist ihr Wesen. Sie führt uns nicht zum Ziel unserer Sehnsucht – sie erschafft es. Das Ziel unserer Sehnsucht ist immer ein Zustand. Äußere Ziele oder Objekte dienen nur als Instrumente, um diesen Zustand zu erlangen. Vielleicht brauchen wir sie tatsächlich, um diesen Zustand zu erreichen; vielleicht benötigen wir sie in Wirklichkeit aber auch nicht. Das wissen wir erst hinterher.

Das Einzige, das wir jetzt wissen, ist, dass wir uns nach etwas sehnen. Dieser Sehnsucht einen Platz in unserem Herzen und in unserem Bewusstsein zu geben, ist ein Akt der Selbstliebe, der uns Kraft gibt und das Gefühl, mit uns eins zu sein.

Heilung

Der Begriff »Heilung« setzt voraus, dass wir nicht heil sind, sondern es erst werden müssen. Wenn ich mit dem Gedanken, krank oder unheil zu sein, identifiziert bin, sehne ich mich nach Heilung. Aber wenn ich mit meinem inneren Wesen und Wissen in Kontakt bin, ist mir bewusst, dass ich heil bin – dass wir alle heil sind. Unserem inneren Wesen fehlt gar nichts. Statt »Heilung« müsste man sagen »zum Heilsein erwachen«, was natürlich umständlich und allzu abgehoben klingt. Im Innersten sind wir heil, und in diesen Zustand des Heilseins können wir eintauchen, indem wir uns unserem Innersten, also unserem Herzen, zuwenden.

Das Dumme ist nur: Wir wissen genau, dass die Zuwendung zu unserem Herzen uns auch mit unserem Schmerz in Berührung bringt, denn wir tragen nun einmal Schmerz in uns; da wir aber mit unserem Herzen fühlen, lässt es sich nicht vermeiden, auch den Schmerz zu fühlen, wenn wir mit dem Herzen Kontakt aufnehmen.

Heilung – also die Entdeckung des Heilseins – geschieht durch Gewahrsein. An der Wahrheit ist nie etwas Unheiles; das kann ich dem Verstand nicht erklären, aber für die Intuition ist das selbstverständlich. Sie müssen diese Erfahrung selbst machen, um zu wissen, was ich meine. Welches Problem auch immer Ihnen gerade zu schaffen macht – öffnen Sie Ihr Herz Ihren wahren Gefühlen, ohne etwas hinzuzufügen oder abzuziehen; fühlen Sie, was Sie wirklich fühlen, ohne sich einzumischen und ohne zu versuchen, widersprüchliche Gefühle mit dem Verstand zu vereinbaren. Nehmen Sie sie einfach bewusst wahr und öffnen Sie ihnen Ihr Herz. Finden Sie zu Ihrer Wahrheit zurück. Dort, wo die Wahrheit sitzt, werden Sie Ihr Heilsein entdecken – und Heilung finden, wenn man das so nennen will. Das kann durchaus auch Heilung im körperlichen Sinne sein.

Man hat oft Angst vor seiner eigenen inneren Wahrheit, weil man sich vor den Konsequenzen ihrer Entdeckung fürchtet. Vielleicht lieben Sie Ihren Ehepartner oder Job nicht mehr so, wie Sie meinen, ihn lieben zu sollen, möchten sich aber mit dieser Wahrheit lieber nicht konfrontieren – Sie meinen, dass ihre Entdeckung Sie zwingen würde, den Partner oder Job zu verlassen, und davor haben Sie Angst. Aber das ist eine falsche Auffassung von Wahrheit. »Ich liebe ihn nicht mehr und muss deshalb gehen« ist in diesem Fall nicht Ihre Wahrheit, sondern: »Ich liebe ihn nicht mehr, und ich habe Angst, ihn zu verlassen.«

Wenn Sie Ihr Augenmerk auf die positiven Gefühle richten, ist die Sehnsucht nach einem Wechsel ebenso Teil Ihrer Wahrheit wie der Wunsch, zu bleiben (oder welche Sehnsucht auch immer hinter Ihrer Angst steckt, zum Beispiel der Wunsch nach Sicherheit, Geborgenheit, Kontinuität). Dies ist ein typisches Beispiel für Gefühle, die von der Warte des Verstandes aus unvereinbar sind. Das Herz aber hat kein Problem damit. Es kennt kein »unvereinbar«. Die Lösung besteht darin, Bewusstheit zu wecken – die immer neutral ist –, sich aus der Identifikation mit den inneren Parteien zu lösen und für jedes der beiden Gefühle gesondert sein Herz zu öffnen. Dann ist man wieder eins mit seiner Wahrheit und heil – so heil, wie man immer schon war, nur dass man das vorher nicht bemerkt hat. Für die bestmögliche, der inneren Wahrheit entsprechende Anordnung der äußeren Umstände sorgt das Leben.

Solange wir unsere wahren Gefühle verdrängen, sind wir krank. Das ist die einzige Krankheit, die es gibt, das einzige Unheil, an dem wir überhaupt kranken können: nicht in unserer Wahrheit zu sein, nicht zu fühlen, was wir fühlen, sondern dagegen anzukämpfen oder es zu unterdrücken. Wenn ich Tag für Tag von morgens bis abends am Computer sitze, am Abend den Fernseher einschalte und danach todmüde und zugleich nervös ins Bett falle, werde ich krank. Nicht so sehr, weil Bildschirmstrahlung und Bewegungsmangel dies verursachen, sondern vor allem deshalb, weil ich mein eigenes Gefühl verdränge – nämlich mein Bedürfnis nach Bewegung, körperlicher Betätigung, frischer Luft und geistiger Entspannung – und somit innerlich bereits krank bin.

Interessanterweise verdränge ich dabei übrigens ebenso das Gefühl, aus dem heraus ich das tue. Ich erlaube ihm zwar, mein Handeln zu bestimmen, aber ich nehme es nicht wahr. Ich bin mit ihm identifiziert. Vielleicht ist es eine innere Rastlosigkeit und unter dieser Rastlosigkeit irgendeine Unzufriedenheit, ein Ärger, ein Schmerz, den ich mit dem nahtlosen Übergang von Arbeit zu Fernsehen aus meinem Bewusstsein zu verdrängen versuche.

So bin ich doppelt krank: indem ich beide Gefühle verdränge. Wenn ich zu Heilung und einer gesünderen Lebensweise finden will, muss ich meine Energie nicht in den Versuch investieren, mein Handeln zu verändern; das wäre sinnlose Energieverschwendung, denn solange ich meine Gefühle nicht wahrnehme, beherrschen sie mich weiter, sosehr ich mich auch anstrenge, das Problem durch anderes Handeln zu lösen. Ich muss stattdessen meine Gefühle wahrnehmen: die Rastlosigkeit, den Schmerz, der sich unter der Rastlosigkeit verbirgt (wenn ich diesen fühle, brauche ich ihn nicht mehr zu verdrängen, und damit wird das falsche Handeln überflüssig) sowie die Sehnsucht nach Bewegung und Entspannung. Allgemeiner gesagt: Ich muss einfach nur alle Anteile meiner momentanen gefühlsmäßigen Realität wahrnehmen.[28]

Dann bin ich wieder heil – das Unheil bestand ja nur daraus, dass ich die Wahrheit nicht wahrnahm –, und angemessenes Handeln und äußere Heilung, soweit möglich, erwachsen daraus ganz von selbst.

Gegenwart

Es geht immer um die Gegenwart. Bei all unseren Problemen geht es nie um die Vergangenheit und nie um die Zukunft. Wenn mir etwas zu schaffen macht, das vor zehn Tagen passiert ist oder in zehn Tagen geschehen wird, so habe ich das Problem jetzt. Es ist in meinen Gedanken und Gefühlen und in meinem Körper gegenwärtig.

Ein Teil der Vergangenheit ist vergangen. Andere Teile sind Bestandteil der Gegenwart. Was vergangen ist, sind die Ereignisse, sozusagen der Körper der Erfahrung. Was bleibt, sind geistige und seelische Komponenten, also die Essenz. Diese Essenz ist das, was aus der Außenwelt in unsere Innenwelt überwechselt und zu einem Bestandteil unseres Wesens wird – so wie bestimmte Teile der Nahrung nicht ausgeschieden, sondern unserem Körper einverleibt werden. Diese Essenz kann eine bestimmte Stimmung, eine Seinsart, eine Qualität, eine Erkenntnis, eine Atmosphäre sein. Bei manchen Ereignissen halten wir die Erinnerung an den äußeren Aspekt der Erfahrung – die Ereignisse – fest, weil wir ihre Essenz noch nicht extrahiert haben: etwa bei schönen Erinnerungen, die wir wehmütig wiederkäuen, um auch noch das letzte Tröpfchen Glück aus ihnen herauszupressen; oder bei hässlichen Erinnerungen, die schlimme Gefühle in uns geweckt haben, welche wir nicht oder nicht zur Genüge verarbeitet haben.

Dies sind Teile der Vergangenheit, die noch nicht vergangen sind. Vor allem zählen hierzu diejenigen Gefühle, die wir, als sie aktuell waren, nicht gefühlt haben. Und das gilt für positive wie für negative! Wenn ich eine kurze und kostbare Zeit mit dem Menschen verbracht habe, der die große Liebe meines Lebens war, und in dieser Zeit meine Gefühle – dieses unfassbare Glück – nicht bewusst gefühlt habe, sondern einfach wie üblich mit ihnen identifiziert war, dann warten diese Gefühle bis heute darauf, endlich gefühlt zu werden (auch wenn die Sache schon dreißig Jahre her ist und nur eine Woche gedauert hat).[29]

Solche Gefühle könnten sein: Ungläubigkeit/Staunen (eine Art freudiger Schock), Liebe und die Seligkeit erwiderter Liebe, Erfüllung, Freude; ferner eventuell das Gefühl, das mit Glaubenssätzen wie »Das wäre ja zu schön, um wahr zu sein«, »Ich verdiene es nicht, es darf nicht sein« oder »Es hält ja doch nicht lange« verbunden ist und mit Sicherheit von den Glücksgefühlen verdrängt wurde. Es macht durchaus Sinn, dass die Erinnerung an vergangenes Glück uns immer wieder heimsucht – so lange nämlich, bis wir die Essenz der Erfahrung in uns aufgenommen, sprich all diese Gefühle bewusst gewürdigt und ihnen einen Platz in unserem Herzen gegeben haben. Dann sind sie nicht mehr an die äußere Erfahrung gebunden und stehen uns als Fühlmöglichkeit jederzeit zur Verfügung.

Ebenso macht es Sinn, wenn wir negative Erinnerungen nicht loslassen können, solange wir nicht die Emotionen gefühlt haben, die mit ihnen gekoppelt sind. Dann erst können wir sie gehen lassen. Wenn ich als kleines Kind von meiner Mutter unschuldig bestraft wurde, so war das ein Schock, und bei einem Schock wird als Selbstschutzmaßnahme der Fluss der Gefühle unterbrochen. Die Gefühle werden nicht wahrgenommen und sozusagen eingefroren – so lange, bis wir in der Lage sind und dazu angeregt werden, sie zu fühlen und zu verarbeiten.

Im erwähnten Beispiel könnte es sich um folgende Gefühle handeln, die nachträglich gefühlt werden müssen, um die Sache aufzulösen: den Schock; das Gefühl des Nicht-Verstehens (dieses Gefühl gehört zu jenen, die am schwersten zu akzeptieren sind, solange man damit identifiziert ist); den Schmerz der Ungerechtigkeit (der eventuell unter dem Nicht-Verstehen verborgen liegt); das Gefühl, unschuldig bestraft zu sein (das man insgesamt würdigen[30] muss, aber auch in seine Komponenten zerlegen kann: »unschuldig« und »bestraft« sind die Gefühle, aus denen es sich zusammensetzt); aber auch das Schuldgefühl (ein Kind fühlt sich schuldig, wenn es von der Mutter bestraft wird, auch wenn es nichts »verbrochen« hat); die Wut; die Angst, die Liebe der Mutter verloren zu haben, möglicherweise das Gefühl, sie nicht wert zu sein; sowie die aus alldem abgeleiteten Identifikationsgedanken (»Ich bin schuldig/schlecht etc.«).

Dies sind Beispiele für Teile der Vergangenheit, die nicht vergangen sind, sondern in uns gegenwärtig – und zwar noch nicht als verinnerlichte, verewigte und damit zeitlose Essenz, zu der jede bedeutsame Erfahrung letztlich wird, wenn wir sie verarbeitet haben, sondern als aus unserer historischen Vergangenheit herausgelöstes Bruchstück, das in unserer Gegenwart herumspukt. Auf dem Weg des Erwachens geht es niemals um die Vergangenheit oder die Zukunft, sondern immer um die Gegenwart: um das, was uns jetzt beschäftigt, was uns jetzt zu schaffen macht, was sich in unserem Körper, in unseren Gedanken oder Gefühlen jetzt bemerkbar macht. Dort halten wir inne und graben – nicht in die Vergangenheit, sondern in die Tiefe: so lange, bis wir auf unser wahres Gefühl stoßen.

Manche unserer Probleme beziehen sich auf die Zukunft: »Nächstes Jahr soll ich nach Honolulu umziehen, und das macht mir Angst. Außerdem möchte ich lieber hier bleiben, und ich weiß auch überhaupt nicht, was dort auf mich zukommt, aber ich muss, weil ...« Oder: »Nächsten Sonntag kommt meine Schwiegermutter zu Besuch, und ich weiß, dass das wie immer eine Katastrophe wird.« Oder: »Mein Mann legt diese typische Unruhe an den Tag, die er immer manifestiert, wenn er kurz davor ist, sich zu betrinken. Heute Abend ist es wieder so weit. Ich fühle es. Ich weiß es. Und das ist für mich ein Riesenproblem.«

Das Problem ist nicht das, was in der Zukunft geschieht, sondern das, was der Gedanke an das bevorstehende Ereignis und die Art, wie ich daran denke, jetzt mit mir macht. Es gibt nur jetzt. Auch die Lösung ist immer jetzt. Nehmen wir das letztgenannte Beispiel: Ein Trinkgelage des Mannes steht ins Haus – die Frau leidet schon im voraus. Wenn sie ihr Problem lösen will, kann sie es nur jetzt tun. Sie muss ihre Blickrichtung ändern. Sie muss in die Gegenwart kommen, und zwar in ihre eigene, statt mit ihrer Aufmerksamkeit bei ihrem Mann und seinem wahrscheinlichen zukünftigen Verhalten zu verharren. Das bedeutet: Sie muss die Bewusstheit einschalten. Beobachten. Den Gedanken zuhören. Welche Gefühle drücken sie aus? Angst. Vorweggenommene Enttäuschung. Resignation (»Es ist immer dasselbe mit ihm. Es hat keinen Zweck«). Wut. Empörung (»Und was ist mit mir? Wer denkt an mich?«). Ungerechtigkeit. Das Gefühl, im Stich gelassen zu werden.

Sie sehen – es handelt sich um eine überaus »nützliche« Situation, die es erlaubt, viele Fliegen mit einer Klappe zu schlagen, weil sie eine ganze Palette von Gefühlen aktualisiert.[31] Also Bewusstheit wecken. Konzentration einschalten. Ordnung schaffen. Welches Gefühl schreit am lautesten? Wie fühlt es sich an? Kann ich es zulassen? Was braucht es? An diesem Punkt angekommen, ist unsere Frau wieder bei sich und eins mit sich. Nun kann sie mit Interesse beobachten, wie es sich anfühlt, mit dieser neuen

Gefühlsbewusstheit und offenen Herzens in die gefürchtete Situation hineinzugehen. Vielleicht findet sie auch gar nicht statt, sondern der Ehemann bleibt zu Hause und trinkt Kamillentee. Manchmal nehmen die Dinge eine andere Wendung, wenn man sich aus der Identifikation mit seinen Gefühlen gelöst und sein Herz geöffnet hat – denn man selbst hat am Verhalten seines Partners oft einen größeren Anteil, als man denkt!

Das muss aber nicht so sein. Es kann durchaus auch genau das geschehen, was die Frau befürchtet hat; sie wird es mit Sicherheit nur ganz anders erleben – nicht mehr als Opfer des Verhaltens ihres Mannes, auch nicht mehr als eine Frau, die ein Problem hat, sondern als eine, die mit Liebe und Mitgefühl bei sich selbst ist und bewusst und absichtlich kennen lernt, wie es ist, sich so zu fühlen, wie sie sich fühlt. Eine Frau, die sich aus der Problematik gelöst und erkannt hat, dass das Verhalten ihres Mannes seine Angelegenheit und ihr Gefühl die ihre ist. Vermutlich steckt noch einiges mehr dahinter, denn wenn ein Nicht-Alkoholiker und ein Alkoholiker eine Ehe eingehen, teilen sie sich eine gemeinsame Problematik – und wenn unsere Frau sich ihre Gefühle anschaut, wird sie vermutlich einiges über diese Verstrickung entdecken.

Die Lösung unserer Probleme liegt im Allgemeinen nicht in einer Änderung der äußeren Umstände – wie verlockend es auch klingen mag, einfach die äußeren Gegebenheiten zu ändern und dann das Problem los zu sein. Das kann funktionieren, aber nur dann, wenn das innere Problem bereits gelöst ist. Wenn nicht, wird es sich anderweitig manifestieren oder aber die Änderung der äußeren Umstände unmöglich machen. Ich habe das oft genug erlebt und beobachtet, und Sie kennen das sicher auch: Man kommt vom Regen in die Traufe. Jemand hat großen Ärger mit seinen Nachbarn und zieht deswegen um – mit dem Ergebnis, dass er nun auch Ärger mit seinen neuen Nachbarn hat!

Das Problem sind ja nicht die Nachbarn, das Problem ist der Ärger und was darunter sitzt. Ein anderer Mensch würde sich über dasselbe Verhalten der Nachbarn vielleicht nicht ärgern. Es würde ihn kalt lassen. Oder er wäre betrübt. Oder er würde eine andere Art finden, damit umzugehen. Unser Mann aber hat Ärger und beißt sich an seinem Ärger fest, und diesem Ärger entrinnt er nicht, indem er den Umständen, die dieses lästige Gefühl zu erzeugen scheinen, entflieht. Er kann auf eine einsame Insel am Ende der Welt ziehen, nur um denselben Ärger wieder aufflammen zu sehen, wenn er seinem einzigen Mitbewohner begegnet oder die Affen ihn mit ihrem Lärm verrückt machen.

Es gibt eine Lösung – für jedes Problem. Man selbst muss sich lösen – aus seiner Identifikation mit einem bestimmten Gefühl oder Gedanken. Die äußere Lösung findet sich, sobald die innere Lösung stattgefunden hat. Manchmal geht es ganz mühelos und fast wie von selbst: Die Nachbarn ziehen aus. Oder ihre Stereoanlage (die den Ärger erregt hat) gibt den Geist auf. Oder sie zeigen sich überraschend einsichtig. Oder man fängt plötzlich an, das Gratis-Unterhaltungsprogramm, das sie einem bieten, zu genießen. Oder man findet den nötigen Mut und die richtige Eingebung, um sich ihnen gegenüber in einer Weise zu äußern, die auf sie nachhaltigen Eindruck macht und eine Änderung bewirkt. Oder es kommt sowieso ganz anders. Wie auch immer – es löst sich.

Ebenso, wie ein Problem und seine Lösung immer in der Gegenwart liegen, liegt auch die Erfüllung einer Sehnsucht in der Gegenwart. Da unsere Wahrnehmung im Allgemeinen auf die äußere Welt gerichtet und unser Verstand auf Raum und Zeit[32] programmiert ist, sind wir gewohnt, zwischen »uns/hier und jetzt« und »Ziel/Objekt« unserer Sehnsucht im Geist eine Entfernung herzustellen. »Heute sehne ich mich – morgen oder in einem Jahr oder am Ende meines Lebens erfüllt sich diese Sehnsucht.«

Oder: »Wenn ich erst genug Geld habe, meine Schulden zu bezahlen, bin ich frei.« – »Wenn ich endlich mit diesem Menschen verheiratet bin, bin ich glücklich.« – »Wenn ich die größere Wohnung bezogen habe, habe ich endlich genug Raum für mich.« Wir platzieren uns selbst ans eine Ende und die Erfüllung unseres Wunsches ans andere Ende einer Zeitspanne. Dazwischen erleben wir wahrscheinlich Hoffnung, Vorfreude, Sehnsucht, Entmutigung, Enttäuschung, Kapitulation, neue Hoffnung und so fort.

Aber die Erfüllung liegt unter der Sehnsucht. Jetzt. Sie ist potenziell im gegenwärtigen Augenblick vorhanden. Anders gesagt: Dort, wo Sehnsucht ist, ist auch Erfüllung. Alles, was ich zu tun habe, ist, meine Blickrichtung zu ändern. Anstatt nach außen (äußere Situation) und in die Zukunft (ersehntes Ereignis) zu schauen, muss ich mich umdrehen und nach innen und auf meine gegenwärtigen Gefühle blicken. Als Erstes werde ich dort die Sehnsucht entdecken. Wenn ich mich aus der Identifikation mit ihr löse und sie stattdessen *fühle*, bin ich bei mir und in der Gegenwart. Anstatt mich einfach zu sehnen (Identifikation), kann ich der Sehnsucht bewusst und aktiv einen Platz in meinem Herzen geben, indem ich prüfe, was sie braucht. Vielleicht braucht sie Anerkennung, vielleicht Respekt, vielleicht Erlaubnis, vielleicht Raum – oder vielleicht muss ihre Erfüllung einfach für möglich gehalten, also vom Stigma der Unmöglichkeit befreit werden.

Wo Sehnsucht ist, wird immer auch Mangel empfunden. Etwas ist nicht vorhanden, und wir sehnen es herbei. Dieser Mangel will ebenfalls wahr- und angenommen werden (was nicht bedeutet, dass wir Mangel als Tatsache annehmen, sondern dass wir unser Herz dem Gefühl des Mangels öffnen).

Das Interessante ist, dass Erfüllung genau in dem Augenblick geschieht, da wir den Mangel bewusst annehmen. Es ist eine jener geheimnisvollen inneren Erfahrungen, die sich nicht in einer Weise erklären lässt, welche den Verstand befriedigt; Sie müssen sie schon selbst machen. Denken Sie einfach an etwas, wonach Sie sich sehr sehnen. Fühlen Sie Ihre Sehnsucht körperlich. Spüren Sie, wie sie an Ihrem Herzen zieht. Stellen Sie fest, was sie von Ihnen braucht. Erlaubnis? Anerkennung? Respekt? Raum? Will sie wahrgenommen werden? Eine Stimme bekommen? Wenn Ihre Sehnsucht sicher in Ihrem Herzen aufgehoben ist, wagen Sie jetzt vielleicht, Ihren Mangel zu fühlen. Zu diesem Zweck müssen Sie sich mit der Tatsache konfrontieren, dass Sie von dem Ziel oder Objekt Ihrer Sehnsucht getrennt sind. Stellen Sie sich am besten sogar vor, Sie würden es nie erreichen (das kann Ihnen helfen, das Gefühl an die Oberfläche zu bringen). Wie fühlen Sie sich? Spüren Sie Ihren Körper und Ihren Atem. Können Sie es zulassen, den Mangel zu fühlen? Den Hunger? Können Sie sich aus der Identifikation mit der *Idee* des Mangels lösen und stattdessen das *Gefühl* des Mangels betrachten? Wie fühlt es sich an? Was braucht es von Ihrem Herzen?

Merken Sie, wie Sie genau in dem Augenblick, da Sie Ihr Herz dem Mangel öffnen, mit dem Zustand, nach dem Sie sich sehnen und an dem Sie Mangel leiden, in Kontakt treten – ebenso, wie Sie in Kontakt mit Ihrem Schmerz kommen, sobald Sie Ihr Herz der Angst öffnen, die Sie vor ihm haben? Dort, in Ihrem Innern, findet die Erfüllung statt, die Sie im Äußeren ersehnen. Erfüllung ist ein Gefühl, keine Tatsache. Tatsachen können das Gefühl der Erfüllung in uns wecken, aber es bleibt ein Gefühl. Man kann sich ihm unabhängig von den Tatsachen öffnen. Dann werden die entsprechenden Tatsachen im Allgemeinen nachgeliefert.

In dem Augenblick, in dem ich mich dem Mangel öffne, werde ich ein leeres Gefäß, das nicht anders kann als mit dem, wofür es Gefäß ist, gefüllt zu werden, entsprechend einem der Naturgesetze der inneren Welt. Solange ich mich ihm nicht öffne – also mein Herz vor ihm verschließe und stattdessen mit den Mangelgedanken identifiziert bin –, halte ich dieses Gefäß mit einem Deckel verschlossen: zum Beispiel mit dem Gedanken »Ich bekomme es nie«, »Ich bin es nicht wert«, »Das ist zu schön, um wahr zu sein«, »Ich bin weit entfernt davon« oder einfach mit »Ich habe es nicht« oder »Das bekommen nur die anderen«. Solange ich mit dem Gedanken, es nicht zu haben, identifiziert bin, erzeuge ich genau die Realität, die diesen Gedanken ausdrückt (schon deshalb, weil ich eine andere nicht wahrnehmen kann). Ich habe es nicht.

Werde ich mir jedoch dessen bewusst, dass »Ich habe es nicht« ein Gedanke ist (ob er nun Tatsachen reflektiert oder nicht – es ist ein Gedanke!) und nehme ich das Gefühl, das er in mir erzeugt (den Mangel), als Gefühl wahr, anstatt es für Realität zu halten, dann bin ich nicht mehr jemand, der »es nicht hat« und dieses Nicht-Haben zu seinen grundlegenden Eigenschaften zählt – sondern jemand, der wahrnimmt, wie es sich anfühlt, »es nicht zu haben«: ein Wahrnehmender. Und als dieser bin ich in der Lage, auch eine andere Art von Erfahrung wahrzunehmen. Ich bin offen für jede Art von Erfahrung – vielleicht, es zu haben, oder es zu bekommen oder es gar nicht mehr zu brauchen.

Verknüpfungen

Elvira, eine attraktive Frau um die fünfundvierzig, ist verheiratet. Ihr Mann hat, während sie gemeinsam mit Freunden aus waren, jungen Mädchen hinterher geschaut und mit einem Seufzer gesagt: »Wenn ich jünger wäre ...« Elvira ist schockiert und verletzt. In einem Seminar zur körperzentrierten Herzensarbeit macht sie sich folgende Gefühle bewusst und öffnet ihr Herz für sie: Schock, Verrat, die öffentliche Demütigung, lächerlich gemacht worden zu sein, »mörderische« Wut, Ungerechtigkeit. Das Gefühl aber, das für sie das schlimmste ist, ist eines, das sie das »Alt-hässlich-ungeliebt-wertlos-Gefühl« nennt. Anders als bei den anderen Gefühlen fällt es ihr hier schwer, sich aus der Identifikation zu lösen. Sie hält sich seit jenem Vorfall tatsächlich für »alt-hässlich-ungeliebt-wertlos« und fühlt sich entsprechend.

Das, was es ihr hier so schwer macht, sich aus der Identifikation zu lösen, ist die Tatsache, dass sie in ihrem Geist Gedanken und Gefühle miteinander verknüpft hat, die nicht zusammengehören. Um sich lösen zu können, muss sie diese falsche Verknüpfung (die in sich die Identifikation mit einem falschen Gedanken ist) entdecken und sich durch die Entdeckung von ihr lösen. Die erste falsche Verknüpfung lautet: »Er schaut auf junge Mädchen = logische Folge: Ich bin alt-hässlich-ungeliebt-wertlos.« Die zweite, dritte und vierte falsche Verknüpfung sind: alt = hässlich, hässlich = ungeliebt, ungeliebt = wertlos.

Die erste dieser falschen Verknüpfungen ist relativ rasch als solche zu erkennen. Ich mache Elvira darauf aufmerksam, dass es sich um einen scheinbaren Kausalzusammenhang handelt, nicht um einen tatsächlichen. Ich erzähle ihr, dass ich Frauen kenne, die in der gleichen Situation nicht im Traum daran denken würden, sich alt-hässlich-ungeliebt-wertlos zu fühlen. Sie würden lachen. Oder die Achseln zucken. Oder das Verhalten ihres Mannes gar nicht als etwas, das sie betrifft, zur Kenntnis nehmen. Jetzt kann Elvira erkennen, dass »Er schaut auf junge Mädchen = Ich bin alt und hässlich« nicht die Wahrheit ist, sondern ihre Art, die Dinge zu verknüpfen. Damit hat sie sich von der Identifikation mit der Verknüpfung befreit, und dadurch existiert die Verknüpfung nicht mehr.

Daraufhin sehen wir uns die unverknüpften Tatsachen an. Erstens: Elviras Mann hat jungen Mädchen hinterher geschaut. Zweitens: Elvira leidet unter dem Gefühl, das sie »alt-hässlich-ungeliebt-wertlos« nennt. Das ist ihr Part, den sie sich näher ansehen muss. Auch hier gibt es falsche

Verknüpfungen. »Alt« ist nicht dasselbe wie »hässlich«, »hässlich« nicht dasselbe wie »ungeliebt«, »ungeliebt« nicht dasselbe wie »wertlos«. Nachdem Elvira das zusammengesetzte Gefühl in seine Einzelbestandteile zerlegt hat, kann sie jeden für sich als Gefühl wahr- und annehmen, statt ihn einzeln und in der Verknüpfung für eine Tatsache zu halten.

Ich sehe Elvira zwei Monate später wieder. Sie berichtet, dass sie, nachdem sie geübt hatte, ihre Gefühle bewusst wahrzunehmen, den Mut fand, mit ihrem Mann über den Vorfall zu reden. Er gestand ihr, er habe gar kein Interesse an jungen Mädchen; im Gegenteil, er liebe Elvira so sehr und fände sie immer noch so hübsch, dass er Angst habe, sie an jüngere Männer zu verlieren, und deshalb habe er das ganze Manöver inszeniert. Er habe sie eifersüchtig machen und ihr Interesse an ihm wachhalten wollen. Dies ist übrigens ein schönes Beispiel für eine weitere falsche Verknüpfung, nämlich die, dass Eifersucht mit Interesse gleichzusetzen sei. Und die ganze Geschichte zeigt, wie falsch wir mit unseren Interpretationen und Verknüpfungen liegen können!

Unser Leid stammt aus Verknüpfungen. Wir verknüpfen Dinge, Sachverhalte, Gedanken, die nicht zusammengehören. Wir verknüpfen sie auf Grund der Art, wie wir eine bestimmte Erfahrung, die wir gemacht haben, früher einmal interpretiert haben. Wir erkennen unseren Gedanken nicht als das, was er ist – nämlich eine Art und Weise, wie wir ein bestimmtes Ereignis interpretiert haben –, sondern halten ihn für die Wahrheit schlechthin, und zwar nicht nur in Bezug auf dieses eine Ereignis, sondern auf alle Ereignisse überhaupt (zumindest alle, die wir auf Grund irgendeiner Ähnlichkeit mit dem ursprünglichen Ereignis assoziieren).

Die erste falsche Verknüpfung ist die, welche der negativen Identifikation zu Grunde liegt. Ich habe sie bereits erläutert: Aus dem Verhalten einer anderen Person wird eine Eigenschaft, die wir uns selbst zuschreiben. Aus einem Gefühl der Mutter wird eine Identifikation des Kindes. »Sie bringt mir ein Gefühl von Ablehnung entgegen« wird zu »Ich bin abgelehnt« oder sogar zu »Ich bin ablehnenswert«. Das ist eine dreifach falsche Verknüpfung. Erstens wird etwas, das zu einer anderen Person gehört – ihr Gefühl (die Ablehnung) –, fälschlich für eine eigene Eigenschaft gehalten (ablehnenswert). Zweitens wird etwas, das zu einer bestimmten Zeit stattfand (»Am Tage X des Jahres X geschah es, dass meine Mutter ein heftiges Gefühl der Ablehnung empfand, als sie mich anschaute«), zu etwas Dauerhaftem (eine lebenslange Identifikation). Drittens wird Ablehnung als Erfahrung auf andere Menschen projiziert und verallgemeinert (jetzt fühlen wir uns nicht nur von unserer Mutter abgelehnt, sondern auch von anderen).

Eine weitere Verknüpfung entsteht dadurch, dass wir zwei Gedanken auf Grund einer falschen Logik aneinanderkleben: »Er schaut junge Mädchen an, also bin ich alt und hässlich« und »Sie ist aggressiv geworden, deshalb bin ich weggegangen«. Und weiter, verallgemeinernd: »Wenn eine Frau aggressiv wird, gehe ich fort oder muss ich fortgehen«, »Er hat nicht mit mir geredet, also will ich nichts mehr mit ihm zu tun haben«. Und weiter: »Mit Männern, die nicht mit mir reden, will ich nichts zu tun haben.« Hier wurden zwei Tatsachen miteinander verknüpft, indem man die eine zur Ursache (»Er redet nicht mit mir«) und die andere zur Wirkung macht (»Ich will nichts mehr mit ihm zu tun haben«).

Man könnte Ursache und Wirkung auch umkehren: »Ich will nichts mit ihm zu tun haben, deshalb redet er nicht mit mir«, »Ich gehe fort, deshalb wird sie aggressiv«. Wer sagt, dass es nicht so ist? Wenn man tief und ehrlich in sich hineinschaut, wird man im Allgemeinen einen Funken Wahrheit auch in der Umkehrung finden.[33] Aber das ist es nicht, worauf ich hinauswill. In Wirklichkeit knüpfen wir die Dinge in dieser Weise als Ursache und Wirkung zusammen, weil wir nicht willens oder in der Lage sind, unsere Gefühle wahrzunehmen. Was macht es mit mir, wenn er nicht mehr redet? Oder sie aggressiv wird? Wie fühle ich mich dabei? Da liegt eigentlich der Hase im Pfeffer. Dieses Gefühl kann ich nicht aushalten, und um ihm zu entkommen, sage ich: »Ich will mit diesem Menschen nichts mehr zu tun haben.«

Die Wahrheit hinter »Er redet nicht mit mir, deshalb will ich nichts mehr mit ihm zu tun haben« ist also: »Wenn er nicht mit mir redet, fühle ich mich im Stich gelassen/abgewiesen/gedemütigt. Dieses Gefühl möchte ich nicht fühlen, weil ich meine, es nicht ertragen zu können. Um es nicht fühlen zu müssen, entferne ich mich von der Person, die es durch ihr Schweigen in mir auslöst.« – »Wenn sie aggressiv wird, fühle ich mich bedroht, und vor diesem Gefühl habe ich große Angst; und diese Angst halte ich nicht aus. Deshalb gehe ich.«

In Wirklichkeit geht es ganz einfach um Gefühle, die wir nicht fühlen wollen, weil wir Angst haben, sie nicht ertragen zu können. So erschaffen wir mit Hilfe unserer eigenen Psycho-Logik unsere persönliche Kausalität, an die wir selbst glauben und von der wir meinen, sie müsse auch für andere klar ersichtlich sein. Uns erscheint es selbstverständlich, dass wir uns so und so verhalten müssen, wenn der andere dies oder das tut oder unterlässt. Aber wenn wir genau hinschauen, finden wir hinter dieser scheinbaren Kausalkette in Wirklichkeit immer nur eine Verdrängungskette.

Es gibt noch eine weitere Art von Verknüpfung. Sie kommt dadurch zu Stande, dass zwei Sachverhalte irgendwann einmal in unserer frühen Geschichte gemeinsam auftraten und dass dieses gemeinsame Auftreten von uns nicht als einmaliges oder gelegentliches Zusammentreffen, sondern als etwas verbucht wurde, das immer so ist. »Wenn ich weine, werden die anderen böse« (mein Vater hat mich einmal geschlagen, weil ich weinte). Wir entdecken diese Verknüpfungen, wenn wir unsere Gedanken beobachten. Im Allgemeinen denken wir einfach unbewusst vor uns hin; der Art, wie wir denken, liegen die falschen Verknüpfungen zu Grunde, aber weil wir unser Denken nicht beobachten, bemerken wir sie nicht, sondern halten unsere Art zu denken für die Wahrheit. Wenn wir eine Verknüpfung bemerken, können wir die Teile, die wir miteinander verknüpft haben, voneinander lösen und jeden für sich betrachten. »Das Gefühl, im Stich gelassen zu werden, halte ich nicht aus«: Da ist einerseits das Gefühl, im Stich gelassen zu werden, und da ist andererseits das Gefühl, es nicht auszuhalten. Wenn man jedes für sich bewusst wahrnimmt, hat man die Verknüpfung aufgelöst: ein Knoten weniger in unserem System – und die Energie, die Gefühle, die Gedanken können freier fließen.

Zusammengesetzte Gefühle

Ebenso, wie es in unserem Geist Verknüpfungen von Gedanken und Tatsachen gibt, mit denen wir die Wahrheit verfälschen, so gibt es auch Zusammenballungen von Gefühlen, die uns blockieren können. Ein typisches Beispiel ist Verzweiflung. Verzweiflung setzt sich immer aus zwei Gefühlen zusammen (es enthält ja auch den Wortbestandteil »zwei«): Ein Teil ist der Schmerz, der andere der Wunsch, dem Schmerz zu entrinnen. Wenn ich das nicht erkenne, bleibe ich in der Verzweiflung stecken.

Natürlich kann ich mich aus der Identifikation lösen und die Verzweiflung bewusst anschauen, ich kann auch mein Herz für sie öffnen, wodurch ein wenig mehr Ruhe einkehrt; aber zur Lösung komme ich erst, wenn ich die Verzweiflung in ihre Komponenten zerlege und fühle, dass es etwas gibt, das sehr wehtut, und einen Wunsch, von diesem Schmerz befreit zu werden. Solange ich mit dem Teil identifiziert bin, der dem Schmerz zu entrinnen versucht (zum Beispiel der Hoffnung, es möge nicht geschehen sein oder man könne es ungeschehen machen), akzeptiere ich den Schmerz nicht, und dieser hält mich fest, weil er nicht gefühlt wird und auf sich aufmerksam machen will. Wenn ich mehr mit dem Schmerz identifiziert bin, verdränge ich den Wunsch nach Erlösung, der wiederum verhindert, dass ich den Schmerz wirklich akzeptieren und Frieden finden kann. Auf diese Weise wird die Lösung blockiert. Ich muss also die beiden Bestandteile trennen und jeden für sich betrachten und ins Herz holen. Auf diese Weise befreie ich mich von der Verzweiflung und finde zur Wahrheit meines Herzens und damit zum Frieden. Damit schaffe ich die Voraussetzung dafür, dass die äußere Lösung in mein Blickfeld treten kann.

Es gibt viele weitere Beispiele zusammengesetzter Gefühle. Da wäre etwa die Eifersucht, die sich zusammensetzt aus einem Schmerz – beispielsweise Demütigung –, der Angst vor diesem Schmerz, einer Emotion, mit der man sich vor beidem zu schützen versucht (etwa Wut oder Traurigkeit), und aus einem Wunsch (jemanden für sich allein besitzen zu wollen), der aus der Angst geboren ist. Weitere Beispiele sind Neid (Gefühlskomponenten Schmerz und Wunsch) und Unzufriedenheit (Erwartung, Enttäuschung und Schmerz).[34] Das Grundprinzip bleibt immer gleich: In jedem zusammengesetzten Gefühl gibt es eine Komponente, die wehtut, und eine, die von diesem Schmerz fortstrebt. Dazwischen steht eine Angst (die Angst vor dem Schmerz) und darunter, wie überall, eine Sehnsucht.

Die Lösung ergibt sich aus dem Zerlegen. Jeder innere Gefühls-Gedanken-Wirrwarr muss in seine Einzelbestandteile zerlegt und jeder Einzelbestandteil für sich bewusst gefühlt und gewürdigt werden. Dann ist der Knoten gelöst, und Gefühle und Ereignisse können im Strom der Wandlung weiterfließen.

Missverständnisse

Eines der größten Missverständnisse im Umgang mit Gefühlen ist die Vorstellung, etwas an dem, was wir fühlen, sei falsch und müsse anders sein. Ein Gefühl ist einfach die Art, wie wir uns fühlen – daran ist nichts verkehrt. Es ist lediglich dazu da, gefühlt zu werden. Sonst nichts. Sobald es gefühlt und gewürdigt ist, sind wir frei von ihm (was nicht bedeutet, dass es dann für immer verschwunden ist, sondern nur, dass es uns aus seiner Herrschaft entlässt).

Solange wir mit einem Gefühl identifiziert sind, fühlen wir es nicht. Aber wir nehmen die Welt aus der Perspektive dieses Gefühls wahr. Wenn das Gefühl ein negatives Gefühl ist, ist das natürlich schrecklich, und wir möchten davon befreit werden. Wir versuchen, es zu überwinden, umzuwandeln, abzuschaffen, zu »heilen«. Oder uns so gründlich davon abzulenken, dass wir es nicht mehr wahrnehmen. Aber letztlich nützt das alles nichts. Es wird uns doch wieder begegnen. Gerade dadurch, dass wir mit ihm identifiziert bleiben und es nicht fühlen, bleibt es bei uns. Momentan bemerken wir es vielleicht nicht, aber bei der nächsten Gelegenheit wird es reaktiviert und taucht unverändert wieder auf.

Es gibt nur eine einzige Art, von einem Gefühl frei zu werden: und das ist, es zu fühlen. Was, wie gesagt, nicht dasselbe ist, wie es zur Kenntnis zu nehmen. Es zu fühlen heißt, es bewusst zuzulassen, während man seinen Atem spürt, und es aufmerksam wahrzunehmen – bis man es zur Gänze gefühlt hat. Dann kann man wieder aufatmen, der Kopf ist befreit von der Besessenheit der Gedanken, die um dieses Gefühl gekreist sind, und es entsteht Raum für neue Gefühle.

Man kann auch ein Gefühl nicht mit guten Argumenten wegreden. Man kann es nur in den Untergrund treiben. Zum Beispiel Angst: »Du brauchst keine Angst zu haben, weil …« Wenn das Argument einleuchtend ist, tritt die Angst für eine Weile in den Hintergrund, und der Betreffende entspannt sich. Aber bei der nächsten ähnlichen Gelegenheit taucht die Angst wieder auf. Wir machen das andauernd mit uns selbst. Wir versuchen, uns unsere Gefühle auszureden. »Du brauchst nicht traurig zu sein«, »Du sollst nicht immer so ungeduldig sein«: Das führt zu Spaltung und Verdrängung. Erwachen bedeutet wahrzunehmen, dass man traurig ist, und die Traurigkeit bewusst als Gefühl wahrzunehmen. Dann ist es nicht nötig, sie zu überwinden, um wieder froh sein zu können. Die Traurigkeit wird einfach als Gefühl erkannt und gefühlt, der innere Knoten, in dem sie gefangen war, ist gelöst, und das Gefühl kann im vielfarbig schillernden Strom der Gefühle weiterfließen – als ein Gefühl von vielen anderen. Nicht als eine Realität, die uns beherrscht.

Der Teil in uns selbst, der sich traurig fühlt, wird im Stich gelassen, wenn wir ihn nicht wahrnehmen, sondern wegzurationalisieren versuchen. Er existiert immer noch, aber niemand ist da, der ihn wahrnimmt und versteht. Das ist doppelt traurig. Was er braucht, ist kein gutes Argument, warum er nicht traurig sein muss, sondern jemanden, der mitfühlt und versteht und seine Trauer achtet. Dadurch fühlt er sich angenommen und getröstet und kann seine Bürde loslassen.

Was wir uns selbst nicht geben, können wir auch anderen nicht geben. Wenn wir uns vor unseren eigenen Gefühlen verschließen, indem wir sie uns auszureden versuchen, werden wir das auch mit unseren Mitmenschen tun. Wir werden sie in ihrer Not allein lassen. Wir werden vielleicht alles Mögliche versuchen, um ihre Not zu lindern und Lösungen für sie zu finden – aber sosehr wir auch zu helfen versuchen, wir verschließen unser Herz vor ihrer Not und lassen sie damit trotz allem allein.

Was heilt und erlöst und tröstet, ist Liebe. Liebe bedeutet: annehmen, respektieren, verstehen und mitfühlen.

Das ist es, was die Not wendet: das Notwendige. Alles Weitere ergibt sich von selbst. Die Lösung ist so lange nicht in Sicht, wie jemand in seiner Not gefangen ist. Er ist dann nicht frei, um die Lösung wahrzunehmen. Er ist in der Perspektive des Notleidenden. Sobald er jedoch die Perspektive wechselt und die Not stattdessen wahrnimmt, ist sein Bewusstsein wieder frei, und Hilfe oder eine Lösung kann auftauchen.

Hilfe von oben

Hilfe steht uns immer zur Verfügung, wir müssen uns ihr nur öffnen. Wenn man tief in einem emotionalen Dilemma steckt und es beim besten Willen nicht schafft, sich daraus zu lösen – wenn auch die Erinnerung an das »bewusste Wahrnehmen«, ans »Atmen«, das »Öffnen des Herzens« oder was auch immer nicht hilft, wird der einfache innere Akt des Betens immer etwas mobilisieren, was uns weiterbringt.

Ganz gleich, ob Sie an Gott als Person glauben oder an Ihre Verbundenheit mit dem Universum oder an ein höheres Selbst oder Engel oder aufgestiegene Meister oder einfach an eine höhere Intelligenz, ein Bewusstsein, das die Reichweite Ihres Bewusstseins übersteigt und Ihnen irgendwie zugänglich ist – es ist völlig einerlei. Rufen Sie um Hilfe, und Sie werden Hilfe erhalten. Vielleicht ist das nicht immer die Art Hilfe, die Sie sich vorstellen; aber es ist immer das, was Sie im Augenblick benötigen, um weiterzukommen. Diese Erfahrung habe ich wieder und wieder gemacht. Unzählige spirituelle Lehrer, Gurus, Weise, Heilige lehren dies, auch Jesus: »Klopfet an, so wird euch aufgetan. Bittet, so wird euch gegeben.« Wenn Sie an gar nichts Höheres glauben, aber in der Klemme sitzen, regt sich in Ihnen vielleicht die Hoffnung, es möge doch irgendetwas geben, das Ihnen helfen kann. Das reicht, um zu beten. Richten Sie Ihr Gebet an eine bestimmte Adresse oder ans Universum im Allgemeinen oder an Ihre eigene Intelligenz. Jeder ernst gemeinte Ruf wird Antwort erhalten.

Die Perspektive wechseln

Die ganze Misere rührt daher, dass wir glauben, der Mensch X oder Y zu sein. Wir sind die Intelligenz, die Energie, die Seele des Universums, welche sich in einer Form manifestiert, die wir X oder Y nennen, und aus dieser Perspektive entdecken wir uns selbst, indem wir einige unserer Möglichkeiten realisieren. Das ist ein Perspektivenwechsel. Jedes Mal, wenn dieser Perspektivenwechsel gelingt oder von selbst eintritt, sieht alles anders aus.

Es ist ein Erwachen zu einer anderen Sichtweise. Wenn dieses Erwachen nicht stattfindet, sind wir in unserem Leben gefangen wie in einem Traum. Wir fühlen uns ständig bedroht, da wir ja davon ausgehen, dass wir eines Tages ausgelöscht werden und nicht wissen, wann das sein wird. Und weil das unerträglich ist, verdrängen wir es und richten uns in unserem Leben ein, als sei es für die Ewigkeit. Aber in dem Moment, da wir erkennen oder uns daran erinnern, dass wir nicht ein Mensch namens X, sondern vielmehr dabei sind, uns als Mensch X zu erfahren, wachen wir auf. Dann fällt es uns leichter, unsere Sterblichkeit zu akzeptieren und zu erkennen, dass jeder Augenblick Leben, wie auch immer er beschaffen sein mag, etwas Kostbares und Unwiederbringliches ist. Denn nun erinnern wir uns daran, dass wir mehr sind als der sterbliche Teil unseres Wesens.

Meditation und spirituelle Techniken sind dazu da, uns zu helfen, diesen großen Perspektivenwechsel zu vollziehen. Die Methode der körperzentrierten Herzensarbeit, die ich hier beschreibe, verhilft uns zu einem Perspektivenwechsel im Kleinen, den wir jedes Mal vollziehen können, wenn wir auf eines unserer Alltagsprobleme aufmerksam werden: Anstatt traurig, wütend, verliebt oder was auch immer zu *sein*, entdeckt man sich als den, der Traurigkeit, Wut oder Verliebtheit *wahrnimmt*. Und der erfährt, wie es ist, diese Gefühle zu haben. Wenn wir immer wieder so vorgehen, wachen wir mehr und mehr auf, und unsere Probleme helfen uns dabei. Nach und nach wird so aus dem kleinen Erwachen aus einem bestimmten einzelnen Identifikationsgedanken ein größeres und umfassenderes Erwachen, durch das unsere Identifikation sich insgesamt verlagert. »Ich bin nicht die Person X, sondern ich bin dabei, zu erfahren, wie es ist, die Person X zu sein.«

Teil II: Anmerkungen zu einzelnen Lebensthemen

Die folgenden Abschnitte geben konkrete Anregungen, wie man bestimmte typische Probleme, die Menschen wie Sie und ich haben, nutzen kann, um sich aus falschen Identifikationen und damit aus der Problematik zu lösen. Es ist beileibe keine vollständige Übersicht über menschliche Probleme – und es täte mir Leid, wenn ausgerechnet Ihre Thematik nicht dabei wäre. Jedoch sind die einzelnen Kapitel als Beispiele gedacht, und das meiste von dem, was ich zu einem Thema sage, können Sie sinngemäß auch auf ein anderes übertragen. Außerdem überlappen sich die Themen teilweise, sodass ein Thema wie beispielsweise Eifersucht oder Enttäuschung an mehreren Stellen vorkommen kann.

Beziehungen

Hier wird in erster Linie die Rede von Paarbeziehungen sein, aber Sie können die meisten Ausführungen sinngemäß auch auf andere Arten zwischenmenschlicher Beziehungen anwenden.

Beziehungen stecken voller Probleme. Manche Menschen gehen ihnen deshalb aus dem Weg und halten sich mehr oder weniger erfolgreich im Feld des Unverbindlichen. Dabei wohnen die Probleme natürlich nicht ursprünglich unseren Beziehungen zu anderen inne, sondern vielmehr der Beziehung zu uns selbst; Beziehungen zu anderen Menschen (vor allem die zu unserem Lebens-, Liebes- oder Ehepartner) geben uns nur die Gelegenheit, diese Probleme zu entdecken. Die Konstellationen und Ereignisse unserer derzeitigen Beziehungen verursachen im Allgemeinen nicht neue Probleme, sondern aktualisieren alte, und zwar solche, die aus der Anfangszeit (und eventuell Vorzeit) unseres Lebens stammen.[35]

Auf dem Grunde dieser Probleme sitzen die ungeheilten seelischen Wunden, von denen im ersten Teil dieses Buches die Rede war. Wenn Sie aufhören, die Probleme Ihrer Beziehung auf Ihrer geheimen Liste der zukünftigen Scheidungsgründe zu vermerken, und stattdessen anfangen, sie als wertvolle Gelegenheit zu sehen, einen Schmerz zu entdecken, der danach schreit, bemerkt zu werden, dann wird aus Ihrer gemeinsamen Reise (selbst wenn sie bislang einem Spaziergang durch ein Minenfeld glich) ein Weg der Heilung und der Liebe – und damit ein Geschenk des Himmels.

Verstrickungen, Verwirrungen und Verwicklungen

Unsere Paarbeziehungen sind im Allgemeinen eine Mischung aus Verstrickungen, Verwirrungen und Verwicklungen. Mit dem Licht der Bewusstheit und der Liebe –

sprich der Bereitschaft, sich immer wieder aus seiner Identifikation mit einzelnen Gefühlen zu lösen und sein Herz zu öffnen – kann man in jeder einzelnen Situation jedoch »klar Schiff« machen. Worum geht es wirklich? Warum tue ich, was ich tue? Was versuche ich damit zu erreichen oder zu vermeiden? Warum rege ich mich so auf? Was tut mir eigentlich weh? Welches ist mein Gefühl und welches ist das meines Partners?

So verrückt es auch klingt: Um zu unserer wahren Beziehung zu gelangen – also um miteinander in Beziehung zu sein, anstatt nur aufeinander zu projizieren und mit unseren eigenen Projektionen Schattenboxen zu betreiben –, müssen wir trennen, trennen und nochmals trennen. Was ist deines, was ist meines? Unsere Verstrickungen entstehen dadurch, dass wir andauernd Dinge verknüpfen, die nicht zusammengehören: »Du bist unzufrieden, wenn ich mit meiner Arbeit nicht genügend Erfolg habe, und setzt mich deswegen unter Druck; ich lasse mich dadurch aus meinem eigenen Rhythmus bringen, mache Fehler und hasse dich dafür.« Trennen bedeutet hier, dass wir unser Gefühl, unter Druck zu stehen, als unser eigenes Gefühl wahrnehmen und unser Partner seine Unzufriedenheit als seines, ferner dass dieser herausfindet, was es mit ihm macht, wenn wir seiner Meinung nach zu wenig Erfolg haben, und dass wir herausfinden, was es mit uns macht, unter Druck gesetzt zu werden.

Was macht dies für uns so schlimm, dass wir den Partner dafür hassen? Vielleicht fühlen wir uns wehrlos. Oder unterdrückt. Oder angegriffen. Oder an die Wand gedrängt. Und dann der Part des Partners: Was hat es mit ihm zu tun, wenn wir keinen Erfolg haben? Welches Gefühl löst es in ihm aus, was sitzt unter seiner Unzufriedenheit? Vielleicht möchte er stolz sein, und unser Erfolg würde ihm Gelegenheit dazu geben (weil er unsere Mutter, unser Kind, unser Ehepartner oder unser Freund und Gönner ist). Sein Teil ist also die Sehnsucht, auf etwas stolz sein zu können –

warum ist ihm das so wichtig? Was steckt dahinter? Der Wunsch nach Anerkennung. Und die Frustration, keine Anerkennung zu bekommen.

Ein weiteres Beispiel aus dem typischen Beziehungsleben: Wir sind ärgerlich, weil unser Partner sich nicht so gesund ernährt, wie wir es uns für ihn wünschen. Hier sind wieder Dinge verknüpft, die nicht zusammengehören. Wieso sind wir ärgerlich über etwas, das eindeutig ihn angeht und nicht uns? Was ist unser wirkliches, eigenes Gefühl? Um es herauszufinden, müssen wir uns fragen: »Was wäre, wenn ich den Ärger wegließe? Wenn ich akzeptieren müsste, dass er lieber Hamburger isst als Sojaschnitzel?« Vielleicht würde ich mich abgelehnt fühlen. Dann nämlich, wenn Ablehnung mein Grundschmerz ist, mit dem ich identifiziert bin. Ich würde das Sojaschnitzel, das ich ihm zubereitet habe, mit mir selbst verwechseln (und ihn mit meiner Mutter, wenn sie es war, die mir die Wunde der Ablehnung beigebracht hat). Deshalb würde ich denken, er lehnt mich ab, weil er mein Sojaschnitzel ablehnt.

Wenn Verrat unser Grundthema ist, würden wir sein Verhalten als Verrat an uns empfinden. Er verrät unsere gemeinsame Gesundheitslinie (die in Wirklichkeit vielleicht gar nicht unsere gemeinsame ist, sondern ihm von uns aufgezwungen wurde). Die schlichte Wahrheit ist: Er mag keine Sojaschnitzel, während wir grundsätzlich darunter leiden, uns verraten oder abgelehnt zu fühlen, und seine Ablehnung unserer Sojaschnitzel lenkt unsere Aufmerksamkeit auf diesen Schmerz.

Verstrickungen gibt es dann, wenn »Deines« und »Meines« sich verheddert, weil es in grausam-perfekter Weise zusammenpasst: »Du hast dich von deiner Mutter abgelehnt gefühlt, weil sie dir Sojaschnitzel briet, obwohl du immer wieder sagtest, dass du lieber Hamburger hättest, und nun hasst du mich für meine Sojaschnitzel, weil du dich wieder abgelehnt fühlst und das nicht fühlen möchtest.« Hass ist eine Gegenwehr gegen den Schmerz. »Und ich hasse dich wiederum dafür, dass du meine Sojaschnitzel ablehnst, weil ich mich dadurch selbst abgelehnt fühle und das ebenfalls nicht fühlen will…« Beide leiden am gleichen Problem und merken es nicht.

Doch wenn jeder nur noch das Seine fühlt, gibt es keine Verstrickung mehr. Dann ist der Partner sich dessen bewusst, dass unser Sojaschnitzel das alte Kindheitsdrama der Ablehnung in ihm aktiviert hat, und er ist sich auch über seinen Schmerz als Kindergefühl klar. Wir für unseren Teil merken, dass wir das Schnitzel mit uns selbst verwechselt haben, und werden uns ebenfalls unseres Schmerzes als Kindergefühl bewusst. Das Drama ist beendet, und wir können wieder lachen.

Co-Abhängigkeit, eine weitere dieser Verstrickungen, bedeutet: Wir sind vom Partner abhängig, und er ist von unserer Abhängigkeit von ihm abhängig. Oder umgekehrt. Oder beidseitig. Das geht so lange gut, bis das Entsetzliche passiert und der andere plötzlich Unabhängigkeit manifestiert. Hilfe! Katastrophe! Er kann ohne mich existieren! Wieso braucht er mich plötzlich nicht mehr? Wenn wir uns unserer Gefühle nicht bewusst sind, werden wir wahrscheinlich versuchen, den Partner irgendwie wieder in die Abhängigkeit zurückzumanipulieren. Wenn wir aber aufwachen, können wir in uns gehen und das Drama beenden. »Was ist für mich so schlimm daran, dass ich sogar in Panik gerate? Warum brauche ich es, dass der andere von mir abhängig ist?« Wir finden es, indem wir uns mit seiner Unabhängigkeit – sei sie nun real manifestiert oder nur vorgestellt – konfrontieren. Wie fühlen wir uns, wenn er uns nicht braucht? Allein? Im Stich gelassen? Verraten? Das ist unser wahres Gefühl. Alles, was wir nun zu tun haben, ist, unsere Blickrichtung zu ändern. Anstatt die Situation durch die Perspektive dieses Gefühls zu betrachten – als derjenige, der im Stich gelassen wird –, drehen wir uns um und schauen das Gefühl selbst an. Wie fühlt es sich an, wenn wir es zulassen? Was macht unser Körper? Was braucht dieses Gefühl von unserem Herzen? Dann sind wir wieder bei uns – statt beim anderen – und nicht mehr in der Verstrickung der Abhängigkeit-von-der-Abhängigkeit.

Eine weitere Verstrickungsursache ist die Gefühlsübernahme. Viele Menschen übernehmen die Gefühle anderer. Es gibt chronische Übernahmen – wenn man von seiner Mutter, seinem Vater, einem verstorbenen Geschwister oder Ahnen ein Gefühl übernommen hat und es unbewusst als eigenes Gefühl in sich trägt, bis man seinen Irrtum entdeckt – und kurzzeitige. Letztere sind häufig in Paarbeziehungen.

Eine kurzzeitige Gefühlsübernahme vom Partner kann so aussehen: Ich wache eines Morgens mit einer Depression auf, ohne zu wissen, warum. Es gibt keinen Grund dafür. Trotzdem bleibt sie das vorherrschende Gefühl in mir. Versuche, mich aus der Identifikation zu lösen und mein Herz zu öffnen, gelingen mir nicht so recht. Durch irgendeine Bemerkung meines Partners oder einen Zwischenfall in unserer Interaktion komme ich plötzlich auf die Idee, dass eigentlich er derjenige von uns ist, der deprimiert ist, es aber nicht bemerkt. Fühle ich es an seiner Statt? Ist es seine Depression, die mich quält, und nicht meine? Man findet es durch Ausprobieren heraus. Wenn ich das Gefühl eines anderen in mir trage und es bisher für meines gehalten habe, dann befreit mich allein die Erkenntnis, dass es dem anderen gehört und nicht mir, bereits von der Herrschaft dieses Gefühls. Mir wird spürbar leichter ums Herz. Das fremde Gefühl fällt von mir ab – es sei denn, ich habe einen Grund, es festzuhalten.

Wenn also plötzlich der Verdacht in Ihnen aufkeimt, ein bestimmtes Gefühl, mit dem Sie sich gerade herumquälen, gehöre vielleicht Ihrem Partner – oder einem anderen Menschen aus Ihrem Umfeld –, dann beobachten Sie, was in Ihrem Innern geschieht, wenn Sie gedanklich erklären: »Dieses Gefühl gehört nicht mir, sondern dir.« Wenn Sie Erleichterung verspüren und plötzlich von der Besessenheit durch dieses Gefühl befreit sind, ist der Fall erledigt. Es war nicht Ihr Gefühl, Sie haben es nur irgendwie wahrgenommen. Es fällt nicht in Ihre Zuständigkeit. Sie können allerdings Ihr Herz für dieses Gefühl öffnen – was Ihnen jetzt, da Sie erkannt haben, wem es gehört, leichter fallen wird als vorher, da Sie das nicht wussten. Aber was weiter mit ihm geschieht, geht Sie nichts an.

Ein Gefühl für einen anderen Menschen umwandeln oder ertragen oder heilen oder verändern zu wollen, ist schlichtweg falsch. Es entspricht nicht der Wahrheit (denn es ist seine Art, sich zu fühlen, und nicht Ihre). Außerdem ist es anmaßend – eine Einmischung in die Angelegenheit des anderen aus einer unbewussten Überheblichkeit heraus. »Du bist zu klein/zu schwach/zu dumm, um damit fertig zu werden, deshalb tue ich es für dich.« Und es funktioniert auch nicht. Man kann nur den eigenen Teil dazutun – sein eigenes Gefühl wahrnehmen und für das des anderen sein Herz öffnen. Mehr nicht.

Wenn Sie den deutlichen Eindruck haben, dass das betreffende Gefühl nicht Ihres ist und es trotzdem nicht von Ihnen weicht, dann ist entweder Ihr Eindruck falsch, und es ist doch Ihres (was meistens allerdings nicht der Fall ist, denn im Allgemeinen gehen diese Eindrücke auf Intuition zurück und sind korrekt), oder es gibt einen Grund, warum Sie es bei sich behalten. Dann müssen Sie diesen Grund herausfinden. Das ist leicht. Sie wissen, warum es so ist. Sie müssen sich nur die Frage stellen: »Warum halte ich dieses Gefühl fest? Was ist das Schlimme, das geschehen könnte, wenn ich es loslasse?« Die Antwort taucht im Allgemeinen sofort auf. Man weiß es, hat es sich nur noch nicht bewusst gemacht, und die Frage bringt es ins Bewusstsein: »Ich habe Angst, dass er mir böse ist, wenn ich mich nicht für sein Gefühl verantwortlich fühle.« – »Ich fürchte mich davor, von ihr verlassen zu werden.« – »Ich behalte sein Gefühl bei mir, damit ich mit ihm verbunden bin.« – »Ich würde mich schuldig fühlen.«

Wenn man den Grund herausgefunden hat, besteht der nächste Schritt darin, ihn zu fühlen. Der Grund ist immer eine Angst. »Wenn ich ihm die Verantwortung für sein Gefühl zurückgebe, wird er böse.« Wie fühlt diese Angst sich an, wo sitzt sie im Körper, was braucht sie vom Herzen? Und was sitzt dahinter? Wie fühle ich mich, wenn er böse wird? Bedroht? Angegriffen? Verletzt? Vernichtet? Schuldig? Oder klein? Kann ich das auch jetzt fühlen? Auf diese Weise kläre ich meine eigenen Gefühle, und indem ich meinen eigenen Teil übernehme, löse ich mich aus der Verstrickung.

Irgendwann kommt der Moment, da ich mich von dem fremden Gefühl, das ich übernommen hatte, lösen und es bei seinem Besitzer lassen kann. Sehr oft ist der Grund für eine Gefühlsübernahme die Angst, sich schuldig zu machen. Die Mutter war immer so traurig, und die Tochter war es auch immer, und eines schönen Tages entdeckt diese, dass ihre Traurigkeit gar nicht ihr gehört, sondern ihrer Mutter: »Was ist, wenn ich sie ihr überlasse? Dann bin ich schuldig.« In diesem Fall muss die Angst, schuldig zu werden, und auch das Schuldgefühl selbst als Gefühl wahrgenommen werden – ohne dass man mit dem Gedanken identifiziert bleibt.

Und dann will vor allem auch noch das, was darunter sitzt, wahrgenommen sein: »verurteilt«, »schlecht«, »herzlos«, »kalt« – oder was auch immer es ist, *wofür* man sich schuldig fühlt. Das ist das eigentliche Gefühl, der Schmerz. Sobald man es fertig bringt, diesen zu fühlen, ist man frei. Nun muss man sich nicht mehr davor schützen, indem man sich für das Problem eines anderen verantwortlich macht. Man kann jetzt klarer erkennen, dass sein Problem auch seine Angelegenheit ist. Bei diesen Lösungen sind die genialen Sätze von Bert Hellinger[36] oder die von ihm inspirierten Sätze sehr hilfreich: »Ich lasse deines bei dir und nehme meines zu mir.« – »Ich achte dein Schicksal.«

Es gibt nichts Besseres, um Verstrickungen zu lösen, die daraus entstanden sind, dass man einem anderen seine Bürde abzunehmen versucht, weil man ihn für zu klein, zu schwach oder nicht fähig hält, seine eigenen Gefühle zu ertragen. Tatsächlich macht man es ihm damit nicht leichter, sondern schwerer; er trägt nun eine doppelte Bürde: die ursprüngliche plus das, was es mit ihm macht, dass ein anderer sich für ihn abstrampelt. Er fühlt sich möglicherweise dadurch schuldig oder unfrei oder herabgesetzt oder belastet oder was auch immer. Und wir halten in unserem Geist ein Bild fest, das ihn klein, schwach und unfähig zeigt. Dafür gibt es übrigens auch einen Grund in unserem Innern, einen verdrängten Schmerz. Die Frage: »Was wäre, wenn ich diesen Menschen groß und stark sehen würde statt klein und schwach? Was geschähe dann mit mir?« kann diesen Schmerz an die Oberfläche bringen, sodass er gefühlt werden kann und wir es nicht mehr nötig haben, den anderen klein und schwach zu sehen.

ZU TRENNEN, WAS DEINES UND WAS MEINES IST, BEDEUTET, DIE DINGE DER WAHRHEIT ENTSPRECHEND ZURECHTZURÜCKEN. DAZU GEHÖRT:

1. zu erkennen, was Deines und was Meines ist
2. Deines als Deines zu erkennen und mich dadurch davon zu lösen
3. Meines als Meines zu erkennen und bewusst wahr- und anzunehmen
4. zu prüfen, ob ich Deines bei dir lassen kann, und wenn nicht, festzustellen, warum nicht, und für das Hindernis mein Herz zu öffnen
5. optional: mein Herz für dein Gefühl zu öffnen
6. optional: meine Gefühle auszudrücken
7. optional: meine Vermutung über deine Gefühle auszudrücken
8. es dir zu überlassen, was du mit dieser Information anfängst.

Liebe

Wenn jemand zu mir sagt: »Ich liebe dich«, dann kann ich streng genommen, wenn ich ganz ehrlich bin, nur sagen: »Das ist schön für dich.« Der Betreffende erfreut sich eines für ihn sehr aufwühlenden, erregenden oder angenehmen Gefühls, das ich offenbar in ihm auslöse. Es meint nämlich gar nicht mich – in den allermeisten Fällen jedenfalls. Eigentlich sagt er mit seinem »Ich liebe dich«: »Du weckst schöne Gefühle in mir.« Und meistens ist darin impliziert: »… und diese schönen Gefühle möchte ich immer haben. Deshalb sollst du bei mir bleiben und keinen anderen lieben als mich.« Und in vielen Fällen auch noch dies: »Und du sollst dich immer so verhalten, dass du diese schönen Gefühle in mir weckst. Sonst bin ich dir böse oder werde sehr traurig, weil ich mich dann von dir im Stich gelassen oder verraten fühle.« Kein Wunder, dass manche Menschen erschrecken, wenn jemand diesen folgenschweren Satz zu ihnen sagt!

Wenn ich als Angesprochener dasselbe empfinde wie der Sprecher, dann schmeichelt es mir, dass dieser Mensch solche Gefühle und Gedanken für mich hegt. Ich habe dann den Eindruck, dass er meine Liebe erwidert, und ziehe voller Freuden in das Gefängnis ein, das er mir errichtet hat. »Ich liebe dich auch«, sage ich und meine etwas Ähnliches. Und beide denken wir dann: »Wie schön, wir lieben uns.«

Aber wehe, wenn einer der Partner anfängt, sich so zu verhalten, dass es nicht das ursprüngliche Glücksgefühl im anderen auslöst, sondern ein anderes! Dann heißt es: »Mein Partner liebt mich nicht mehr.« Oder: »Wenn du mich lieben würdest, würdest du das nicht tun.« Oder: »Das muss ich mir nicht gefallen lassen. Ich gehe.« Und schon ist die Liebe in großer Gefahr.

Die emotionale Liebe ist ohnehin ständig bedroht, wenn sie nicht von der Liebe des Herzens getragen wird.

Jeder Windhauch kann ihr Feuer ausblasen; jede Unliebsamkeit, jede Unverträglichkeit kann sie in Nicht-Liebe verwandeln, in Hass oder Gleichgültigkeit. Ist jedoch das Fundament der Beziehung die selbstlose Liebe des Herzens, die wahre Liebe – oder zumindest die Bereitschaft dazu –, dann nimmt man Veränderungen der Emotion hin, ohne gleich zu flüchten oder sie für eine Erschütterung oder Gefährdung der Beziehung zu halten.[37]

Wie ich schon sagte, ist der Beginn der wahren Liebe die Bereitschaft dazu: die Bereitschaft, immer wieder sein Herz zu öffnen, und wenn es noch so schwer fallen mag. In der Tat ist dies nicht leicht, wenn man sich verletzt fühlt. Aber es gibt einen einfachen Weg dahin. Er besteht darin, sein Herz für seine eigene Verletztheit zu öffnen: sie bewusst zu *fühlen*, anstatt nur verletzt zu *sein*; die Wut zu fühlen, statt nur wütend zu sein; die Ohnmacht, den Schmerz. Wenn ich das tue, ist mein Herz wieder offen. Und dann ist es auch offen für meinen Partner. Das heißt, ich kann fühlen, wie er sich fühlt. Warum er so gehandelt hat, wie er gehandelt hat. Damit bin ich im Zustand des Mitgefühls, und die Liebe kann wieder fließen.

Liebe meint den anderen; Liebe bedeutet, das Wesen des Geliebten zu bejahen, anzuerkennen und in seinem Sosein zu unterstützen; Liebe bedeutet Respekt und die Bereitschaft, den Gefühlen des geliebten Menschen sein Herz zu öffnen. Liebe heißt aber nicht: »Ab jetzt bist du für mein emotionales Wohl verantwortlich.« Dennoch darf man nicht übersehen, dass auch in der persönlichen und emotionalen Liebe etwas Unpersönliches am Werk ist: *die* Liebe, die hinter allem steckt, auch hinter der emotionalen Bedürftigkeit eines Partners, die den anderen herausfordert, sein Herz zu öffnen.

Es gibt Liebe und Liebe. Die eine Liebe ist eine Emotion – oder ein Paket aus verschiedenen Emotionen –, die andere Liebe ist der Zustand des offenen Herzens, in dem man nichts fühlt als grenzenloses Wohlwollen, Mitgefühl und Respekt für das geliebte Wesen. Diese Liebe begehrt nicht, verletzt nicht, weder den Geliebten noch den Liebenden selbst, sie ist von nichts abhängig, weder von Erwiderung noch von einem besonderen Verhalten des Geliebten. Sie ist selbstlos, ohne zu wissen, dass sie selbstlos ist, einfach weil sie wirklich dem Geliebten gilt und nicht ein Versuch ist, die Bedürfnisse des Liebenden zu stillen. Sie hat nichts zu tun mit der falschen Selbstlosigkeit, aus der heraus man sich für einen anderen aufopfert und diesem das dann als Schuld anrechnet.

Diese selbstlose Liebe ist nicht jedem gegeben. Mancher sehnt sich danach – aber wie erreicht man sie? Erwirbt man sie, erarbeitet man sie sich oder bricht sie eines Tages über einen herein? Ich glaube, der Anfang dieser Liebe ist die Bereitschaft, sein Herz zu öffnen. Alles Weitere besorgt die Liebe selbst. Nur dieses eine kann sie nicht. Wenn wir unser Herz verschlossen halten, behindern wir ihren freien Fluss. Letztlich können wir ihr Wirken allerdings nicht verhindern – denn gerade so, wie wir jetzt sind, einschließlich der Art, wie wir unser Herz verschließen, einschließlich unserer Ängste und Unzulänglichkeiten, sind wir genau die Medizin, welche *die* Liebe für den Menschen, dem wir in Liebe – welcher Art auch immer – verbunden sind, zum gegenwärtigen Zeitpunkt vorgesehen hat.

Meist neigt man dazu zu denken, die Emotionsliebe, die »Ich-liebe-dich-Liebe« sei die angenehmere von beiden, weil ja die selbstlose Liebe eine Sache voller Verzicht ist. Aber das Gegenteil ist der Fall. Nichts gegen die emotionale Liebe: Ich liebe es, »Ich liebe dich« zu sagen und dabei von Kopf bis Fuß vor innerer Erregung zu beben. Es ist ein herrliches Gefühl. Und es ist wunderbar, die Erwiderung zu hören: »Ich dich auch.« Man schmilzt dahin. Aber die Momente, in denen mein Herz von selbstloser Liebe erfüllt ist, sind unendlich viel schöner. Diese selbstlose Liebe, die wahre Liebe des Herzens, ist Erfüllung in sich. Wenn ich im Zustand selbstloser Liebe bin, bin ich von nichts als Liebe erfüllt; und es gibt nichts Schöneres. Dann habe ich tatsächlich nur das Wohl des Geliebten im Auge; es ist kein Ich vorhanden, das sich für sich selbst etwas wünscht – und zwar nicht deshalb, weil ich aufopfernd darauf verzichte, sondern weil das dann eben so ist. Und ich glaube, diese Liebe fühlt sich deshalb so viel schöner an als alles andere, weil man irgendwie spürt, dass sie der wahre Zustand unseres Herzens und unsere Heimat ist.

Dennoch wäre es ein großer Fehler, die Emotionsliebe gering zu schätzen. Sie ist eines der größten Instrumente *der* Liebe – und mit dieser Liebe meine ich nicht das persönliche Gefühl, sondern die unpersönliche Kraft, die durch das Gefühl wirkt. »Aus mystischer Sicht ist der Schmerz der Liebe das Dynamit – es bricht das Herz auf, selbst wenn es hart wie ein Felsen ist. Wenn diese Härte, die das innere Licht verdeckt, durchbrochen ist, kommen – gleich Quellen von den Bergen – Ströme von Seligkeit hervor.«[38]

In einer »Liebesbeziehung« können beide Arten von Liebe nebeneinander existieren und ineinander wirken. Sexuelles Verlangen oder die berühmte »Chemie« ist möglicherweise der Treibstoff für die echte Liebe, die durch jene ihr Werk tun kann. Zu ihrem Werk gehört unter anderem die Aufdeckung und Heilung der alten seelischen Wunden und die Öffnung und Erweiterung unseres Herzens, und das bedeutet, dass die Liebe eben nicht nur das Schönste, sondern zugleich auch das Schrecklichste ist, was uns passieren kann – schrecklich allerdings nur so lange, wie wir die Chance nicht nutzen, die sie uns bietet, und in der Identifikation mit unseren Emotionen bleiben, anstatt ihrer gewahr zu werden.

Wenn man den Sufis glaubt, kann uns nichts Besseres passieren, als dass unser Herz gebrochen wird. Unser Herz bricht, wenn wir hilflos zusehen müssen, wie andere leiden. Oder wenn wir selbst einem anderen Menschen Leid zufügen. Aber es bricht auch, wenn unsere Unschuld verletzt, unser Vertrauen gebrochen wird, wenn wir von einem geliebten Menschen verlassen werden oder wenn eine große Liebe nicht erwidert wird.

Manchmal leidet das Herz so sehr, dass man nur noch vor dem Schmerz kapitulieren kann. Es gibt nichts zu tun. Es gibt keine Medizin. Es kann nicht wiedergutgemacht werden. Der Moment, in dem man kapituliert, weil einem nichts anderes übrig bleibt, als den Schmerz des gebrochenen Herzens anzunehmen, ist der Augenblick, in dem das »Dynamit der Liebe« seine Wirkung getan und einen Teil unserer Mauer gesprengt hat. Man streckt die Waffen. Man wehrt sich nicht mehr. Der Kampf der Verzweiflung ist beendet, man ergibt sich.

Jedoch ist das, was bricht, nicht unser Herz, sondern nur die Mauer, die wir errichtet haben, um es vor Schmerz zu schützen. Mit derselben Mauer aber schützen wir uns vor der Liebe. Jedes Mal, wenn wir unser Herz einem großen Schmerz öffnen, öffnen wir uns zugleich der Liebe – und der Demut, die eines ihrer Gesichter ist.

Unterdrückte und Unterdrücker

Jeder Mensch hat ein Recht darauf, er selbst zu sein. Auch wenn er uns liebt und unser Lebenspartner ist, bedeutet das nicht, dass er dieses Recht verwirkt hat. Trotzdem, obwohl wir das wissen, verhalten wir uns im Allgemeinen so, als wäre er nun verpflichtet, einen Teil dessen, was er fühlt, was er ist und was er ausdrücken möchte, zu unterdrücken, auszumerzen oder zurückzuhalten.

Das liegt natürlich daran, dass wir vor einigen Gefühlen, die der freie Ausdruck seines Wesens in uns auslösen könnte, große Angst haben. Eigentlich haben wir gar keine Angst vor den Äußerungen oder Handlungen unseres Lebenspartners, sondern vor unseren eigenen Gefühlen, die nicht mit ihm, sondern mit unserer Vorgeschichte zu tun haben. Aber in unseren Beziehungen befinden wir uns im Zustand der Hypnose; wir verwechseln unbewusst den Partner mit Vater oder Mutter und uns selbst mit »abgelehnt«, »hässlich«, »schuldig« oder wie auch immer unsere Negativ-Identifikation lautet, und so bekommen schlichte kleine, ganz normale Lebensäußerungen plötzlich ein überdimensionales Gewicht.

Deshalb zwingen wir einander in unseren Liebesbeziehungen in ein Korsett. Diese oder jene Ausdrucks- oder Seinsweise oder dieses oder jenes Gefühl des einen sind akzeptabel für den anderen Partner, andere nicht. Es ist schwierig, unter solchen Bedingungen glücklich zu sein und uneingeschränkt Ja zur Beziehung zu sagen. Auf Dauer ist es schwierig, jemanden zu lieben, der einen so einschränkt.

Wenn wir genauer hinsehen, werden wir allerdings feststellen, dass die Einschränkung eigentlich nicht vom Partner verursacht wird, sondern von uns selbst. Warum lasse ich mich denn in meiner Freiheit einschränken, mir den Mund verbieten, warum lasse ich mich daran hindern, zu tun, was ich tun möchte, und zu sagen, was ich sagen will? Warum bin ich nicht einfach ich selbst?

Die Antwort »Weil mein Partner es verlangt« entspricht nicht den Tatsachen, ebenso wenig wie die Vorstellung, wir ließen derlei aus Liebe geschehen. Mit Liebe hat das Ganze nichts zu tun, weder von der einen noch von der anderen Seite aus betrachtet. Jemand, der von einem anderen Menschen verlangt, sich einzuschränken, der ihn daran hindert, seine Wahrheit zu leben, wird nicht von Liebe dazu getrieben, sondern von Angst. Ebenso wie derjenige, der sich das gefallen lässt. Wir lassen uns von anderen einschränken, einsperren, manipulieren, unterdrücken, misshandeln oder benutzen, weil wir Angst haben.

Wenn Sie selbst sich in einer Beziehung befinden, in der Sie unterdrückt werden, wissen Sie das vermutlich. Vielleicht kennen Sie Ihre Angst. Vielleicht hadern Sie schon lange mit ihr. Und setzen sich unter Druck, indem Sie von sich verlangen, sich zu befreien, endlich auf den Tisch zu hauen, mutiger zu sein, die Wahrheit zu sagen… Nur um bei der nächsten Gelegenheit wieder einmal festzustellen, dass Sie klein beigeben, den Mund halten und gute Miene zum bösen Spiel machen. Man unterdrückt Sie, und Sie lassen es zu. Sie sind unzufrieden mit sich selbst, weil Sie es zulassen, und nehmen sich vor, beim nächsten Mal zu rebellieren, ehrlicher zu sein, aber Sie schaffen es nicht. Sie leiden unter der Unterdrückung durch Ihren Partner oder wen auch immer, und zugleich leiden Sie unter Ihrer Unzufriedenheit mit sich selbst. Und weit und breit kein Ausweg in Sicht. Sie schaffen es einfach nicht auszubrechen.

Hier ist die Lösung: Wachen Sie auf! Hören Sie auf, sich mit welcher inneren Partei auch immer zu identifizieren – weder mit derjenigen, die verlangt, dass Sie alles anders machen sollen, noch mit derjenigen, die jammert: »Aber ich schaffe es nicht!« –, und schauen Sie stattdessen beide an. Wecken Sie Bewusstheit bei sich und die Bereitschaft, Ihr Herz zu öffnen – für Ihre eigenen Gefühle. Was in diesem Beispiel als Erstes wahrgenommen werden will und Ihr offenes Herz benötigt, ist wahrscheinlich der Teil, der sagt: »Ich kann mich nicht wehren. Ich schaffe es nicht.« Anstatt ihn ständig zu bekämpfen und sich zu überfordern, indem Sie von sich verlangen, es doch zu schaffen, wenden Sie sich einmal diesem »Ich schaffe es nicht« zu. Fühlen Sie mit dem Teil Ihrer selbst, der das sagt. Da ist vielleicht Jammer, Verzweiflung, ganz sicher auch Ohnmacht und wahrscheinlich Resignation. Ein Mischmasch von Gefühlen also.

Betrachten Sie erst diesen Mischmasch, und dann wenden Sie sich nacheinander jedem einzelnen Gefühl zu. Lernen Sie es kennen. Lassen Sie es zu, dass Sie sich so fühlen. Jämmerlich. Ohnmächtig (es ist ein Gefühl, keine Realität, lassen Sie es also ruhig zu). Öffnen Sie Ihr Herz. Was braucht die Ohnmacht? Respekt? Welches Wort wirkt befreiend, erleichternd? Und dabei lassen Sie es erst einmal bewenden. Bevor Sie sich weiteren Gefühlen zuwenden, um das Ganze zu lösen, üben Sie erst einmal im richtigen Leben, das Gefühl der Ohnmacht bewusst da sein zu lassen. Erleben Sie, wie gut es tut, ein Gefühl, gegen das Sie die ganze Zeit gekämpft haben, endlich einmal zuzulassen. Sich nicht mehr zu wehren. Eins mit dem zu sein, was Sie fühlen. Das ist unendlich erleichternd.

Natürlich gibt es noch den anderen Teil, den, der sagt: »Ich will aber kämpfen. Ich will mich wehren. Das kann nicht so weitergehen.« Diesem Teil soll auch Gerechtigkeit widerfahren – aber später. Signalisieren Sie ihm, dass Sie sich ihm auch zuwenden werden, dass Sie ihn auch wahrnehmen. Aber jetzt kümmern Sie sich erst einmal um den anderen Teil, um den ohnmächtigen, den, der es nicht schafft, der resigniert. Seien Sie bewusst und absichtlich die Person, die ohnmächtig ist. Wenn Ihr Partner das nächste Mal etwas tut oder sagt, das Sie als Unterdrückung Ihres eigenen Wesens empfinden, seien Sie ohnmächtig, wie Sie es die ganze Zeit schon waren. Aber diesmal geben Sie sich bewusst und absichtlich die Erlaubnis dazu und – das ist das Wichtige – fühlen die Ohnmacht, anstatt einfach nur ohnmächtig zu sein. Das ist der entscheidende Unterschied.

Wenn Sie das tatsächlich tun, werden Sie vermutlich schon bald feststellen, dass Sie plötzlich mutiger geworden sind und mehr zu sich stehen. Was ja kein Wunder ist, da Sie jetzt bei sich sind und sich fühlen. Sie fühlen Ihre Ohnmacht, anstatt ohnmächtig zu sein. Genau damit sind Sie wieder in Ihrer Macht.

Als Nächstes könnten Sie prüfen, wovor Sie Angst haben, wenn Sie der ohnmächtige, unterdrückte Teil in der Beziehung sind oder sich zumindest als solchen empfinden (manchmal sieht der Partner das ganz anders, und man fällt aus allen Wolken, wenn er einem plötzlich offenbart, dass er, der große Unterdrücker, sich die ganze Zeit von Ihnen unterdrückt gefühlt hat). Die einfachste Art, das zu prüfen, ist, sich zu fragen: »Was wäre, wenn ich mich nicht unterdrücken ließe?« Prüfen Sie das an einem Einzelfall, nicht nur pauschal und allgemein. Erinnern Sie sich an eine markante Situation, in der Sie sich unterdrücken ließen, und stellen Sie sich konkret vor, wie es gewesen wäre, wenn Sie zu Ihrer Wahrheit gestanden hätten. Was hätten Sie gesagt und getan? Wie hätte, Ihrer Vorstellung nach, Ihr Partner reagiert?

Bitte lassen Sie Ihre Vorstellungskraft selbstständig arbeiten und mischen Sie sich nicht mit dem Verstand ein. Sonst kommt wahrscheinlich nichts anderes bei dieser Übung heraus als die Feststellung: »Ja, das wäre gut gewesen. Ich hätte mich gut gefühlt und mein Partner auch.« Prägen Sie sich ein, wie es sich anfühlt, dieses gute Gefühl, und dann stellen Sie sich die Frage noch einmal. Es muss etwas geben, wovor Sie Angst haben, sonst hätten Sie sich längst befreit. Stellen Sie sich vor, Sie hätten in der betreffenden Situation so gehandelt, wie es Ihrer Wahrheit entsprochen hätte, und lassen Sie Bilder auftauchen, die Ihnen zeigen, welche Reaktion Ihres Partners Sie befürchten. Was wäre so schlimm daran? Das, wovor Sie solche Angst haben, dass Sie es vorziehen, Ihre Wahrheit zu unterdrücken?

FÜRCHTEN SIE SICH BEISPIELSWEISE DAVOR, DASS IHR PARTNER MÖGLICHERWEISE

- böse wird
- Sie verlässt
- Sie ablehnt
- Sie nicht mehr liebt

– sich plötzlich frei fühlt, ebenfalls seine Wahrheit zu leben, was für Sie katastrophale Folgen hätte (welche? Wovor hätten Sie dann Angst?)
– verletzt reagiert (wie würden Sie sich dann fühlen? Schuldig? Schlecht? Hilflos?).

Auf diese Weise finden Sie heraus, wovor Sie Angst haben. Nun können Sie diese Angst auch fühlen (wo sitzt sie?), ihr Ihr Herz öffnen (was braucht sie?) und sie ganz bewusst in die betreffende Situation mitnehmen. Nun stehen Sie innerlich zu ihr und fühlen sie, anstatt sie zu unterdrücken, zu verdrängen, zu überspielen, zu bekämpfen oder was auch immer Sie vorher getan haben.

Dann ist da mit Sicherheit auch noch Wut. Nachdem Sie Angst und Ohnmacht gewürdigt haben (vielleicht auch schon vorher, immer in der Reihenfolge des Auftauchens), kümmern Sie sich nun um Ihre Wut. Wo sitzt sie? Können Sie ihr erlauben, aus ihrem Körperversteck hervorzukommen und sich zu zeigen, sich auszubreiten, sodass Sie sie ganz fühlen können? Spüren Sie die ganze Anspannung Ihrer Wut, die geballte Energie – und die übrigen Gefühle, die mit ihr verbunden sind und vielleicht ein wenig anders heißen, etwa Empörung, Zorn, Aufbegehren, Hass oder Hysterie? Befreien Sie sie aus ihrem Körpergefängnis und erlauben Sie ihnen, Ihr Bewusstsein zu füllen, bis sie Ihr Herz dazu bewegen, sich ihnen zu öffnen – durch eine Regung von Anerkennung, Erlaubnis, Respekt, Erbarmen oder was auch immer diese Gefühle von Ihrem Herzen brauchen.

Danach bleibt nur noch eines zu tun: das zu fühlen, was dem ganzen Drama zu Grunde liegt. Ihren Schmerz. Das, was Sie so sehr fürchten, dass Sie es vorziehen, sich unterdrücken zu lassen und Ihr Leben zu ruinieren, um es nicht fühlen zu müssen. Nachdem Sie Ohnmacht, Angst und Wut gewürdigt haben, müsste das nun möglich sein. Stellen Sie sich noch einmal die betreffende Situation vor. Malen Sie sich aus, was Sie getan oder gesagt hätten, wenn Sie Ihre Wahrheit ausgedrückt hätten. Erlauben Sie Ihrer Psyche, Ihnen das Szenario dessen, was sie befürchten, zu präsentieren. Malen Sie es sich ganz bewusst aus: »Mein Partner wird böse/verlässt mich/liebt mich nicht mehr etc.«

Lassen Sie nun jede emotionale Schutzreaktion beiseite – die blockierende Verspannung der Angst, die aggressive Abwehr der Wut, das Hinwegschwinden in Ohnmacht und Resignation – und erleben Sie Ihren Schmerz. Gehen Sie nicht in ihm unter, sondern spüren Sie Ihren Atem und bleiben Sie fest in Ihrem Entschluss, Ihren Schmerz kennen zu lernen. In dem Wissen, dass es keine Realität ist, sondern nur Ihr eigenes Gefühl, können Sie es nun wagen, ihn zu fühlen.

Nun ist Ihr Herz offen, Ihre Wahrheit freigelegt, der Schmerz Ihrer seelischen Wunde gefühlt. Von jetzt an müssen Sie nie mehr Angst haben, dieser Schmerz könne Sie umbringen. Nun können Sie anfangen, Sie selbst zu sein. Natürlich geschieht dies nicht von einem Tag auf den anderen; im Allgemeinen ist dies ein Prozess, der eine gewisse Zeit in Anspruch nimmt. Sie werden Ihrer Angst, Ihrem Schmerz, Ihrer Ohnmacht, Ihrer Wut wieder begegnen. Aber sie werden Sie nicht mehr oder nur noch momentweise beherrschen und blockieren können; Sie werden sie nach und nach immer schneller als Gefühle statt als Tatsachen erkennen und sich immer leichter aus der Identifikation lösen. Bis Sie eines Tages feststellen: »Ich lasse mich ja überhaupt nicht mehr unterdrücken!« Und (eventuell): »Ich unterdrücke auch niemanden mehr.« Denn der Unterdrückte unterdrückt auch, nur mit anderen Mitteln.

All dies gilt ebenso für die Person, die in einer Beziehung die Rolle des Unterdrückers spielt. Vielleicht merken

Sie selbst, dass Sie das tun; wenn nicht, können Sie es an der Reaktion Ihres Partners erkennen, der entweder offen äußert, dass er sich von Ihnen unterdrückt fühlt, oder in seinem Verhalten Trotz und Rebellion an den Tag legt oder Ihnen furchtsam gehorcht. Konfrontieren Sie sich mit der Reaktion Ihres Partners. Was macht sie mit Ihnen? Wie fühlen Sie sich dabei? Wie fühlen Sie sich in der Rolle des Unterdrückers? Vielleicht ist Ihnen nicht wohl dabei, und Sie verhalten sich trotzdem, wie unter Zwang, immer wieder so. Möglicherweise versuchen auch Sie schon seit langem, sich zu ändern, und schaffen es nur nicht. Dann gibt es auch bei Ihnen ein Gefühl der Ohnmacht, das als Gefühl gewürdigt und nicht als Tatsache betrachtet werden muss.

Dann ist da noch die Angst. Fragen Sie sich: »Was wäre, wenn ich meinem Partner seine Freiheit ließe? Was müsste ich dann befürchten?« Am besten stellen Sie sich das konkret vor. Malen Sie sich aus, wie Sie handeln würden, wenn Sie Ihrem Partner Freiheit gewähren würden – Freiheit des Ausdrucks, Freiheit des Handelns –, anstatt einschränkend, unterdrückend, fordernd, autoritär oder dominant zu reagieren. Erlauben Sie Ihrer Psyche, Ihnen das Vorstellungsbild Ihrer Angst zu präsentieren. Welche Reaktion des Partners befürchten Sie? Dass er Sie verlässt? Betrügt? Demütigt? Unterdrückt? Oder was sonst?

Spüren Sie Ihre Angst in Ihrem Körper auf. Fühlen Sie sie. Öffnen Sie ihr Ihr Herz. Wenn Sie sich das nächste Mal bei einer unterdrückenden Handlung oder Äußerung erwischen, tun Sie nichts weiter, als Ihre Angst bewusst zu spüren. Nehmen Sie sich nicht vor, irgendetwas zu ändern oder anders zu machen. Nur dies: Ihre Angst wahrzunehmen. Und falls Ihr Partner durch sein Opferverhalten, durch seine Nachgiebigkeit, Unterwürfigkeit etc. aggressive Gefühle in Ihnen auslöst, müssen diese natürlich ebenso bewusst gefühlt und gewürdigt werden. Wenn Sie Ihrer Angst das Verständnis, die Aufmerksamkeit und die Akzeptanz gegeben haben, die sie braucht, wird nach und nach der Weg frei für Ihr wahres Gefühl – für das, wovor Sie Angst haben und das Sie durch Ihr dominantes Verhalten zu vermeiden versuchen: für Ihren Schmerz. Wenn Sie es wagen, ihn zu fühlen, sind Sie von dem Zwang, die Rolle des Unterdrückers spielen zu müssen, befreit, denn diese Rolle haben Sie sich ja nur zugelegt, um ihn nicht fühlen zu müssen.

Beherrscht von den emotionalen Bedürfnissen anderer

Eine Liebesbeziehung kann eine Falle sein, in der man von den emotionalen Bedürfnissen des Partners gefangen gehalten wird. Er hat vielleicht große Angst vor Auseinandersetzungen, davor, »böse« zu sein, vor Wut, Ärger und Aggression, und deshalb fühlen wir uns gezwungen, immer leise und lieb und nett zu sein und unsere Wut zu unterdrücken. Oder er ist eifersüchtig, und deshalb fühlen wir uns gezwungen, über alles, was wir tun, Rechenschaft abzulegen, und haben schon ein schlechtes Gewissen, wenn wir einen Menschen des anderen Geschlechts freundlich anlächeln.

Oder der Partner ist sexsüchtig oder braucht immerfort Anerkennung oder Bestätigung oder was auch immer, und wir fühlen uns gezwungen, ihm das ständig zu geben, was dazu führt, dass wir uns ausgelaugt oder lustlos fühlen oder wütend werden. Wenn dieser Bedürfnis-Erfüll-Zwang von beiden Seiten ausgeht, engt sich der Handlungs- und Äußerungsspielraum beider immer mehr ein, und entweder erstarren sie in ihren Mustern und wenden sich resigniert dem Fernseher zu, oder einer verlässt die Beziehung, geht fremd – oder das Ganze explodiert auf irgendeine andere Art.

Sinngemäß kann man diese Problematik genauso angehen wie die im vorigen Kapitel geschilderte. Hier geht es für den Betroffenen darum, aufzuwachen aus der Identifikation mit jenen Gefühlen, aus denen heraus er sich gezwungen fühlt, die Bedürfnisse seines Partners zu erfüllen. Und für den Fordernden geht es darum, jene Gefühle zu entdecken, aus denen heraus er es nicht ertragen kann, wenn sein Partner dies oder das tut oder nicht tut, und ihn deshalb mehr oder weniger sanft dazu nötigt, das zu unterlassen oder zu tun. Meistens spielen beide Partner beide Rollen.

Folgende Fragen können die Bewusstmachung der Gefühle anregen: »Wie fühle ich mich bei dem Ganzen? Welches ist das oberste Gefühl, meine emotionale Reaktion? Was macht es mit mir, ständig gezwungen zu werden, anders zu sein, als ich bin?« Vielleicht muss dieses »Gezwungen« als Gefühl wahrgenommen und nicht für eine Tatsache gehalten werden; vielleicht auch das Gefühl »eingeengt« oder »erstickt«. Weiter geht es: »Wovor fürchte ich mich? Was ist das zu Grunde liegende Gefühl, der Schmerz, um den das Drama sich dreht?« Beide Partner gehen mit ihrem Verhalten nämlich einem Schmerz aus dem Wege, weil sie Angst haben. Die Angst ist auch hier das wichtigste Gefühl. Öffnen Sie ihr Ihr Herz. Wenn Sie das nächste Mal mit einem unausgesprochenen Bedürfnis Ihres Partners konfrontiert sind, das Sie erfüllen sollen, dann erfüllen Sie es oder nicht, aber nehmen Sie Ihre Angst bewusst wahr. Seien Sie bei ihr. Fühlen Sie sie.

Nun sind Sie bereit, sich dem Schmerz zuzuwenden, der dahinter steckt. Wovor haben Sie Angst? Bestraft zu werden? Verlassen zu werden? Schuldig zu sein? Verurteilt zu werden? Wenn Sie dieses Gefühl zulassen können, dann sind Sie geheilt. Von nun an werden Sie nach und nach (es braucht Zeit, Gewohnheiten zu ändern!) souveräner mit den Bedürfnissen Ihres Partners oder Ihrer Mitmenschen umgehen können. Sie werden mehr und mehr in der Lage sein, sie dort zu belassen, wo sie hingehören – beim anderen –, anstatt sie zu Ihrer eigenen Angelegenheit zu machen.

Wenn Sie einen Schritt weitergehen möchten, können Sie Ihr Herz für die Gefühle Ihres Partners öffnen. Für seine Eifersucht, seine Angst, Sie zu verlieren, seine Sehnsucht nach Nähe, Sicherheit oder was auch immer er auf Sie projiziert hat. Wenn Sie sich Ihres eigenen Gefühls erbarmt haben, wird es Ihnen leicht fallen, sich auch seiner Gefühle zu erbarmen. Das bedeutet übrigens nicht zu versuchen, sie ihm abzunehmen; es bedeutet vielmehr, sie fühlen, verstehen und respektieren zu können. Und dem Partner zuzutrauen, dass er damit fertig wird. Denn Ihren Partner groß zu sehen ist das Größte, das Sie für ihn tun können.

Das Drama von Hoffnung und Enttäuschung

Solange es Hoffnung in uns gibt, gibt es auch Enttäuschung. Und umgekehrt: Solange es Enttäuschung gibt, gibt es auch irgendwo noch eine Hoffnung. Hoffnung und Enttäuschung sind ein Beispiel für die Art, wie zwei Gefühle einander bekriegen, ohne dass es jemals Frieden gibt. Mal sind wir im Zustand der Enttäuschung; aber am Rande unseres Bewusstseins wartet immer, wenn wir enttäuscht sind, die Hoffnung, es könne doch anders sein. Dann wieder sind wir im Zustand der Hoffnung; aber am Rande unseres Bewusstseins lauert immer die Enttäuschung, die wir erwarten, weil wir sie bereits erlebt haben.

Das Drama entsteht auch hier aus der Identifikation. Wenn ich im Zustand der Hoffnung bin, bin ich mit der Hoffnung identifiziert und unterdrücke die Enttäuschung. Wenn ich im Zustand der Enttäuschung bin, bin ich mit der Enttäuschung identifiziert und unterdrücke die Hoffnung.

Wie bei allen anderen Dramen auch liegt die Lösung darin, sich aus der Identifikation zu lösen: die Blickrichtung zu ändern und nicht die Dinge aus der Perspektive des Hoffenden oder des Enttäuschten wahrzunehmen, sondern die Hoffnung und die Enttäuschung selbst wahrzunehmen. Anfangen muss man immer bei dem, was im Augenblick das näher Liegende ist – mit dem Anteil, mit dem man momentan mehr identifiziert ist. Wenn ich gerade enttäuscht bin, wende ich mich als Erstes meiner Enttäuschung zu. Ich mache mir bewusst, dass es irgendwo auch Hoffnung gibt und dass die Hoffnung nun, da ich mich der Enttäuschung ganz zuwende, nicht aus meinem Herzen ausgeklammert werden soll, sondern einfach nur für einen Augenblick zur Seite geschoben wird: »Du bist auch da, ich weiß, zu dir komme ich später.«

Dann schenke ich meiner Enttäuschung meine ganze Aufmerksamkeit. Ich lasse sie reden. Ich höre ihr zu. Dabei spüre ich meinen Atem und meinen Körper. Wie fühlt es sich an, wenn ich enttäuscht bin? Meine Mundwinkel weisen nach unten. Meine Stirn ist gerunzelt. Meine Schultern hängen. Mein Atem geht schwer. Kann ich es – für diesen einen Augenblick – einmal ganz und gar zulassen, enttäuscht zu sein? Ich spüre meinen Atem und erlebe meine Enttäuschung. Wenn ich beginne, sie in ihrem ganzen Ausmaß zu fühlen, öffnet sich ihr mein Herz. Es wird berührt vom Schmerz der Enttäuschung. Ich frage mich, was die Enttäuschung von meinem Herzen vor allen Dingen braucht. Anerkennung? Würdigung? Verständnis? Die Erlaubnis, da zu sein? Mitgefühl? Erbarmen? Respekt?

Wenn ich vor einem Menschen säße, der für mich und meine Enttäuschung ein offenes Herz hat, was würde ich mir vor allem von ihm wünschen? Vielleicht, dass er meine Enttäuschung versteht. Dass er sie in ihrem ganzen Ausmaß versteht und würdigt. Diese Vorstellung kann helfen, mein Herz für dieses Gefühl zu öffnen. Man spürt es, wenn man es richtig getroffen hat: Wenn man den Schlüssel, der das Herz öffnen kann, gefunden hat. Man fühlt sich erleichtert, angenommen, getröstet.

Danach – vielleicht sofort, wenn das Bedürfnis da ist, sonst einige Tage oder auch nur Stunden später, wenn man der Enttäuschung eine Zeit lang Raum gegeben hat – kann man sich dem anderen Teil zuwenden. Der Hoffnung. Kann ich es zulassen, meine Hoffnung zu fühlen? Wenn nicht, was steht dem im Wege? Vielleicht gibt es noch Bitterkeit, die sich davor schiebt: »Es ist doch alles nur Betrug.« Oder Resignation: »Es hat ja doch keinen Zweck.« Dann muss ich zuerst meine Bitterkeit oder Resignation fühlen. Erkennen, dass »Es ist doch alles nur Betrug« oder »Es hat ja doch keinen Zweck« Gedanken sind und nicht unbedingt die Realität, und das Gefühl anschauen, das diese Gedanken begleitet. Wo sitzt es im Körper? Wie fühlt es sich an, wenn ich es zulasse? Was braucht es von meinem Herzen?

Dann versuche ich erneut, mich der Hoffnung zuzuwenden. Bin ich jetzt in der Lage, sie zu fühlen, ohne sie von den anderen Gefühlen wegschieben zu lassen? Kann ich ihr Raum geben, ganz gleich, was andere Teile dazu sagen mögen – ganz einfach deshalb, weil sie existiert? Steht noch etwas anderes davor, das zuerst gewürdigt werden will? Zum Beispiel Wut oder Groll? So gehe ich vor, bis ich endlich die Hoffnung wieder freischaufeln und fühlen und ihr einen Platz in meinem Herzen geben kann.

Nun kann ich die Gesamtheit dieser Gefühle in meinem Herzen spüren. Keines wird mehr vom anderen verdrängt; jedes hat sein Recht auf Existenz und wird wahrgenommen. Wenn nun die Situation, in der das Ganze sich abspielt, mir wieder Anlass zur Hoffnung gibt, werde ich der Hoffnung nicht erlauben, alle anderen Gefühle zur Seite zu fegen; ich werde bewusst wahrnehmen, dass ich hoffe, aber die Enttäuschung wird zugleich da sein dürfen. Und wenn die Situation mir wieder eine Enttäuschung beschert, werde ich der Enttäuschung, der Bitterkeit, dem Groll nicht erlauben, die Hoffnung zu töten; sondern ich werde sie neben der Hoffnung ebenfalls zulassen. Damit bin ich aus dem Teufelskreis befreit.

Natürlich gibt es unter der Hoffnung und der Enttäuschung noch ein tieferes Gefühl – das, worauf beide sich beziehen. Solange ich enttäuscht bin, gibt es irgendwo noch Hoffnung. Wenn ich den Schmerz unter der Enttäuschung finden will, muss ich einen Schritt weitergehen und mich gedanklich mit der Möglichkeit konfrontieren, dass die Hoffnung nie erfüllt wird. Wenn ich alle emotionalen Flucht- und Verteidigungsreaktionen, die dann auftauchen mögen, zur Seite schiebe, wenn ich ganz auf mich zurückgeworfen bin ohne eine Hoffnung auf Erlösung von außen, taucht der Schmerz auf, der dem ganzen Drama zu Grunde liegt: »im Stich gelassen«, »verraten«, »allein«, »abgelehnt«, »zurückgewiesen«, »übergangen«, »nicht wahrgenommen«. Das ist der Schmerz. Kann ich es nun wagen, ihn zu fühlen? An meiner Bewusstheit, meinem Atem und meiner Entschlossenheit, mich meines Schmerzes zu erbarmen, kann ich mich dabei festhalten.

Dann bin ich im Frieden. Der Aufruhr der Emotionen, mit dem ich versucht habe, mich vor diesem Schmerz zu schützen, legt sich. Das ist also das Gefühl, vor dem ich die ganze Zeit davongelaufen bin. So fühlt es sich an. Keine Realität, kein Abgrund, der mich verschlingt, nichts, was mich umbringt: einfach nur ein Gefühl. Das ist alles. Für einen Augenblick ist es schrecklich – jenen Augenblick, in dem man die Gegenwehr fallen lässt und sich zum ersten Mal des ganzen Ausmaßes seines Schmerzes bewusst wird. Aber dann ist es vorbei. Und ich kann – wenn auch anfangs mit einem weinenden Auge – wieder lachen. Von nun an habe ich ein offenes Herz für diesen Schmerz, wenn er mir – auch bei anderen – begegnet.

Forderung und Verweigerung

In unseren Beziehungen erleben wir manchmal blockierte Situationen, weil wir vom Partner etwas fordern und dieser sich weigert, es zu geben – oder umgekehrt, weil unser Partner von uns etwas fordert und allein diese Forderung es uns unmöglich macht, es ihm zu geben, obwohl wir das sonst gern täten. Wenn Sie der fordernde Teil sind, erleben Sie wahrscheinlich Hoffnung, Enttäuschung, Wut und fühlen sich letztlich vielleicht betrogen, im Stich gelassen oder gedemütigt, weil Sie nie bekommen, was Sie fordern (obwohl es doch etwas ganz Natürliches ist, was Sie haben möchten, und es für Ihren Partner auch nun wirklich kein Problem wäre, Ihnen das zu gewähren).

Hier sind natürlich viele Emotionen im Spiel, mit denen Sie identifiziert sind und die Ihnen das Leben zur Hölle machen – die Sehnsucht, die Enttäuschung, die Wut, vielleicht Bitterkeit, Hass, Hoffnung und schließlich der zu Grunde liegende Schmerz. Aber auch das Fordern an sich können Sie sich einmal als Gefühl anschauen. Wie fühlt es sich an zu fordern? Können Sie das Gefühl wahrnehmen, anstatt nur mit der Forderung identifiziert zu sein? Wenn Sie das tun, werden Sie wahrscheinlich bemerken, dass Sie, obwohl Sie ständig forderten, die ganze Zeit über das Gefühl des Forderns verdrängt haben. Kein Wunder, dass Sie nie bekamen, was Sie sich wünschten, wenn Sie innerlich zu Ihrer Forderung nicht standen! Was braucht das Gefühl des Forderns von Ihrem Herzen? Verständnis? Respekt? Erlaubnis? Anerkennung?

Anerkennung bedeutet auch: nicht übergangen zu werden (das ist wahrscheinlich das, was das Fordern am meisten braucht). Nun nehmen Sie sich einfach nur vor, in der nächsten entsprechenden Situation »Fordern« bewusst zu fühlen. Was auch immer geschieht – übergehen Sie dieses Gefühl innerlich nicht. Nichts weiter! Nehmen Sie sich kein anderes Verhalten vor, keine Strategie – sonst zerstören Sie wieder, was Sie dadurch erreichten, dass Sie Ihr Herz dem Fordern geöffnet haben.

An dem Punkt, an dem Sie dies tun, werden Sie übrigens einen inneren Gegenspieler entdecken, der den fordernden Teil bisher immer unterdrückt hat. Der zum Beispiel sagt: »Du darfst nichts fordern.« Oder: »Dir steht nichts zu.« Oder: »Fordern ist schlecht.« Dieser will natürlich ebenso bewusst wahrgenommen und ins Herz aufgenommen werden. Lassen Sie ihn reden. Hören Sie ihm zu. Achten Sie dabei auf Ihren Körper: Wie fühlen Sie sich, während Sie bei diesem Teil sind? Oder anders gefragt: Wie fühlt sich dieser Teil?

Mein eigener innerer Gegenspieler zum Beispiel sagte immer: »Mir steht nichts zu. Ich muss nehmen, was ich bekomme.« Das stammte aus meiner frühen Kindheit. Als mutterloses Kind war ich ständig in fremden Haushalten gewesen und hatte die Überzeugung, mir stünde nichts zu, ins Leben mitgenommen: »Anderen steht etwas zu, denen, die hier wirklich zu Hause sind, aber nicht mir, die ich nicht hierher gehöre, nur geduldet bin.« Mit dieser Grundüberzeugung verdrängte ich den Teil in mir, der fordern wollte, was ihm zusteht. Und dieser beherrschte mich natürlich. So ist es immer. Es gibt immer einen Teil, mit dem wir mehr identifiziert sind, und einen, den wir mehr verdrängen – zu dem wir sagen: »Du bist nicht ich.« Dieser beherrscht uns, und zwar gerade deswegen, weil wir ihn verdrängen. Weil wir ihn nicht wahrnehmen und deshalb auch keine Kontrolle über ihn haben.

Der innere Zustand des Forderns will also ebenso als Gefühl wahrgenommen werden wie andere innere Zustände auch. Was steckt dahinter? Die Sehnsucht, das Geforderte (was ist es letztlich?) zu bekommen – noch ein Gefühl, das gewürdigt werden will –, und der Schmerz, es eben nicht zu bekommen.

Für den verweigernden Teil in der Partnerschaft gilt Ähnliches. Auch Verweigerung ist nicht nur ein Verhalten, sondern ebenso ein Gefühlszustand und kann als solcher bewusst wahr- und ins Herz aufgenommen werden. Wie fühlt es sich an, wenn ich verweigere? Was macht mein Körper? Wie fühle ich mich dabei? Kann ich es zulassen? Was braucht es von meinem Herzen? Verständnis? Erbarmen? Respekt? Anerkennung?

Und weiter: Warum verweigere ich? Was wäre so schlimm für mich, wenn ich die Blockade der Verweigerung fallen lassen würde? Wie müsste ich mich fühlen, wenn ich der Forderung nachgeben würde? Ausgeliefert? Beherrscht, gezwungen, dominiert? Unterdrückt? Gedemütigt? Oder habe ich Angst, dass mir selbst etwas entgeht, wenn ich der Forderung nachgebe? Würde ich es vielleicht als ungerecht empfinden?

Was auch immer es ist: Auch hinter der Verweigerung steckt immer die Angst vor einem Schmerz. Die Verweigerung will gewürdigt werden, dann die Angst, dann der Schmerz selbst. Wir müssen stets sorgfältig prüfen, was jedes einzelne Gefühl vom Herzen braucht. Und uns dann vornehmen, in der nächsten entsprechenden Situation zunächst einmal einfach nur die Verweigerung bewusst als Gefühl wahrzunehmen (und innerlich zu respektieren oder was immer sie vom Herzen braucht). Ob Sie dann tatsächlich verweigern oder nicht, ist zweitrangig; wichtig ist, dass die Verweigerung als Gefühl wahrgenommen wird.

Es gibt offene und maskierte Verweigerung. Wenn Sie der Typ sind, der offen verweigert, sagen Sie einfach Nein und handeln Sie entsprechend. Wenn Sie aber vor den Konsequenzen Ihres Nein Angst haben, maskieren Sie vielleicht Ihre Verweigerung mit Zustimmung: »Ja, Liebling, natürlich werde ich das tun. Kein Problem.« Und dann tun Sie es nicht. Wenn Liebling anmahnt oder Unzufriedenheit oder Ärger artikuliert, werden Sie sich entschuldigen und wieder beteuern, dass Sie ja gar nichts gegen die Forderung haben und sie selbstverständlich erfüllen werden. Und tun es wieder nicht. Oder nur ein ganz kleines bisschen, um den Partner zu beruhigen. Dies nennt man passiven Widerstand.

Hier muss außer der Verweigerung noch die Angst gewürdigt werden, aus der heraus man die Verweigerung unter Zustimmung versteckt. Wovor haben Sie Angst? Warum sagen Sie nicht einfach Nein? Denken Sie nicht darüber nach, sondern stellen Sie sich konkret vor, Sie würden offen verweigern. Lassen Sie Ihre Psyche Regie führen, betrachten Sie einfach die Bilder und Gedanken, die auftauchen, ohne sich einzumischen. Sie werden Ihnen zeigen, wovor Sie Angst haben. Vielleicht davor, dass der andere böse wird. Oder Sie verlässt. Oder ebenfalls irgendetwas verweigert.

Nun wissen Sie, wovor Sie Angst haben. Nun können Sie Ihre Angst im Körper aufspüren – wo verspannt sich etwas, wenn Sie sich die gefürchtete Situation ausmalen? –, und wenn sie gewürdigt und durch Anerkennung, Verständnis oder Respekt, Erlaubnis oder Erbarmen sicher in Ihrem Herzen aufgehoben ist, können Sie sich dem zuwenden, wovor Sie Angst haben: dem gefürchteten Gefühl. Lösen Sie sich aus der Identifikation mit der Idee, dass es sich um eine Tatsache handelt, und schauen Sie sich stattdessen das Gefühl an. Lassen Sie es zu. Danach können Sie Ihrer Verweigerung und dem, was dahinter steckt, Ihr Herz öffnen.

Übrigens will ich mit alldem nichts darüber sagen, ob Ihre Verweigerung angebracht ist oder nicht. Das können allein Sie entscheiden. Und zwar erst, nachdem Sie den Gefühlen, die hinter Ihrer Verweigerung stecken, Ihr Herz geöffnet haben, anstatt mit ihnen identifiziert zu sein. Sonst sehen Sie nicht klar genug, um entscheiden zu können, was angemessen ist und was nicht, weil Sie alles aus der Perspektive desjenigen betrachten, der Angst vor einem bestimmten Schmerz hat.

Probleme mit der sexuellen Beziehung

Es gibt viele Handbücher über Sex mit Unmengen technischer Anregungen. Das mag hilfreich sein oder auch nicht; aber im Allgemeinen steckt weniger technische Unkenntnis dahinter, wenn es zwischen zwei Menschen, die sich im Prinzip lieben, mit dem Sex nicht klappt, sondern vielmehr ein emotionales Problem.

Um befriedigenden Sex haben zu können, braucht man eigentlich nichts als zwei dafür geeignete Körper, Anziehung, ein wenig Zuneigung, Entdeckerfreude und die Fähigkeit, miteinander zu kommunizieren. Im Grunde sind dies alles Dinge, die im allgemeinen gegeben sind. Damit sollte jedes Paar in der Lage sein, ganz mühelos die so oft beschworenen »ungeahnten Höhen« oder »grenzenlosen Tiefen« zu erleben, weil das ganz natürlich ist. Als Menschen sind wir vielschichtige Wesen: Engel am einen, Tier am anderen Ende und dazwischen ein menschliches Herz, das fühlen und mitfühlen kann. Und wenn wir einem Menschen, von dem wir uns körperlich angezogen fühlen und zu dem wir Zuneigung empfinden, offen und liebevoll sexuell begegnen, kann es gar nicht anders sein, als dass wir uns nach und nach auf diesen verschiedenen Ebenen treffen.

Welche Vielfalt des Erlebens! Jeder Mann und jede Frau ist ein Wesen, dessen Wurzeln am Anbeginn der Zeit liegen, in dessen Gestalt Sonne, Sterne, Erde, Wasser, Luft, Feuer und das Erbe unzähliger Vorfahren verkörpert sind und dessen Seele das Potenzial für unzählige zukünftige Möglichkeiten in sich birgt. Und dann kommst du, komplexes, vielfältiges, eigentlich grenzenloses Wesen, das du bist, durch das Tor der Sexualität mit einem anderen komplexen, vielfältigen, eigentlich grenzenlosen Wesen – ein Kosmos mit einem anderen Kosmos – zu einem Tanz mit unbegrenzten Möglichkeiten zusammen. Wie sollte da Langeweile aufkommen oder uns die Lust ausgehen? Woher rühren dann aber die Unlust, die Blockaden, all dieses emotionale Unglück, das so viele Paare durch ihre Sexualität erleben?

Der Mensch, der da neben uns im Bett liegt, ist ja nicht nur der Körper, den wir sehen und berühren können; wenn man einmal von den erwähnten kosmischen und transzendentalen Dimensionen absieht, besteht er ja auch noch aus einer Psyche, einem »Emotionalkörper« – also aus jenen Gefühlen und Überzeugungen, die er aus nicht restlos verarbeiteten früheren Erfahrungen mitgebracht hat, aus in längst vergangenen Zeiten gezogenen Schlüssen und gefassten Beschlüssen, aus negativen und positiven Erwartungen, Ängsten, Wünschen und Vorstellungen, die gerade im Bereich der Sexualität mitunter die Form von Besessenheit annehmen können.

Vielleicht liegen wir da und hoffen auf die große Erfüllung. Sie soll endlich unseren emotionalen Hunger stillen, den wir aus unserer Säuglingszeit behalten haben, als wir nicht (genügend) gestillt wurden. Aber der Mensch neben uns im Bett ist nicht unsere Mutter, und wir sind auch kein Säugling mehr. Wir erwarten also etwas, das nicht geschehen kann, und somit ist die Enttäuschung vorprogrammiert. Oder wir gehen ins Bett mit der Erwartung, endlich unsere erregenden Fantasien ausleben zu können, um den ultimativen Reizrausch mit anschließender kosmischer Entladung zu erfahren. Denn wir haben irgendwann in der Vergangenheit etwas gesehen oder erlebt, das uns auf genau diese Vorstellung fixiert hat, sodass wir nicht mehr offen sind für die neue Art von Erfahrung, die das Leben uns in ebendiesem Augenblick anbietet – das Leben, das immer daran interessiert ist, unsere Fähigkeit, Glück und Rausch zu erleben, zu erhöhen, wenn wir es denn nur zulassen würden.

»Streiche die falschen Erwartungen! Mit jeder Erwartung suchst du Wiederholung der Vergangenheit. Neues aber ist Gegenwart.«[39] Ein Mann ist vielleicht unbewusst von der Angst besessen, seine Macht zu verlieren und verletzlich zu werden, und beendet die Phase, in der er von seinem Verlangen beherrscht und damit bedürftig und verletzlich ist, so schnell wie möglich, indem er zum Orgasmus kommt, noch bevor seine Partnerin ihren Höhenflug begonnen hat. Manche haben Angst, die Kontrolle zu verlieren, andere fürchten, sich selbst zu verlieren, und gönnen sich deshalb keine sexuelle Erfüllung. Es gibt viele Ängste, die einen befriedigenden, bereichernden Sex vereiteln können.

Wenn zwei aufeinander treffen, die sich eigentlich lieben, die aber von zwei gegensätzlichen, aus der Vergangenheit abgeleiteten Vorstellungen und Ängsten beherrscht und besessen sind, dann wird so eine einfache Sache wie Sex plötzlich verwickelt. Nehmen wir noch den Faktor Unbewusstheit hinzu, der meistens auch mit im Spiel ist – das heißt, beide sind von Ängsten oder Vorstellungen geleitet, die ihnen gar nicht oder nur vage bewusst sind –, dann wird es völlig kompliziert. A kann den Wunsch von B nicht erfüllen, weil er sich insgeheim etwas ersehnt, das geradezu das Gegenteil ist von dem, was B sich wünscht – und weil obendrein B nicht genau artikuliert, was er sich eigentlich wünscht, weil es ihm nicht genügend bewusst ist. Und umgekehrt. Das Ergebnis ist Frust – und das Fazit: »Wir passen nicht zusammen.« Oder: »Wir einigen uns auf eine akzeptable Mittelschiene und ignorieren das Problem.« So kommt am Ende Langeweile heraus.

Nun können wir aber unsere Sehnsüchte, unsere Erwartungen, Hoffnungen, Vorstellungen, Besessenheiten und ebenso unsere Ängste nicht unbedingt durch einen einfachen Entschluss fallen lassen, denn sie gehören im Allgemeinen mit zu dem, womit wir uns identifizieren. Die Lösung des Problems besteht auch hier darin, aus der Identifikation aufzuwachen.

WENN WIR AUS ERWARTUNGEN ERWACHEN WOLLEN, BEDEUTET DAS

1. zu erkennen, welche Hoffnung oder Erwartung wir hegen
2. Hoffnung oder Erwartung zu fühlen und unser Herz dafür zu öffnen
3. zu prüfen, was im eigenen Innern der Erfüllung im Wege steht
4. alle Gefühle bewusst wahrzunehmen, die damit verbunden sind
5. in der nächsten sexuellen Interaktion diese Gefühle oder zumindest das wichtigste von ihnen bewusst zu fühlen, statt es zu verdrängen.

Wenn Ihnen an Ihrem derzeitigen sexuellen Kontakt etwas nicht gefällt, dann fragen Sie sich: Wie wäre es, wenn es anders wäre? Betrachten Sie die letzte unbefriedigende Situation, an die Sie sich erinnern. Öffnen Sie zunächst einmal Ihr Herz für alle Gefühle, die sie in Ihnen hinterlassen hat: für Ihren Frust, Ihren Zorn, Ihre Traurigkeit, Ihren Schmerz, möglicherweise das Gefühl der Ohnmacht, wenn Sie nicht in der Lage sind (oder zu sein glauben), etwas zu ändern, und ebenso für Ihren Wunsch.

Und dann prüfen Sie, warum die Situation nicht anders ist. Was ist Ihr eigener Anteil daran, dass es so ist, wie es ist? Es liegt niemals nur am Partner. Sie können davon ausgehen, dass alles, was Ihnen geschieht, etwas mit Ihnen zu tun hat. Mag sein, dass Ihr Partner impotent, frigide, rücksichtslos oder was auch immer ist – aber warum haben Sie ihn sich dann ausgesucht? Ihren eigenen Anteil finden Sie, indem Sie alle Gefühle, die die Situation in Ihnen auslöst, aufspüren und ins Herz holen. Irgendwo auf dem Grunde dieser Emotionen finden Sie den Schmerz einer alten Wunde. Finden Sie ihn und fühlen Sie ihn. Dann haben Sie Ihren Teil dazu beigetragen, dass die Situation sich verändern kann.

Wenn die Situation sich nicht verändert, haben Sie möglicherweise unbewusst Angst vor der Erfüllung Ihrer Wünsche. Dieser Angst kommen Sie mit der folgenden Frage auf die Spur: »Was wäre, wenn das geschieht, was ich mir wünsche? Wenn mein Partner mir die Erfüllung schenkt, nach der ich mich sehne?« Vielleicht haben Sie ja Angst, von diesem Menschen abhängig zu werden. Oder ihn zu nahe an sich heranzulassen oder ihn völlig zu akzeptieren (warum – was wäre dann? Vor welchem Gefühl haben Sie *eigentlich* Angst?). Oder davor, die Kontrolle zu verlieren. Oder sich selbst zu verlieren.

Wenn keine Angst sich meldet, weder im Körper (auf Anspannung achten!) noch im Bewusstsein – umso besser. Dann kann, wenn Sie die Empfehlungen des vorigen Absatzes realisiert und auf Ihre Problematik übersetzt haben, Ihre Reise zu befriedigenderer Sexualität jetzt wahrscheinlich beginnen. Um ganz sicherzugehen, sollten Sie aber in Ihrem Bewusstsein einen großen Schritt zurücktreten, einen tiefen Atemzug tun und sich fragen: »Gibt es eine Angst, die mich daran hindert, überhaupt ein glücklicher, zufriedener, erfüllter Mensch zu sein? Was wäre, wenn ich glücklich und zufrieden wäre?« Stellen Sie es sich konkret vor. Sie sind glücklich, zufrieden, rundum erfüllt. Wie fühlen Sie sich? Wie reagieren (Ihrer Vorstellung nach) Ihr Partner, Ihre Familie, Ihre Freunde, die Welt auf Sie?

Wenn sich alles gut anfühlt, ist der Weg frei. Prüfen Sie aber sorgfältig, ob am Horizont Ihres Bewusstseins nicht doch eine Befürchtung oder in Ihrem Körper eine Verspannung auftaucht. Möglicherweise haben Sie bisher nicht gemerkt, dass es einen Teil in Ihnen gibt, der vor den Folgen des Glücklich- und Zufriedenseins Angst hat. Vielleicht weil er glaubt, dass Sie dann keine Liebe mehr bekommen. Oder Macht verlieren (was wäre dann? Wie würden Sie sich fühlen?). Oder verlassen werden. Oder das Opfer von Neid und Missgunst werden. Oder schuldig sind (manche Menschen versagen sich Glück und Erfüllung, weil sie sich grundsätzlich schuldig fühlen).

Wenn Sie Ihre Angst entdeckt haben, stellen Sie fest, wo im Körper sie sitzt, wie sie sich anfühlt und was sie von Ihrem Herzen braucht. Wichtig: Gönnen Sie sich danach zumindest einige Tage Zeit, um sich dieser Angst zu widmen. Das heißt: Gehen Sie durch diese Tage in dem Bewusstsein, jemand zu sein, der Angst vor der Erfüllung hat und deshalb lieber darauf verzichtet. Leben und erleben Sie diese Angst ganz bewusst, widmen Sie ihr Zeit und geben Sie ihr Raum, bevor Sie einen Schritt weitergehen.

Wenn die Angst auf diese Weise versorgt ist, taucht auch der Schmerz meist ganz von selbst auf und kann gefühlt werden. Und schließlich die Sehnsucht nach Erfüllung, die durch die Angst blockiert wurde und der Sie nun Ihr Herz öffnen können, sodass der Weg für sie frei wird.

Mangelnde Kommunikation

Ein Hauptproblem in der sexuellen Beziehung ist die mangelnde oder mangelhafte Kommunikation zwischen den Partnern. Ein Grund dafür ist wie bei allen Problemen die Angst. Dass wir Angst haben, wissen wir in solchen Fällen meistens, nicht aber, wovor genau wir uns fürchten. Was macht es uns so schwer, unsere sexuellen Bedürfnisse, Abneigungen und Gefühle dem Partner gegenüber auszudrücken?

Mit Hilfe der Vorstellung und der Körperwahrnehmung finden Sie heraus, wovor Sie Angst haben. Stellen Sie sich vor, Sie würden alles, was Sie in sexueller Hinsicht auf dem Herzen haben, ausdrücken – in der sexuellen Interaktion und außerhalb davon, im Gespräch. Beobachten Sie, welche Bilder und Gedanken auftauchen, wenn Sie sich das ausmalen. Wenn es eine Angst gibt, wird sie jetzt ein Schreckensszenario entwerfen. Zum Beispiel, dass Sie sich lächerlich machen. Oder dass Sie abgelehnt werden. Oder dass Ihr Partner sich von Ihnen abwendet, Sie verlässt oder ganz einfach den sexuellen Kontakt abbricht. Keine Lust mehr hat.

Was wäre dann das Schlimme für Sie? Wie würden Sie sich dann fühlen? Spüren Sie die Angst im Körper auf, öffnen Sie ihr Ihr Herz. Nehmen Sie sie in die nächste Begegnung bewusst mit. Und dann wenden Sie sich dem zu, wovor Sie Angst haben, und lernen Sie es kennen. Als Ihr Gefühl. Ihren Schmerz aus der Vergangenheit. Auf diese Weise befreien Sie sich von der Angst und können sich nach und nach freier ausdrücken.

Es gibt noch eine zweite Möglichkeit, warum es mit der Kommunikation hapert. Manchmal halten wir den schlechten Zustand fest, weil wir uns vor dem guten Zustand fürchten. Zum Beispiel, weil er uns bedrohlich erscheint – weil er nicht zu unserer negativen Identifikation passt. Geliebt zu werden etwa ist bedrohlich, wenn man sich damit identifiziert, »ungeliebt« zu sein. Glücklich zu sein kann auch bedrohlich erscheinen – dann, wenn man den Zustand des Unglücks für irgendetwas braucht, zum Beispiel, um eine Schuld abzutragen. Gefühle, die dann gewürdigt werden müssen, sind: Unglücklichsein, Sehnsucht nach Glück, Festhalten des Unglücks, Angst vor Schuldigsein, Schuldgefühl, möglicherweise Reue; eventuell auch das Gefühl, in Schuld und Unglück gefangen zu sein; Sehnsucht nach Erlösung – und der Schmerz unter dem Schuldgefühl, zum Beispiel das Gefühl, schlecht zu sein.

Oder man hält am Unglück fest, um nicht beneidet zu werden (Angst vor dem Neid anderer), oder weil man meint, Glück nicht zu verdienen (das Gefühl, wertlos oder schuldig zu sein).

Männliche Probleme mit der Sexualität

Impotenz

Es ist eine paradoxe Sache mit der männlichen Macht. Einerseits ist der Mann der Machtinhaber in der Sexualität insofern, als ohne seine Erektion gar nichts läuft (wenn man von Ersatzhandlungen und -gerätschaften einmal absieht), andererseits ist diese Macht nicht seiner Kontrolle unterworfen. Eine Erektion ist nichts, das ein Mann »machen« kann. Sie geschieht. Im Allgemeinen kommt sie auf ganz natürliche Weise zu Stande, sobald das sexuelle Interesse erregt ist. Aber manchmal ist das eben nicht der Fall. Für manchen Mann stellt das kein Problem dar, für die meisten, die es trifft, allerdings schon. Ihnen möchte ich einige Anregungen geben, wie sie mit Hilfe der körperzentrierten Herzensarbeit damit umgehen können.

Ein wichtiger Aspekt der Impotenz scheint mir die Konfrontation mit der eigenen Machtlosigkeit zu sein. Dem frustrierenden Gefühl, zu wollen, aber nicht zu können. Zunächst einmal sollte es als Gesamtgefühl kennen gelernt und dann in seine Bestandteile zerlegt werden. Da ist zunächst einmal das *Wollen*: Wie fühlt es sich an? Wo findet es statt, wenn nicht in der Erektion des Penis? Im Kopf? Und was geschieht im Rest des Körpers? Können Sie dieses Wollen, Wünschen, Verlangen als Gefühl wahrnehmen, zulassen und Ihr Herz dafür öffnen?

Als zweiten Bestandteil lässt sich das *Nicht-Können* identifizieren – die Impotenz als Gefühlszustand. Wahrscheinlich haben Sie Angst davor, dieses Gefühl zuzulassen, weil Sie argwöhnen, dass es dann (erst recht) zur Tatsache wird. Aber es ist genau umgekehrt: Denn ein Gefühl, das nicht gefühlt wird, manifestiert sich als bleibender Körperzustand. Ein Gefühl, das gefühlt wird, ist ein vorübergehender Körperzustand. Dennoch muss die *Angst*, wenn sie vorhanden ist, gewürdigt werden, bevor Sie sich dem Gefühl der Impotenz selbst zuwenden. Lernen Sie Ihre Angst kennen. Spüren Sie sie auf. Öffnen Sie ihr Ihr Herz, indem Sie feststellen, was sie von Ihnen braucht.

Neben diesen Hauptgefühlen gibt es vermutlich etliche emotionale Reaktionen darauf, etwa Ärger, Wut, Verzweiflung, Resignation. Jedes dieser Gefühle muss für sich gewürdigt werden. Dies sind weitere Anregungen für die Entdeckung Ihrer Gefühle und der Hintergründe: Konfrontieren Sie sich ganz bewusst mit der *Reaktion Ihrer Partnerin,* wenn Sie sich in einer festen Beziehung befinden, oder mit der realen oder imaginierten Reaktion von Frauen. Wie geht es Ihrer Partnerin mit Ihrer Impotenz? Wie reagiert sie darauf? Was sagt sie?

Wenn Sie sich um das Thema bisher gedrückt, es beschönigt oder heruntergespielt haben, dann fragen Sie Ihre Partnerin ganz direkt und ehrlich, wie es ihr wirklich damit geht. Öffnen Sie Ihr Herz für das, was dieses Feedback in Ihnen an Gefühlen auslöst – und für die Gefühle Ihrer Partnerin. Wenn Ihre derzeitige Impotenz etwas mit Ihrer Beziehung zu tun hat, können Sie ein »Herzensgespräch« führen. Das ist ein Gespräch, bei dem eine bestimmte Redezeit pro Person verabredet wird, zum Beispiel 15 Minuten für jeden: Der Sprechende äußert, was er auf dem Herzen hat, während der Partner mit dem Herzen zuhört. »Mit dem Herzen zuhören« bedeutet: mit Offenheit und Interesse genau zuhören, um zu erfahren, was das Gegenüber ausdrücken möchte. Damit es gelingt, stellen Sie sich vor, die Stimme des Gegenübers mehr mit den Ohren des Herzens wahrzunehmen als mit den Ohren des Kopfes. Konzentrieren Sie die Aufmerksamkeit im energetischen Herzzentrum in der Mitte der Brust. Der Sprechende sollte möglichst in der Ich-Form von seinen eigenen Gefühlen sprechen. Und am Schluss gibt es keine Diskussion, keinen Kommentar – das Gesagte wird stillschweigend hingenommen, damit es wirken kann. Bei dieser Übung geht es darum, einander mitzuteilen und voneinander zu erfahren, was man wirklich fühlt.

Und schließlich, als letzte Empfehlung zum Thema: *Stellen Sie sich vor, das Problem sei gelöst,* Ihre Potenz sei wiederhergestellt. Wie geht es Ihnen bei dieser Vorstellung? Was macht Ihr Körper? Welche Gefühle tauchen auf? Vermutlich sowohl positive als auch negative. Lernen Sie sie kennen. Würdigen Sie die positiven ganz bewusst, und dann halten Sie nach negativen Ausschau. Ich vermute, dass es welche gibt – sonst bestünde das Problem nicht. Einem Teil von Ihnen ist der Zustand, so wie er ist, ganz recht, sonst gäbe es ihn nicht. Vielleicht hat dieser Teil vor etwas Angst; vielleicht sehnt er sich danach, in Ruhe gelassen zu werden. Vielleicht möchte er einmal nichts leisten müssen (falls Sie zu jenen Männern gehören, für die Sex gleich Leistung ist). Vermutlich gibt es einen inneren Konflikt – zwischen dem Teil, der will, und jenem, der nicht will. Beide sollten Sie näher kennen lernen und danach befragen, was sie genau wollen und warum. Nehmen Sie auch Ihre Gefühle dazu wahr. Oder der Gegenspieler ist jener Teil, der nicht kann (beziehungsweise denkt »Ich kann nicht«). Dann muss »Ich kann nicht« als Gefühl kennen gelernt und gewürdigt werden.

Vielleicht geht es bei dem ganzen Thema um nichts weiter, als das Gefühl der Ohnmacht kennen zu lernen und zuzulassen. Um dazu in der Lage zu sein, müssen Sie erst für eine ganze Reihe von Widerständen Ihr Herz öffnen. Aber irgendwann wird es möglich sein, die Ohnmacht als Gefühl zuzulassen, indem Sie sich mit der Tatsache der Ohnmacht konfrontieren. Wichtig ist, anschließend das Gefühl der Ohnmacht bewusst in die nächste sexuelle

Begegnung mitzunehmen. Paradoxerweise bringt Ihnen das Ihre Macht zurück. Möglicherweise hat das Problem dann seine Schuldigkeit getan und kann gehen. Wofür ich natürlich nicht garantieren kann, da ich nicht weiß, was bei Ihnen noch dahinter steckt.

Manche – alle? – Probleme dienen auch einem höheren Zweck, den man meistens erst später erkennt. Aber höherer Zweck oder nicht: Jedes Problem, so auch dieses, kann Ihnen helfen, zurück zu Ihrer Wahrheit und Ganzheit zu finden, wenn Sie es »auszuschlachten« verstehen.

Leistung und Versagen

Männer sind in unserer Gesellschaft so programmiert, dass sie meinen, etwas leisten zu müssen. Die meisten leiten ihre Existenzberechtigung daraus ab, ebenso ihr Selbstwertgefühl – ja sogar ihr Gefühl, geliebt zu werden.

Man kann den männlichen Beitrag zur Sexualität durchaus im Sinne dieser Überzeugung interpretieren. In etwa nach dem Motto: Die Frau muss sich nur hinlegen, während der Mann dafür zuständig ist, sie zu erregen, eine Erektion zu bekommen und diese lange genug zu halten, um die Frau zu befriedigen. Danach »muss« er womöglich auch noch Streicheleinheiten verteilen. Daraus kann ein »Leistungsanspruch« abgeleitet werden – zumindest verstehen viele Männer es so, sei es bewusst oder unbewusst.

Vielleicht gehören Sie selbst zu diesen Männern. Möglicherweise sind Sie mit dem Leistungsgedanken so sehr identifiziert, dass Sie noch nie auf die Idee gekommen sind, dass es nur ein Gedanke sein könnte und nicht die Wahrheit. Ein Mann nämlich, der nicht mit der Idee, Leistung erbringen zu müssen, identifiziert ist – ein anders konditionierter Mann also, zum Beispiel ein Genießer –, kommt gar nicht auf die Idee, dass Sex etwas mit Leistung zu tun hat. Für ihn ist es pure Lust oder auch Lust und Liebe. Seine Erektion kommt nicht zu Stande, weil sie das soll, sondern weil und wenn er Lust hat. Er genießt es, sich Zeit zu lassen, denn er fände es für sich selbst höchst unbefriedigend, den herrlichen Zustand der Lust sofort für einen kurzen Orgasmus wieder aufzugeben. Es ist für ihn pure Wonne, den Körper einer Frau, die er liebt oder begehrt, zu streicheln und ihre Reaktion zu erleben. Ihren Orgasmus betrachtet er deshalb nicht als Beweis für seine Leistung, sondern als ihren und seinen Genuss.

Wenn Sie ein Leistungstyp sind und lieber ein Genießer wären, müssen Sie weder Ihre Natur umkrempeln noch den Leistungsgedanken ablegen – nur aus der Identifikation mit ihm aufwachen und die dazugehörigen Gefühle bewusst wahrnehmen. Versuchen Sie, Ihre genaue Überzeugung zu formulieren. »Ich muss eine gute Leistung bringen. Ich muss es schaffen, sonst …« Wovor haben Sie Angst? Was ist, wenn Sie es nicht schaffen? Sie haben Angst, ein Versager zu sein, es nicht zu schaffen, nichts zu Stande zu bringen, eine Enttäuschung zu sein, nicht zu genügen oder etwas in der Art. Diese Angst muss gewürdigt werden und ebenso das Gefühl, vor dem Sie Angst haben (wie fühlt es sich an zu denken, Sie genügen nicht?).

Darunter sitzt möglicherweise noch ein tieferes Gefühl. Sie fördern es mit der Frage zu Tage: »Und wenn ich dann versage – was ist das Schlimme daran?« Wahrscheinlich der Schmerz, nicht anerkannt, nicht geachtet, nicht geliebt oder abgelehnt zu werden (möglicherweise vom Vater). Auf diese Weise befreien Sie sich vom Leistungsdruck und den damit verbundenen Problemen und können nach und nach das Leben und die Sexualität mehr genießen, wodurch sie auch für Ihre Partnerin genussreicher und entspannter wird.

Vorzeitige Ejakulation

Hier ist der erste Schritt, das oberste Gefühl wahrzunehmen – das, was bewirkt, dass es bei Ihnen so ist, wie es ist. Konfrontieren Sie sich mit der Situation, spüren Sie so tief in den sich dabei manifestierenden Körperzustand hinein, dass Sie Ihre Emotion darin entdecken. Fühlen Sie sie. Öffnen Sie ihr Ihr Herz. Das ist »körperzentrierte Herzensarbeit« in der reinsten Form. Wenn Sie es auf diesem Weg nicht schaffen, mit Ihrem Gefühl in Kontakt zu treten, versuchen Sie es anders herum, über den Kopf. Beobachten Sie Ihre Gedanken über das Thema. Finden Sie heraus, welche Gefühle sich darin ausdrücken. Fühlen Sie sie körperlich. Finden Sie heraus, was sie von Ihrem Herzen brauchen.

Eine weitere Anregung zur Prüfung: Wie fühlt sich Ihre Partnerin mit Ihrem Verhalten? Was sagt sie? Haben Sie sie je gefragt? Und wie fühlen *Sie* sich mit ihrer Reaktion? Vielleicht entdecken Sie in diesem Gefühl schon den Kern des Problems. Vielleicht brauchen Sie das Phänomen der vorzeitigen Ejakulation, um einen inneren Glaubenssatz zu bekräftigen. »Ich halte nicht durch«, »Ich bin ein Versager« oder etwas in der Art.

Sie können sich auch weiter fragen: Gibt es etwas, das Sie nicht aushalten? Nehmen Sie dann das Gefühl, »nicht aushalten zu können«, wahr, ebenso die Angst davor und dann das Gefühl selbst, das Sie nicht aushalten. Warum können Sie das Zusammensein nur so kurz ertragen? Ist es die Nähe, die Sie kaum aushalten? Warum? Ist es das »Dableiben-Müssen«, das Sie nicht ertragen? Wovor haben Sie Angst?

Oder haben Sie Angst vor dem, was geschieht, wenn Sie Ihre Partnerin befriedigen? Vielleicht stellen Sie sich unbewusst vor, dass Sie dann Ihre Macht über sie verlieren? Dass sie Sie beherrscht oder dass Sie ihr ausgeliefert sind? Oder dass Sie sie verlässt?

Der leichteste Weg herauszufinden, wovor Sie Angst haben, ist auch hier wieder, sich die Situation auszumalen. Stellen Sie sich vor, Sie könnten Ihre Erektion problemlos so lange halten, dass Sie Ihre Partnerin vollständig befriedigen. Welche Gefühle und Bilder tauchen auf? Vielleicht erst einmal ein positives Gefühl: Zufriedenheit, Glück, Entspannung, Stolz, Erleichterung. Fühlen Sie es bewusst. Geben Sie ihm einen Platz in Ihrem Herzen (was braucht es? Erlaubnis?). Lassen Sie Ihre Vorstellung weiter arbeiten, bis sie Ihnen das präsentiert, wovor Sie Angst haben. Öffnen Sie Ihr Herz für diese Angst – und für das, wovor Sie Angst haben. Oder möchten Sie ihr etwas vorenthalten, weil es etwas gibt, das Sie ihr (oder den Frauen überhaupt oder Ihrer Mutter) übelnehmen? Dann fühlen Sie den Groll, die Wut, den Schmerz, den Wunsch nach Rache/ Ausgleich, eventuell auch ein Schuldgefühl.

Weibliche Probleme

Unbefriedigt und unerfüllt sein

Unbefriedigt oder unerfüllt zu sein[40] ist keine Tatsache, sondern ein Gefühl (es mag auf Tatsachen zurückgehen, aber das ändert nichts daran, dass es auch ein Gefühl ist). An seiner Wurzel sitzt ein tiefer Schmerz. Es ist nicht angemessen, dieses Gefühl herunterzuspielen: »Das ist doch nicht so schlimm, man muss ja nicht immer zum Orgasmus kommen.« Nein, stimmt, das muss man vielleicht nicht, aber wenn uns im Kontakt mit unserem Partner die sexuelle Befriedigung, die er erlebt, immer wieder vorenthalten bleibt, kann das großen Schmerz auslösen. Beispielsweise den Schmerz der Ungerechtigkeit, sofern das eine unserer Grundwunden ist; oder den Schmerz unseres Ungestilltseins aus der Säuglingszeit. Ebenso kann es eine riesengroße Enttäuschung sein, falls wir dazu neigen, immer wieder zu hoffen, dass es doch geschieht.

Wichtig ist zu beobachten, welches das oberste Gefühl ist. Sie können körperzentrierte Herzensarbeit in der reinen Form einfach betreiben, indem Sie sich die Situation vergegenwärtigen und dann in Ihren Körper hineinspüren, der Ihnen nach und nach die beteiligten Gefühle offenbart, für die Sie dann Ihr Herz öffnen können. Sie können aber auch, wenn Ihnen das leichter fällt, anders herum vorgehen, indem Sie Ihre Gedanken beobachten. Welches Gefühl drückt sich vor allem darin aus? Wut? Groll? Bitterkeit? Enttäuschung? Traurigkeit? Bei diesem Gefühl setzen Sie an. Spüren Sie es im Körper auf, lassen Sie es zu, stellen Sie fest, was es von Ihrem Herzen braucht. Üben Sie erst einmal, es in der konkreten Situation bewusst zu fühlen, bevor Sie sich der nächsten Emotionsschicht zuwenden.

GEFÜHLE, DIE HIER MÖGLICHERWEISE IM SPIEL SIND UND GEWÜRDIGT WERDEN WOLLEN:

- Unbefriedigt/unerfüllt zu sein (wichtig ist, das passende Wort zu wählen)
- Rebellion dagegen
- Wut/Zorn, Groll
- Traurigkeit
- Ohnmacht
- Enttäuschung, eventuell Bitterkeit
- Hoffnung
- der Schmerz unter alldem (Mangel? Hunger? Leer auszugehen? Ungerechtigkeit? Was ist es, das an der Sache so wehtut?)
- Sehnsucht nach Erfüllung.

Wir öffnen uns der Erfüllung, indem wir den Mangel bewusst als Gefühl wahrnehmen (anstatt ihn für eine Tatsache zu halten) und akzeptieren. Um die Sehnsucht nach Erfüllung ins Herz holen zu können, muss möglicherweise erst ein Groll gewürdigt werden, der verhindert, dass wir uns aus ganzem Herzen sehnen können – etwa der

Groll, der entsteht, wenn wir unser Unbefriedigtsein dem mangelnden Einsatz unseres Partners zuschreiben. Hinter der ganzen Problematik steckt wie immer etwas Tieferes, ein alter Schmerz, vermutlich aus der Kindheit. Um ihn geht es.

Prüfen Sie sich: »Gibt es einen Grund, aus dem heraus ich das Problem festhalte? Was wäre, wenn ich es gehen ließe?« Arbeiten Sie mit der Vorstellung, rundum befriedigt zu werden und befriedigt zu sein. Gibt es einen Widerstand dagegen? Etwas, wovor Sie Angst haben? Lernen Sie diese Angst kennen, lösen Sie sich aus der Identifikation, öffnen Sie Ihr Herz dieser Angst und dem Schmerz, auf den sie sich bezieht.

Frigidität

Jemand hat einmal gesagt, es gäbe keine frigiden Frauen (ebenso vermute ich übrigens, dass es auch keine impotenten Männer gibt, sondern nur Männer, die ihre Gefühle verdrängen). Wahrscheinlich stimmt das auch. Wenn Sie oder Ihr Partner Sie für frigide halten: Definieren Sie zunächst einmal, was das genau bedeutet. Etwa, dass Sie unfähig sind, sexuelle Lust zu empfinden? Hand aufs Herz: Stimmt das? Oder können Sie diese Lust nur nicht empfinden, wenn Sie mit Ihrem Partner zusammen sind? Vielleicht lieben Sie ihn, haben aber keine Lust auf Sex mit ihm? Oder mögen die Art nicht, wie er an die Sache herangeht? Warum sagen Sie es ihm dann nicht? Warum suchen Sie sich nicht statt seiner oder neben ihm einen anderen, der Lust in Ihnen weckt? Haben Sie Angst? Wovor? All diese Fragen sind dazu gedacht, Ihre wahren Gefühle an die Oberfläche zu bringen, damit Sie sie fühlen und ins Herz holen können, anstatt unbewusst mit ihnen identifiziert zu sein.

Und grundsätzlicher: Welches Problem haben Sie mit dem Thema Lust? Ist das Leben keine lustvolle Angelegenheit für Sie? Warum nicht? Gibt es eine Schuld? Oder eine

Angst? Was ist mit Ihrer Lust passiert? Wurde sie vielleicht unter Ver- und Geboten erstickt, als Sie klein waren? Oder unter dem Gedanken, schuldig oder schmutzig zu sein? Vielleicht gibt es in Ihnen die Vorstellung, Lust sei überhaupt etwas Schlechtes oder Sündiges? Diese Idee kann so tief vergraben sein, dass Sie die Frage zunächst ganz selbstverständlich verneinen. Körperzentrierte Herzensarbeit wird sie jedoch zu Tage fördern. Oder vielleicht sind Sie noch nie auf die Idee gekommen, überhaupt irgendetwas aus Lust tun zu dürfen. Etwa, weil Sie nicht in diesem Sinne erzogen worden sind? Weil das Leben Pflicht ist, Mühe, Arbeit? Was steckt dahinter? Was wäre, wenn Sie auf Pflicht/Mühe/Arbeit pfeifen würden: Wie müssten Sie sich dann fühlen? Schuldig? Schlecht?

Und weiter: Konfrontieren Sie sich mit der Bezeichnung »frigide«. Was macht es mit Ihnen, sich dafür zu halten – oder dafür gehalten zu werden? Macht es Sie wütend? Traurig? Und was sitzt darunter? Scham? Wie fühlen Sie sich wirklich? Wertlos? Ungeliebt? Abgelehnt? Verurteilt? Gedemütigt?

Vielleicht steckt ein ganz anderes Problem dahinter, nämlich Groll. Vielleicht sind Sie auf Ihren Partner wütend (warum?) oder auf Männer allgemein (oder auf jemand anderen). Was ist der Schmerz, der darunter lauert? Was tut Ihnen so weh, dass Sie grollen und aus lauter Groll Ihre Lust verdrängen? Hier geht es darum, den Groll zu würdigen, die Wut darunter auszugraben und zu fühlen und Ihr Herz für den Schmerz zu öffnen. Dann können Sie Ihre Lust aus dem Versteck, in das Sie sie verbannt haben, hervor- und ins Herz zurückholen. Lust ist übrigens auch ein Gefühl, nicht nur ein körperlicher Zustand. Spüren Sie Ihren Atem, erleben Sie Ihre Lust körperlich und entdecken Sie dann das *Gefühl* der Lust darin. Was braucht es von Ihrem Herzen? Erlaubnis? Annahme?

Vielleicht ist das Ganze aber gar kein Riesenproblem, sondern Ihr Partner macht einfach alles falsch, weil Sie ihm keine Gebrauchsanleitung gegeben haben. Warum eigentlich nicht? Wovor haben Sie Angst? Erbarmen Sie sich dieser Angst, indem Sie sie fühlen. Während Ihr Partner das nächste Mal falsch mit Ihnen umgeht, genau in dem Moment, in dem Sie ihn eigentlich führen, korrigieren oder informieren möchten, sollten Sie die Angst, die Sie daran hindert, bewusst fühlen. Dann können Sie sich dem zuwenden, wovor Sie Angst haben, dem Schmerz, und sich ihn ebenfalls anschauen. Danach dürfte es Ihnen leichter fallen, Ihre Bedürfnisse mitzuteilen und für sich zu sorgen.

Schuld

Dies ist eines der schwierigsten Kapitel. Schuld klebt an uns wie Pech – es gibt wohl kein Gefühl, bei dem es schwieriger ist, uns aus der Identifikation zu lösen und unser Herz zu öffnen. Die Rede ist hier von den Schuldgefühlen, die auf uns lasten, weil wir etwas getan haben, das nach unserem eigenen Gewissen eine schwere Schuld bedeutet.

Manche Menschen werden von einem Schuldgefühl ihr ganzes Leben hindurch verfolgt, ohne so recht zu wissen, welcher Todsünde sie sich eigentlich schuldig gemacht haben. Dahinter können tief vergrabene Erlebnisse aus der frühen Kindheit stecken; manchmal auch eine Schuld von Vater, Mutter oder einem anderen nahen Angehörigen, die man aus Liebe oder aus welchem Grund auch immer unbewusst auf sich geladen hat.[41]

Viele Menschen tragen aber auch Erinnerungen in sich (wie auch immer man das interpretieren mag), die darauf hinweisen, dass sie in einem anderen Leben etwas »verbrochen« haben, für das sie im gegenwärtigen Leben immer noch büßen. Dies kann eine Schuld sein, mit der der Betreffende am Ende des Lebens, in welchem der Vorfall geschah, nicht ins Reine gekommen ist; er hat sie über den Tod hinaus mitgenommen, da er nicht bereit war loszulassen – so lange nicht, bis er nach seinem eigenen inneren Verständnis genug dafür gebüßt haben würde. Manchmal tritt dieser Fall auch nie ein.

Denn mit uns selbst gehen wir oft härter ins Gericht als der strengste Richter oder Gott. Wie redlich wir uns auch herumquälen und abplagen, nichts ist uns Buße genug. Einen Verrat begangen zu haben kann beispielsweise eine solche schwere Selbstverurteilung nach sich ziehen. Oder jemandem das Herz gebrochen zu haben, einen Menschen, den man liebte, verlassen, ein Versprechen, das man jemandem gegeben hatte, gebrochen, ein Kind im Stich gelassen zu haben. Auch sämtliche Kapitalverbrechen gehören hierher.

Wo gibt es Erlösung? Was nützt es dem, der sich selbst verurteilt und nicht aufhört zu büßen, dass irgendwo irgendwann angeblich Gottes Sohn für ihn am Kreuz gestorben ist? Was nützt ihm die Nachricht, dass Gott die Liebe selbst sei? Oder das esoterische Wissen, dass es Schuld in Wirklichkeit nicht gibt, weil in Wahrheit niemand ein Opfer ist, sondern jeder sein Schicksal selbst wählt? Weil alles hier auf Erden sowieso nur eine Art Theaterstück ist, das wir gemeinsam inszenieren? Und bei dem niemand in Wirklichkeit stirbt oder verletzt wird?[42]

All diese Argumente nützen demjenigen wenig, der mit seiner Schuld identifiziert ist. Sie werden ihn nicht erreichen. Selbst wenn in den höheren Regionen seines Bewusstseins ein Verstehen aufleuchtet, die tieferen werden sich weiterhin mit der Schuld abplagen. Das Licht wird nicht zu ihnen durchdringen. Und wenn es das doch tut, werden sie es nicht wahrnehmen, weil sie so sehr mit ihrer Schuld beschäftigt sind.

Körperzentrierte Herzensarbeit kann hier helfen. Sie kann zumindest den Boden bereiten für die Erlösung von der Schuld, die eigentlich auch nichts weiter ist als ein Aufwachen. Bei hartnäckigem und tief sitzendem Schuldgefühl jedoch ist es manchmal ähnlich wie bei einer Sucht: An einem gewissen Punkt erkennt man, dass man sich nicht aus der Identifikation lösen und sich somit nicht selbst erlösen kann. Man braucht Hilfe. Daher die »Absolution«, die die Priester erteilen. Wenn sie in dem Vertrauen angenommen wird, dass der Priester tatsächlich Gott vertritt, durchdringt sie möglicherweise die Mauer der Selbstverurteilung.

Was letztlich heilt, ist Liebe, und körperzentrierte Herzensarbeit ist ein Weg zu ihr. Auch wenn Schuld noch so sehr auf Tatsachen beruhen mag, sie ist doch zugleich ein Gefühl; zumindest das kann man erkennen und sich dieses Gefühls annehmen, indem man es fühlt – anstatt es nur zu haben – und ihm sein Herz öffnet. Jedoch ist ein großes und tief verwurzeltes Schuldgefühl nicht so einfach an die Oberfläche zu befördern; es wurzelt manchmal so tief in unserer Identität, offenbar sogar in der Identität eines anderen Lebens, dass es schwer zu ergründen ist.

Manchmal brauchen wir die Liebe eines anderen zu unserer Erlösung. Manchmal geschieht es wie durch ein Wunder – vielleicht, wenn wir uns genügend gequält und alles Erdenkliche getan haben, um dem Schuldgefühl auf den Grund zu gehen und ihm unser Herz zu öffnen –, dass durch einen anderen Menschen oder woher auch immer Liebe auftaucht, die uns tatsächlich erreicht und die das bewirkt, was uns selbst unmöglich war: unser Herz für uns selbst zu öffnen und uns von der Identifikation mit der Schuld zu lösen. Vielleicht gibt es etwas, das wir als Wiedergutmachung für denjenigen tun können, den wir geschädigt haben. Vielleicht ist das aber auch nicht möglich; dann kann es – für die eigene Psyche – hilfreich sein, etwas anderes zu tun, das man bewusst als Wiedergutmachung betrachtet. Oder aber man würdigt alles, was man bereits in seinem bisherigen Leben als Buße geleistet hat, bewusst als solche.

Wichtig für die Herzensarbeit sind folgende Etappen:

- das Schuldgefühl zu würdigen
- sowie alle emotionalen Reaktionen darauf, dass man sich für schuldig hält (Zorn, Wut, Traurigkeit, Ohnmacht, Aussichtslosigkeit etc.)
- gegebenenfalls die Schuld anzuerkennen
- die Reue als Gefühl wahrzunehmen
- Wiedergutmachung zu betreiben oder, falls schon geschehen, zu würdigen
- und sein Herz der Sehnsucht nach Erlösung zu öffnen.

Letztlich ist niemand ein Opfer; letztlich hat jeder sein Schicksal aus seinen eigenen Gründen gewählt, und indem wir einen anderen innerlich in der Opferrolle festhalten, berauben wir ihn – zumindest in unserem Bewusstsein – seiner Würde.

Das Schuldgefühl ist nicht das unterste Gefühl – es ist auch noch ein Verdrängungsmechanismus. Unter der Schuld sitzt nämlich der eigentliche Schmerz: das Gefühl, schlecht zu sein (kalt, herzlos, böse, verurteilt oder Ähnliches). Darum geht es. Solange man sich selbst in seinem Schuldgefühl einsperrt, schottet man sich gegen diesen Schmerz ab. Denn dadurch, dass man sich schuldig fühlt, beweist man ja, dass man doch ein wenig gut ist (sonst würde man sich nicht schuldig fühlen, sondern hätte einfach keine Skrupel). Das ist die Psycho-Logik. Was hier gewürdigt werden muss, ist die Angst, sich als durch und durch schlecht zu erweisen – und das Gefühl der Schlechtigkeit selbst. Wenn man seiner Angst davor das Erbarmen und Verständnis (oder was es sonst ist), das sie braucht, gegeben hat, wird es leichter fallen, diesen Schmerz zuzulassen. Und indem man den Schmerz in allen Situationen seines Lebens bewusst fühlt, in denen er sowieso immer schon vorhanden war, aber verdrängt wurde, beginnt man aus der Identifikation mit der Idee aufzuwachen, durch und durch schlecht zu sein. Eventuell muss man sich dabei auch mit der Vorstellung »Ich bin schlecht, und alle sehen das« konfrontieren (falls dieser Aspekt zur eigenen Grundüberzeugung gehört) und mit diesem Gefühl statt unbewusst einmal bewusst herumgehen.

Wenn wir das tun, erkennen wir nach und nach, dass »schlecht« nicht eine grundsätzliche Eigenschaft unseres Ich ist, sondern ein Gefühlszustand wie jeder andere, und können die alte Schuld hinter uns lassen. Was uns schließlich tatsächlich von ihr entbindet, ist die Erkenntnis, dass wir heute nicht mehr derselbe Mensch sind wie damals. Heute würden wir anders handeln. Und nur um diese innere Veränderung in Gang zu setzen, war das Schuldgefühl ja da. Hierzu sei Jane Roberts' Geist-Lehrer Seth zitiert:

> **Es gibt natürliche Schuld und künstliche Schuld ... Die natürliche Schuld ist die menschliche Version des unbewussten körperlichen Gerechtigkeits- und Integritätssinnes der Tiere. Sie bedeutet: Du sollst nicht mehr töten, als es für deine physische Selbsterhaltung notwendig ist ... Sie ist nicht mit einprogrammierter Strafe in eurem Sinne befrachtet ... Sie verlangt keine Buße. Sie ist als Vorsichtsmaßregel gedacht, als Mahnung vor dem Ereignis. »Tu das nicht wieder!« ist nur ihre nachträgliche Botschaft. Wenn ihr euch Selbstvorwürfe macht wegen etwas, das ihr gestern oder vor zehn Jahren getan habt, so ist das noch keine Tugend. Dann habt ihr es wahrscheinlich mit künstlicher Schuld zu tun.[43]**

Seth sagt auch, dass Schuldgefühle die Kehrseite des Mitleids seien. Das ist ein weiterer wichtiger Punkt. Solange wir in der Identifikation mit dem Schuldgefühl oder dem darunter verborgenen Gefühl der Schlechtigkeit bleiben, ist unser Herz demjenigen gegenüber, den wir geschädigt haben, verschlossen. Wir wagen nicht, mit ihm zu fühlen, aus Angst davor, uns endgültig schlecht und schuldig zu fühlen. Öffnen wir jedoch dieser Angst und unseren Gefühlen von Schuld und Schlechtigkeit unser Herz, so können wir mit dem anderen mitfühlen. Und das bringt uns auf eine Ebene mit unserem »Opfer«. Von Herz zu Herz fühlen wir seinen und unseren Schmerz, fühlen, dass wir einfach zwei Menschen sind, die leiden und fehlbar sind – und das weckt uns aus der Illusion der Trennung und der moralischen Unterscheidung, die den einen höher und den anderen tiefer stellt. Wir akzeptieren uns selbst als Mensch und achten den anderen in seinem Schmerz, anstatt ihn klein, nämlich als Opfer, zu sehen.

Gelegentlich kommt es im Zuge der körperzentrierten Herzensarbeit auch vor, dass jemand zu der Erinnerung daran durchstößt, wie der betreffende Sündenfall aus höherer Perspektive ausgesehen hat, und die Liebe erkennt, die wie überall auch hierin am Werk war. »Mein Gott, es ist ja alles aus Liebe geschehen.« Das ist die ultimative Befreiung.

Das Herz aber ist und bleibt gebrochen, und das ist gut so, denn es macht uns mitfühlend und weckt in uns Achtung und Verständnis für andere Wesen. Zugleich entwickelt es ein Gefühl der Demut und Dankbarkeit, das unsere Augen für die Liebe und Schönheit in allem öffnet.

Ein Mantra, das helfen kann, wenn man stark mit Schuld identifiziert ist, ist »Kyrie eleison«: »Herr, erbarme dich.« Sinngemäß sagt man damit: »Ich bin schuldig, ich fühle mich schuldig, und ich kann mich nicht selbst davon erlösen – aber du kannst es.« Dasselbe gilt umgekehrt für Groll mit »Christe eleison«: »Ich grolle diesem Menschen und kann beim besten Willen mein Herz nicht für ihn öffnen, aber ich weiß, dass du es kannst. Bitte öffne mein Herz.«[44] In hartnäckigen Fällen hilft die Anrufung Marias (egal, ob Sie katholisch oder überhaupt christlich sind oder nicht), wie beispielsweise im katholischen Rosenkranzgebet »Heilige Maria, Mutter Gottes, bitte für uns Sünder, jetzt und in der Stunde unseres Todes«. Dies kann herzöffnend wirken, wenn man sich für hoffnungslos schuldig hält.

Viele der Schuldgefühle, die wir mit uns herumschleppen, entbehren offenbar jeder vernünftigen Grundlage. Das gilt für fast alles, was wir als Kind verbrochen haben; auch für Schuld, die wir uns aus kindlicher Unwissenheit aufgebürdet haben, beispielsweise für den Tod oder die Scheidung der Eltern oder die Idee, man sei überhaupt wegen seiner Existenz schuldig (weil etwa die Mutter oft ihrer Karriere nachtrauerte, die sie hätte machen können, wenn sie kinderlos geblieben wäre).

Aber vernünftig oder nicht: In unserer Psyche, deren Kern ja kindlich ist, hat das ein ebenso großes Gewicht, wie wenn wir tatsächlich jemanden ermordet hätten, sodass für diesen Fall sinngemäß dasselbe gilt wie zuvor beschrieben. Denn nur darum geht es: sich aus der Identifikation mit der Idee, schuldig zu sein, zu lösen (was nicht bedeutet, den Gedanken für falsch zu erklären, sondern nur, ihn als Gedanken zu erkennen); stattdessen zu erfahren, wie »schuldig sein« sich anfühlt, und herauszufinden, was dieses Gefühl vom Herzen braucht. Dann muss man sich in gleicher Weise um den Schmerz, der darunter verborgen liegt, kümmern: Dies schließt die Würdigung des Gefühls, »schlecht« oder »böse« zu sein, eventuell des Gefühls, bestraft zu sein, der Sehnsucht nach Unschuld und schließlich der Unschuld selbst ein.

Dieser letzte Punkt ist grundsätzlich bei jeder Art von Schuldgefühl wichtig. Die Identifikation mit Schuld verdrängt das Gefühl von Unschuld. Wenn wir uns für schuldig halten, dürfen wir es unserer Psycho-Logik nach nicht zulassen, uns unschuldig zu fühlen. Das wäre ja der Gipfel der Unverfrorenheit! Wenn wir aber Schuld als Gefühl erkennen und ins Herz holen, können wir auf die gleiche Weise Unschuld als Gefühl in uns entdecken und ihr ebenfalls einen Platz in unserem Herzen geben. Was auch immer wir getan haben mögen, selbst wenn wir reihenweise Leute ermordet haben: Unschuld gibt es immer, auf dem Grunde unseres Herzens, und wir können sie entdecken und befreien. Wir müssen nicht unschuldig werden, wir sind es schon, wir müssen es nur entdecken. Wir entdecken es, indem wir unser Herz öffnen.

Wenn es Ihnen schwer fällt, das Gefühl der Unschuld überhaupt irgendwo in sich selbst zu entdecken, dann gehen Sie andere Wege. Es gibt ganz bestimmt Momente in Ihrem Leben, in denen dieses Gefühl plötzlich doch da ist. Vielleicht in der Gesellschaft unschuldiger Wesen: etwa, wenn Sie mit kleinen Kindern spielen oder wenn Ihr Hund Ihnen die Hand leckt oder Ihre Katze sich an Sie schmiegt. Oder wenn Sie Märchen lesen oder Musik hören, die an himmlische Sphären erinnert. Oder einem Menschen begegnen, der ein reines und argloses Gemüt hat und keine Schuld in Ihnen findet. Mir selbst ist es in meinen finstersten Schuldzeiten einige Male passiert, dass mir eine Nonne über den Weg lief, die mich freundlich grüßte (mich, die größte Verbrecherin aller Zeiten!). Dies kam für mich fast einer Absolution gleich.

Schulden

Hinter Schulden verbirgt sich ein manifestiertes Schuldgefühl (und deshalb gelten auch im Wesentlichen die Ausführungen des vorigen Kapitels). Was aber im Einzelnen dahinter steckt, kann viele Gesichter haben.

Es kann sein, dass man für irgendein (vermeintliches oder reales) Vergehen büßt und tief in sich den Glaubenssatz trägt, man müsse eine Schuld abtragen – eine Überzeugung, die sich ganz wörtlich darin niederschlagen kann, dass man ständig Schulden abzahlen muss. Wie fühlt es sich an, »abzahlen zu müssen« und »Schuld abzutragen«? Diese beiden Gefühle müssen gesondert gewürdigt werden, ebenso wie das »Schuldigsein« als solches sowie die Sehnsucht nach Befreiung oder Erlösung und möglicherweise begleitende Gefühle wie Anstrengung, Resignation, Lustlosigkeit, Depression, Wut, eventuell auch Aussichtslosigkeit (die niemals eine Tatsache ist, sondern nur ein Gedanke, der ein Gefühl erzeugt).

Es kann auch sein, dass man der Überzeugung ist, dem Leben, der Welt oder wem auch immer ständig etwas schuldig zu sein, weil man sein Soll nicht erfüllt. Hier sind die Gefühle, die getrennt gewürdigt werden müssen: das Gefühl, etwas schuldig zu bleiben, im Soll zu sein, sowie die Sehnsucht danach, sein Soll erfüllt zu haben oder vom Soll befreit zu sein; daneben auch alle anderen begleitenden Emotionen. Weitere Gefühle sind möglicherweise verschuldet, elend, arm zu sein. Was sitzt darunter? Was wäre, wenn man sie wegschieben würde? Wenn man darauf pfeifen würde, seine Schulden zu bezahlen? Oder sie nicht so ernst nehmen würde? Wie müsste man sich dann fühlen? Schlecht? Kalt? Böse? Abgelehnt? Verurteilt? Oder wie sonst? Auch hier lautet die Vorgabe: sich aus der Identifikation mit der Idee zu lösen, das Gefühl bewusst wahrzunehmen und sein Herz dafür zu öffnen.

Bei hartnäckigen Schulden gibt es wahrscheinlich einen Teil, der die Schulden festhält, weil er sie braucht. Sie finden ihn, indem Sie sich vorstellen, von Ihren Schulden befreit zu sein. Vielleicht taucht erst ein schönes Gefühl auf, das Sie unbedingt bewusst würdigen und dem Sie einen Platz in Ihrem Herzen geben sollten: Befreit. Saniert. Gesunde Basis. Aufatmen. Erlöst. Etwas haben. Oder wie auch immer das Gefühl heißt. Was braucht es? Erlaubnis? Anerkennung? Raum?

Allerdings wird mit großer Sicherheit auch ein negatives Gefühl auftauchen, wenn Sie konzentriert bei der Vorstellung bleiben, frei von Schulden zu sein. Etwas, das Sie befürchten. Wenn Sie aufhören, Schulden zu haben, fühlen Sie sich vielleicht schuldig (das ist nur logisch, wenn Sie die Grundüberzeugung hegen, Sie müssten stets irgendwelche Schulden abtragen). Denken Sie an Ihr Leben, Ihre Beziehungen, Ihr Umfeld: Stellen Sie sich vor, zu verkünden, dass Sie schuldenfrei sind. Was geschieht in Ihrer Vorstellung, wenn Sie Ihre Psyche einmal frei imaginieren lassen? Wahrscheinlich taucht das Gefühl auf, vor dem Sie Angst haben, vor dem die Schulden Sie schützen. Öffnen Sie Ihr Herz für diese Angst und dann für das Gefühl selbst und würdigen Sie schließlich die Schulden ausdrücklich als etwas, das Ihnen Schutz vor diesem Gefühl bietet oder geboten hat. Danach fällt es Ihnen leichter, auch Ihre Sehnsucht zu befreien und in Ihr Herz zu holen.

Loslassen

Ein anderes großes Thema ist das berühmte Loslassen, das in therapeutischen und spirituellen Kreisen einen solch großen Stellenwert hat: »Du musst einfach nur loslassen.« Das Ganze hat nur einen Haken: Man kann nicht auf Befehl, auch nicht auf seinen eigenen, loslassen. Wenn man das nämlich möchte, muss man sein Herz für das Festhalten öffnen, sich aus der Identifikation mit dem Festhalten lösen und es stattdessen als Gemütszustand fühlen. Und anschließend stellt man fest, was es vom Herzen braucht: Verständnis? Anerkennung? Erlaubnis?

Es ist wichtig, über diesen Punkt nicht hinauszugehen. Wenn Sie gerade Ihr Herz dem Teil Ihrer selbst geöffnet haben, der verzweifelt irgendetwas oder irgendjemanden festhält oder festhalten möchte, dann ist es keine gute Idee, gleich danach zu sagen: »So! Erledigt! Und jetzt lassen wir los.« Das, womit Sie vorher unbewusst identifiziert waren, möchte nämlich nun erst einmal bewusst wahrgenommen werden – und zwar nicht nur für zwei Minuten, in der Trockenübung der körperzentrierten Herzensarbeit, sondern im richtigen Leben, mitten in den betreffenden Situationen. Festhalten, bewusstes Annehmen und Erfahren führt zum Loslassen – allerdings nicht, wenn es nur ein Trick ist, um das Loslassen einzufädeln.

Nach dem Festhalten können Sie den Wunsch loszulassen ebenfalls anschauen, anstatt nun wiederum mit ihm identifiziert zu sein. Warum möchten Sie loslassen? Weil man Ihnen beigebracht hat, dass man loslassen muss? Weil der, die oder das Betreffende nicht festgehalten werden möchte? Was ist Ihre Wahrheit hinter diesem Wunsch? Vielleicht die Sehnsucht nach Befreiung? Was auch immer es ist, fühlen Sie es bewusst, anstatt es nur gedanklich zu erfassen, und öffnen Sie Ihr Herz auch diesem Gefühl.

Gewohnheit und Sucht

Manche Menschen folgen einfach ihren Gewohnheiten und denken sich nichts dabei. Viele von denjenigen, die sich auf dem spirituellen Weg befinden, kämpfen einen oft fruchtlosen Kampf gegen sie. Schließlich hindert uns eine Gewohnheit daran, der Wahrheit des Augenblicks zu folgen. Somit steht sie unserem Ideal im Weg, ganz spontan im Hier und Jetzt zu sein oder aber unter allen Umständen die Wahrheit zu leben (oder wie auch immer das jeweilige spirituelle Ideal lauten mag). Also kämpfen wir gegen die Gewohnheit an.

Ich habe Menschen mit einer außergewöhnlich starken Kombination von Vernunft und Disziplin eine Gewohnheit besiegen sehen; ich habe allerdings auch gesehen, wie dieselben Menschen von derselben Gewohnheit hinterrücks wieder überfallen wurden. Manche Gewohnheiten fallen einfach von einem ab, andere wiederum wird man nie los.

Die Gewohnheit repräsentiert eine Naturkraft. In der Natur gibt es zwei komplementär entgegengesetzte Kräfte: eine, die für Weiterentwicklung sorgt, und eine, die bewirkt, dass alles so bleibt, wie es ist. Ausdruck dessen sind etwa die progressive und die konservative Kraft in der Politik, der Strich und der Kreis in der Kabbala, Yang und Yin. Sie arbeiten zusammen, ergänzen einander, wechseln einander ab und erzeugen den Rhythmus von Einatmen und Ausatmen, von Schlafen und Wachen, von Tag und Nacht. Die konservative Kraft – dem Trägheitsgesetz in der Physik entsprechend – sorgt dafür, dass stets Tag und Nacht aufeinander folgen. Die progressive Kraft – die die Evolution vorantreibt – sorgt für Veränderung, dafür, dass der morgige Tag nicht identisch ist mit dem heutigen.

In uns selbst wirken diese beiden Kräfte ebenfalls. Wenn wir zu sehr mit dem einen Teil identifiziert sind und den anderen übergehen, dann holt sich dieser auf irgendeinem Wege das, was er braucht, um trotzdem wirken zu können. Wenn wir zu sehr mit dem konservativen Teil identifiziert sind, wenn wir immer dasselbe tun und denken und darauf beharren, dass immer alles so bleiben muss, wie es war, können Krisen oder dramatische Ereignisse der progressiven Kraft zum Durchbruch und uns zur Weiterentwicklung verhelfen. Wenn wir zu sehr mit der progressiven Kraft identifiziert sind, Stillstand für eine Katastrophe halten und meinen, dass es immerfort Bewegung, Entwicklung und Fortschritt geben müsse, dann kann die konservative Kraft ein Gegengewicht bilden, indem sie uns an Gewohnheiten festhalten lässt.

Eine Gewohnheit gibt unserem Leben Struktur und Form. Sie ist ein Ritual, in dessen Wiederkehr eine gewisse Stetigkeit, Verlässlichkeit und Ruhe liegt. Möglicherweise ist es das, was wir in Wirklichkeit brauchen, sodass der Inhalt der Gewohnheit nebensächlich ist. Wenn man aufhört, die Gewohnheit als Feind zu betrachten, wenn man sich mit ihr anfreundet und sie ehrt, dann integriert man sie in den Kreis dessen, was man als zu sich gehörig betrachtet und überblickt. Dann führt sie nicht mehr als abgelehnter und bekämpfter Teil ein Eigenleben, über den man keine Kontrolle hat. Sie kann mit unserer Entwicklung mitfließen und wird wandelbarer, anstatt starr zu bleiben. Nach und nach wird sie weniger zwingend, sodass wir gelassener mit ihr umgehen. Und eines schönen Tages entfällt sie ganz von selbst.

Wenn man das Leben aus größerem Abstand überblickt, wird man Phasen erkennen, die Jahre oder Monate umfassen, in welchen mehr die eine oder mehr die andere Naturkraft regiert. Das ist wichtig zu wissen, sonst neigt man dazu zu denken, dass etwas daran falsch sei und dass man es mit Gewalt ändern müsse. Wenn gerade die konservative Kraft regiert und nichts so recht vorangeht im Leben, denken wir, wir seien blockiert und etwas stimme nicht. Aber es kann sich auch einfach um eine Phase handeln, in der das Trägheitsgesetz regiert, in der es darum geht, sich in einem Zustand auszuruhen, bevor der nächste anbricht. Vielleicht verarbeiten oder bereiten die Kräfte der Natur etwas im Verborgenen vor – oder es geht darum, einfach nur da zu sein. Es muss durchaus nicht immer vorangehen! Wir sind nicht so angelegt. Sonst gäbe es nicht in unserem Leben den regelmäßigen Rhythmus von Wachen und Schlafen. Wenn Zeit zu schlafen ist, ist Zeit zu schlafen. Wenn man genug geschlafen hat, wird man von selbst wieder wach und aktiv.

Sucht ist eine verschärfte Form von Gewohnheit, die den Charakter der Besessenheit annimmt. Darauf, dass bei jeder Sucht eine Sehnsucht im Spiel ist, wurde schon oft hingewiesen. Das bedeutet herauszufinden, was wir mit dem Objekt der Sucht – etwa der Zigarette oder dem Alkohol – zu gewinnen versuchen. Welchen Zustand oder welches Gefühl verschafft es uns? Diesen Zustand, dieses Gefühl müssen wir bewusst wahrnehmen, anstatt nur in ihm zu sein. Fühlen wir ihn bewusst wie jedes andere

Gefühl und öffnen wir unser Herz für ihn, indem wir die Trockenübung praktizieren: Wir denken an den Rausch oder das Suchterlebnis, konzentrieren uns intensiv darauf und nehmen den Zustand als Körperempfindung und Gefühl bewusst wahr – ebenso wie die Essenz darin, das eigentliche Gefühl, das wir suchen. Diesem öffnen wir unser Herz.

Es gibt jedoch noch einen weiteren, weniger bekannten Aspekt der Sucht, auf den ich hinweisen möchte. ***Bei jeder Sucht ist etwas im Spiel, das man nicht aushalten kann.*** Dieses Etwas erwischen Sie genau in jenem Moment, in dem Sie zur Tat schreiten – die Zigarette oder den Joint anzünden, die Kneipe ansteuern, den Fernseher einschalten, den Roman aufschlagen, zur Tabletten- oder Pralinenschachtel greifen oder wonach auch immer Sie süchtig sind. Halten Sie einen Augenblick inne. Spüren Sie Ihren Atem. Ihren Körper. Nehmen Sie wahr, wie die Sucht – das zwingende Verlangen, das Sie gerade ergreift – sich anfühlt. Wo sitzt es? Erleben Sie es bewusst. Es ist ein Gefühl. Sie können Ihr Herz für dieses Gefühl öffnen.

Und dann wenden Sie Ihre Aufmerksamkeit dem zu, was Sie nicht aushalten können. Sie entdecken es, indem Sie sich vorstellen, Sie dürften oder könnten Ihrer Sucht ab sofort nie wieder nachgehen (machen Sie sich klar, dass es nur eine Vorstellung ist und keine Tatsache, sonst boykottiert der süchtige Teil die Übung): Also – es gibt kein Bier mehr, keine Zigaretten oder was sonst Gegenstand Ihrer Sucht ist. Was macht das mit Ihnen? Mit Ihrem Körper? Wie würden Sie sich fühlen, wenn Sie nie wieder Ihrer Sucht frönen dürften?

Bei mir selbst war das Unaushaltbare, das hinter dem Zigarettenrauchen steckte, ein »unstillbarer Hunger« (als ich noch ein Säugling war, habe ich meine Mutter verloren). Das Unaushaltbare daran war nicht der Hunger an sich, sondern die Idee »unstillbar« beziehungsweise »für immer hungrig« (da ja die Mutter für immer gegangen war). Ich musste dieses Gefühl in seine Bestandteile zerlegen und jedes für sich fühlen: den tiefen emotionalen Hunger nach einer Nahrung, die zugleich körperlich und seelisch ist (Liebe und Muttermilch), und das Gefühl, das von dem Gedanken »für immer« erzeugt wurde.

Nachdem ich diese Gefühle ausführlich gewürdigt hatte, ging es darum, sie in der konkreten Situation bewusst wahrzunehmen. Vor allem am Abend, nach vollbrachtem Tagwerk, gönne ich mir gern eine Zigarette – die Sucht nach dieser einen Zigarette war schwer loszuwerden. Bis ich auf die Idee kam, anstatt zur Zigarette zu greifen, erst einmal das Gefühl, »ungestillt« zu sein, wahrzunehmen. Da entdeckte ich den Zusammenhang. Der Tag war zu Ende, die Arbeit getan, aber etwas in mir war ungestillt geblieben. Ich musste es gar nicht stillen – ich musste nur »ungestillt« bewusst als Gefühl wahrnehmen (anstatt es für eine Tatsache zu halten), dann brauchte ich gar nicht mehr zwingend zu rauchen.

Folgende weitere Beispiele aus Erfahrungen mit der körperzentrierten Herzensarbeit wurden mir von anderen mitgeteilt: Eine Freundin entdeckte, dass sie zu viel aß, weil sie das Gefühl, keine Zuwendung zu bekommen, nicht aushalten konnte. Als Kind hatte sie statt Zuwendung immer etwas zu essen bekommen. Was sie nicht aushalten konnte, war das Gefühl, ›dass niemand da war‹ – im Stich gelassen beziehungsweise allein zu sein.

Ein Freund entdeckte, dass er zu viel aß, um sich von einer unangenehmen Situation abzulenken. In seiner Kindheit nahm die große Familie die Mahlzeiten gemeinsam ein, und oft war die Aufmerksamkeit aller anlässlich irgendeines peinlichen Vorfalls auf ihn gerichtet. Um dem schrecklichen Gefühl zu entrinnen, das dies in ihm auslöste, versenkte er sich ins Essen. Hier musste das Gefühl von Scham, das er durch Essen verdrängt hatte, aufgespürt und bewusst als Gefühl wahrgenommen werden, sowie der Wunsch, von diesem Gefühl befreit zu werden.

Ein anderer Mann entdeckte, dass er sich deshalb gern betrank, weil er »das Bewusstsein verlieren« wollte. Das Gefühl, das er nicht aushielt, war Ärger und der Schmerz unter dem Ärger. Hier musste die Sehnsucht, das Bewusstsein zu verlieren, bewusst wahrgenommen werden (anstatt, unbewusst von ihr gesteuert, zur Flasche zu greifen); ferner die Angst vor dem Schmerz, der Ärger und der Schmerz selbst.

Eine Frau war süchtig nach Fernsehen und Romanen. Sie wusste, dass sie beides benutzte, um der Realität zu entrinnen, aber sie verstand nicht, warum sie das tat. Schließlich war ihr Leben alles andere als unangenehm. Aber als sie sich intensiver auf ihre Gefühle konzentrierte, merkte sie, dass Lesen und Fernsehen ihr Ersatz für Schutz und Geborgenheit waren, die sie in ihrer Kindheit nicht erfahren hatte. Ihr fehlte die Erfahrung, geschützt und geborgen an Erfahrungen anderer (der Eltern) teilhaben zu dürfen, ohne selbst aktiv sein zu müssen. Das ist es, was sie sich verschaffte, indem sie von ihrem sicheren Platz auf dem Sofa aus das – fiktive – Schicksal anderer in Film oder Lektüre miterlebte. Die Gefühle, die hierbei gewürdigt werden mussten, waren die Sehnsucht nach Schutz und Geborgenheit, das Gefühl, nicht geschützt und geborgen, sondern ausgeliefert zu sein, sowie die Angst davor.

Bei diesen Menschen verschwand übrigens nach dem Gewahrwerden und bewussten Wahrnehmen der betreffenden Gefühle die Sucht ganz oder ging doch deutlich zurück – was heißt, dass sie keine kompletten Rückfälle hatten, nur noch gelegentliche Anwandlungen, die aber bewusster erlebt wurden, immer seltener vorkamen und wesentlich geringfügigere Folgen hatten als früher. Alle aufgeführten Fälle begegneten mir erst innerhalb der letzten zwei bis fünf Jahre, sodass ich noch keine Gelegenheit hatte, den Langzeiteffekt zu beobachten. Aber ich kenne ihn von mir selbst und weiß, dass man Befreiung erreichen kann, wenn man sich dies wünscht und konsequent bei der bewussten Wahrnehmung seiner Gefühle bleibt.

Was ist es, das Sie nicht aushalten? Verzögern Sie einfach Ihre Suchthandlung um einige Augenblicke, und Sie haben die Chance, mit dem »Unaushaltbaren« in Kontakt zu kommen. Nehmen Sie dieses »Nicht-aushalten-Können« zuerst bewusst als Gedanken wahr, anstatt es für eine Tatsache zu halten, und schauen Sie sich das Gefühl an, das dieser Gedanke erzeugt, bevor Sie weitergehen und sich dem zuwenden, was Sie nicht aushalten zu können meinen. Es kann Ärger sein, Trauer, Wut, es kann aber auch Nähe sein, ein »Dableiben-Müssen« – das ist individuell verschieden. Forschen Sie so lange, bis Sie auf den Schmerz stoßen, den Sie nicht aushalten können und weswegen Sie zur Flasche oder was auch immer greifen. Und erbarmen Sie sich seiner, indem Sie ihn fühlen. Wenn Sie die Angst vor ihm ins Herz geholt und sich klar gemacht haben, dass es keine Realität ist, sondern nur ein Gefühl aus der Vergangenheit, dürfte das nun möglich sein. Dennoch ist es ein großer Schmerz, und im ersten Augenblick ist es nicht leicht, sich ihm zu öffnen. Aber es geht. Und es befreit.

Sucht ist keine Kleinigkeit. Sie ist eine Macht, der wir ausgeliefert sind. Wir mögen sie zeitweilig im Griff haben, aber zu anderen Zeiten hat sie uns wieder im Griff. Wie bei allen anderen Problemen auch ist der Wunsch nach Aufwachen der wichtigste Schlüssel zur Befreiung. Nicht so sehr der Wunsch, von der Sucht befreit zu werden, als vielmehr der Wunsch, aus dem Irrtum aufzuwachen, auf dem die Sucht basiert, setzt das Aufwachen in Gang. Ich habe die Erfahrung gemacht, dass man – ähnlich wie von den Anonymen Alkoholikern postuliert – an irgendeinem Punkt kapitulieren und erkennen muss, dass man tatsächlich Hilfe braucht. Dass man in einem Sumpf steckt, aus dem man sich nicht selbst herausziehen kann.

Offenbar haben viele Menschen eine ähnliche Erfahrung gemacht wie ich: In dem Augenblick, da man wirklich kapituliert und erkennt, dass alle eigenen Bemühungen gescheitert sind und dass man tatsächlich dabei ist unterzugehen, wenn keine Hilfe kommt – genau in diesem Augenblick vollzieht sich die Wende: Die rettende Hand taucht auf und zieht uns heraus. Diese Kapitulation verursacht eine tiefe innere Wandlung und führt auch dazu, dass man die trotz der Hilfe von außen immer noch notwendigen eigenen Schritte tatsächlich auch tut.

Eigentlich sollte ich …

Kennen Sie sie auch – diese Sätze, die mit »Eigentlich sollte ich« beginnen? »Eigentlich sollte ich« mehr lesen, mal wieder Sport treiben, mehr Salat essen, täglich eine Stunde spazieren gehen, endlich Spanisch lernen – und so weiter und so fort.

Allein, was ich selbst eigentlich sollte, würde ausreichen, um ein zweites und drittes Leben zu füllen. Glücklicherweise kreide ich mir das wenigstens heute nicht mehr als Schuld an; ich habe eine gewisse Gelassenheit entwickelt, mit der ich sowohl die Dinge als auch mich selbst mehr oder weniger so annehme, wie sie eben sind. Dennoch rumort im Hintergrund gelegentlich eine abgemilderte Version des »Eigentlich sollte ich« herum: »Ich könnte doch mal wieder …« oder »Irgendwann fange ich an …« heißt das dann.

Bei der körperzentrierten Herzensarbeit geht es vor allem darum, mit sich selbst eins zu werden. Das würde also bedeuten – sollte man meinen –, die Ärmel hochzukrempeln und all das zu tun, was man »eigentlich tun sollte«, oder sich endgültig davon zu verabschieden. Aber beides sind Strategien, mit denen man versucht, das Symptom zu bekämpfen, anstatt sich um die Ursache zu kümmern. Der Weg des Herzens jedoch ist immer der Weg der Wahrheit. »Eigentlich sollte ich« ist nicht die Wahrheit. Es ist ein Gedanke, mit dem wir identifiziert sind. Ein anderer Teil unserer selbst wird damit aus unserer Identifikation ausgeschlossen, als »nicht ich« erklärt und verdrängt. Doch er beherrscht uns, wie das immer so ist. Er sorgt dafür, dass wir es eben nicht tun. Aus der Kombination dieser beiden einander widersprechenden Teile entsteht das Wörtchen »eigentlich«.

Dieses »Eigentlich« erzeugt ein Gefühl, unser derzeit oberstes Gefühl. Mit ihm gilt es, eins zu werden. Das ist die Übung. Wie fühlt es sich an zu denken: »Eigentlich sollte ich dies und das – aber ich tue es nicht«? Sie finden das Gefühl, wenn Sie den Zustand Ihres Körpers wahrnehmen, während Sie diesen Satz formulieren, und dabei an all die Dinge denken, die Sie eigentlich tun sollten, aber nicht tun. Wahrscheinlich entdecken Sie mehrere Gefühle: Zwiespalt, Zerrissenheit, Überforderung, Resignation, schlechtes Gewissen, Unzufriedenheit oder andere. Öffnen Sie Ihr Herz für all diese Gefühle.

Nachdem Sie auf diese Weise das Gesamtgefühl kennen gelernt haben, können Sie die beiden widerstreitenden Teile voneinander trennen und sich einzeln um sie kümmern. Fangen Sie mit dem Teil an, mit dem Sie momentan mehr identifiziert sind. Lernen Sie ihn kennen. Lassen Sie ihn reden. Nehmen Sie seine Gefühle wahr. Öffnen Sie Ihr Herz für sie. Und dann wenden Sie sich dem anderen Teil zu. Lernen Sie ihn ebenso kennen, entdecken Sie, wie er sich fühlt, und öffnen Sie diesen Gefühlen Ihr Herz.

Bei jedem »Eigentlich sollte ich« herrscht Krieg zwischen zwei Arten von Sehnsucht. Jeder der beiden Teile sehnt sich nach etwas, doch die beiden Ziele scheinen unvereinbar. Darum geht es letztlich. Wonach sehnt sich der Teil, der »Eigentlich sollte ich« sagt? Was ist die eigentliche Sehnsucht hinter dem, was er zu sollen meint? Was braucht sie von Ihrem Herzen? Und wonach sehnt sich der andere Teil? Hören Sie ihm zu: »Ich habe keine Lust, andauernd etwas zu sollen und zu müssen«, sagt er vielleicht. »Ich habe schon genug zu tun. Ich will nicht in meiner Freizeit auch noch etwas tun müssen.« Oder: »Ich will einfach vor mich hin existieren. Ich will spielen. Ich will träumen oder ruhen.« Sehnsucht nach Ruhe und Frieden? Nach Entspannung? Danach, einfach nur da zu sein? Kind zu sein? Und was braucht diese Sehnsucht von Ihnen? Erlaubnis? Verständnis? Einen Platz nicht nur in Ihrem Herzen, sondern auch in Ihrem Leben?

In Wahrheit geht es um einen Konflikt zwischen der Sehnsucht nach dem einen und der Sehnsucht nach dem anderen Zustand – zwei Zuständen, die unvereinbar zu sein scheinen. Deshalb haben die beiden Parteien sich in Ihrem Innern bekriegt. Wenn Ihr Satz beispielsweise war: »Eigentlich sollte ich Sport treiben«, so steckte dahinter vielleicht die Sehnsucht nach Bewegung oder danach, frisch, kraftvoll und lebendig zu sein, während sich der andere Teil Sehnsucht nach Ruhe, Frieden, Entspannung sehnte.

Wenn man das Ganze auf diese Grundgefühle reduziert, kann man erkennen, dass der Krieg nicht notwendig ist. Eine Katze ist lebendig, beweglich und fit, zugleich aber auch faul und entspannt. Ein Mensch, der einigermaßen natürlich lebt, kann dies ebenfalls sein. Man muss sich einfach beider Bedürfnisse bewusst sein und beiden einen Platz in seinem Herzen geben. Dadurch findet sich ganz von selbst der Weg, auf dem man beiden auch äußerlich gerecht werden kann. Er war ja nur dadurch blockiert, das sie einander im Weg standen.

Perfektionswahn

In uns allen existiert die Sehnsucht nach Vollkommenheit. Sie ist eine natürliche Kraft, die zu unserer Entfaltung und unserem Fortschritt beiträgt.

Allerdings ist die Vollkommenheit, wie wir sie uns vorstellen, nicht immer die wahre Vollkommenheit, sondern eine einseitige Vorstellung davon – besonders, wenn wir vom Perfektionswahn besessen sind. Ein Perfektionist hält vielleicht nur eine bis zum letzten i-Tüpfelchen aufgeräumte oder gestylte Wohnung für vollkommen, während ein anderer Vollkommenheit vielleicht gerade in dem einzigartigen Zusammenspiel von Ordnung und Unordnung einer Behausung sieht. Wenn jemand vom Perfektionswahn in Bezug auf die eigene Erscheinung besessen ist, lässt er sich vielleicht seine an sich gar nicht so krummen Zähne begradigen. Doch die Menschen, die ihn lieben, werden möglicherweise enttäuscht sein, weil sie sein Gesicht so, wie es war, mit der leichten Unordnung der Zähne, bezaubernd und vollkommen fanden. Denn Liebe findet alles vollkommen; deshalb heißt es auch »Liebe macht blind«. Ebenso könnte man aber auch sagen »Liebe macht sehend«, denn sie erkennt die Vollkommenheit im geliebten Wesen.

Wenn Perfektionswahn Ihr Thema ist, schlage ich Ihnen vor, meine These zu überprüfen: nämlich die, dass Ihr zwanghaftes Streben nach Vollkommenheit aus zwei Komponenten besteht und es darüber hinaus einen dritten, entgegengesetzten Teil gibt, den Sie unterdrücken.

1. Die zwei Komponenten des Perfektionswahns:

a) die natürliche Sehnsucht nach Vollkommenheit, die Teil des menschlichen Wesens ist

b) Angst.

2. Der dritte, unterdrückte Teil:

c) der Hang oder die Sehnsucht, sich gehen zu lassen, nach Faulheit, Schlampigkeit, Unordnung, Chaos oder Ähnliches.

Punkt a) habe ich bereits erläutert; ich empfehle Ihnen, diesen Teil als Erstes zu würdigen. Versuchen Sie, mit Ihrer Sehnsucht nach Vollkommenheit (Reinheit? Ordnung? Harmonie? Frieden? Schönheit?) in Kontakt zu treten; fühlen Sie sie. Wo sitzt sie? Im Herzen? Wie fühlt es sich an, sie zuzulassen? Was braucht sie von Ihnen? Anerkennung? Würdigung? Respekt?

Danach können Sie sich der Angst zuwenden, die Sie beherrscht. Am leichtesten entdecken Sie sie, indem Sie sich vorstellen, Sie würden in einem konkreten Bereich Ihres Lebens – demjenigen, in dem der Perfektionswahn normalerweise am stärksten zu Tage tritt – einmal fünfe gerade sein lassen und auf Perfektion verzichten.

Malen Sie sich das aus. Richten Sie Ihre Aufmerksamkeit auf Ihren Körper. Wie fühlen Sie sich? Vielleicht taucht als Erstes ein ganz angenehmes Gefühl auf, zum Beispiel Entspannung. Würdigen Sie es, indem Sie es bewusst fühlen und sich einprägen. Aber beobachten Sie weiter. Vor irgendetwas müssen Sie Angst haben. Was ist das Schlimme, das eintreten könnte, wenn Sie auf Perfektion verzichten? Wie würden Sie sich fühlen, wenn es einträte? Wertlos? Nicht geachtet? Nicht akzeptiert? Nicht geliebt? Schmutzig? Schlecht? Abgelehnt? Als Versager? Können Sie das auch fühlen?

Vielleicht gehören Sie zu den Menschen, die einen Rundum-Perfektionsdrang haben; die unablässig damit beschäftigt sind, ihre Wohnung, ihr Haus, ihren Garten zu verbessern, ihre Gerätschaften oder ihren Arbeitsplatz zu optimieren, ihre Zeitplanung zu vervollkommnen, an ihrem Körper zu arbeiten oder was auch immer. Was würde passieren, wenn Sie damit aufhören würden? Wovor haben Sie Angst? Vor der Leere? Davor, unausgefüllt zu sein? Vor irgendeinem schrecklichen Gefühl, einem inneren Konflikt, den Sie wahrnehmen müssten, wenn Sie einmal keine Beschäftigung hätten? Oder ganz einfach davor, mit der eigenen Unvollkommenheit konfrontiert zu werden, die Sie als Makel oder Wertlosigkeit interpretieren?

Was auch immer es ist – Sie brauchen nichts weiter damit zu tun, als es zu fühlen und Ihr Herz dafür zu öffnen. Nach und nach werden Sie im täglichen Leben die Momente bewusster wahrnehmen, in denen die Angst vor diesem Gefühl Sie wieder in den Perfektionswahn treibt. Wenn Sie sich dann an das betreffende Gefühl erinnern und es einfach nur bewusst wahrnehmen, werden sowohl die Angst als auch die Sucht nach Perfektion nach und nach schwinden. Vielleicht werden Sie sogar eine neue Art von Vollkommenheit entdecken: die Vollkommenheit der Unvollkommenheit.

Nachdem Sie die beiden Komponenten Ihres Perfektionswahns, die Sehnsucht und die Angst, gewürdigt und den Schmerz gefühlt haben, der darunter liegt, können Sie sich dem Teil zuwenden, der vom Perfektionswahn immer unterdrückt und möglicherweise völlig aus Ihrem Bewusstsein verdrängt wurde, den es mit Sicherheit aber auch irgendwo in Ihrem Innern gibt: die Sehnsucht danach loszulassen. Zu entspannen. Es gut sein zu lassen. Unordentlich sein zu dürfen. Oder hässlich. Oder unvollkommen. Es kann auch um den Wunsch nach Chaos gehen oder was immer das unterdrückte Gegenteil bei Ihnen ist. Spüren Sie es auf. Erbarmen Sie sich seiner. Öffnen Sie ihm Ihr Herz.

Damit dürfte das Problem aus Ihrem Leben verschwinden. Das heißt nicht, dass Sie ein grundlegend anderer Mensch werden – sondern dass das Thema kein Problem mehr ist und Perfektionsdrang kein Wahn mehr, der Sie beherrscht und andere Teile unterdrückt.

Blockaden

Wenn man sich blockiert fühlt, wünscht man sich, die Blockade möge aufgehoben sein, der Knoten möge sich lösen, es möge irgendwie weitergehen. Mit diesem Wunsch ist man identifiziert (wäre es nicht so, würde man nicht auf die Idee kommen, es gäbe eine Blockade). Deshalb besteht der erste Schritt zur Lösung in der Entdeckung genau dieses Wunsches. »Aha, da ist der Wunsch, dass es endlich weitergehen möge. Wie fühlt es sich an, wenn ich ihn zulasse? Kann ich die Sehnsucht fühlen? Was braucht sie von mir?«

Nun sind Sie in der Lage, sich das Gefühl der Blockade selbst anzuschauen. Blockiert zu sein ist keine Tatsache, sondern ein mit einem Gefühl verbundener Gedanke. Lösen Sie sich aus der Identifikation mit dem Gedanken und nehmen Sie das Gefühl bewusst wahr (wo sitzt es im Körper? Wie fühlt es sich an? Was braucht es?). Damit sind Sie aus der blockierten Situation befreit. Denn eine Blockade ist keine Tatsache, sondern ein Gedanke, der ein Gefühl erzeugt; Tatsache ist höchstens, dass irgendetwas sich momentan nicht so entwickelt, wie Sie meinen, dass es sich entwickeln soll (hier sollten Sie eventuell auftretende Gefühle von Unzufriedenheit, Ungeduld, Angst, Ärger würdigen). Es ist nur so lange eine Tatsache, wie Sie mit dem Gedanken und dem Gefühl identifiziert sind. Jetzt kann es also weitergehen.

Es sei denn, es gibt einen Teil in Ihnen, der die Blockade festhält, weil er sie braucht oder zu brauchen meint. Stellen Sie sich vor, die Blockade sei gelöst, es ginge weiter. Lassen Sie Ihre Psyche das Szenario entwerfen, ohne sich einzumischen. Gibt es etwas, das Sie befürchten? Etwas, das Ihnen so schlimm vorkommt, dass Sie es vorziehen, in der blockierten Situation zu verharren? Wenn Sie diese Angst und den Schmerz, auf den sie sich bezieht, bewusst als Gefühle wahrnehmen, sind Sie frei. Selbst wenn sich die äußere Situation nicht sofort verändert, werden Sie dies nicht mehr als Blockade interpretieren, sondern offener sein für die jeweilige Realität des Augenblicks.

Selbstsabotage

Wenn Sie sich selbst sabotieren, hat das natürlich immer einen Grund. Es liegt ein innerer Konflikt vor. Wie immer gibt es einen Teil, mit dem Sie bewusst identifiziert sind, und einen anderen, den Sie unterdrücken; und wie immer beherrscht Sie letzterer – und boykottiert das, was »Sie« (das heißt der Teil, mit dem Sie sich identifizieren) sich wünschen oder tun.

Treten Sie einen Schritt zurück. Werden Sie ganz neutral. Seien Sie nicht die Person, die sich über die Selbstsabotage ärgert, auch nicht diejenige, die sabotiert wird oder sabotiert – seien Sie Zuschauer. Seien Sie Bewusstheit. Beobachten Sie Ihre Gedanken: Welcher Teil äußert sich durch sie? Der Teil, der sich sabotiert fühlt? Wie fühlt sich dieser Teil? Können Sie Ihr Herz für diese Gefühle öffnen? Welches ist der Schmerz dieses Teils in Ihnen, und wonach sehnt er sich? Dann wenden Sie sich dem anderen Teil zu – jenem, der sabotiert. Laden Sie ihn ein, sich zu zeigen. Signalisieren Sie Ihre Bereitschaft, ihm Ihr Herz zu öffnen, sonst traut er sich nicht hervor. Befragen Sie ihn. Lassen Sie ihn reden (aber diskutieren Sie nicht mit ihm – hören Sie nur zu). Achten Sie auf Ihren Körper. Wie fühlt es sich an, dieser Teil zu sein? Wie geht es ihm? Was braucht sein Gefühl von Ihrem Herzen? Und welches tiefere Gefühl steckt dahinter? Welcher Schmerz? Welche Sehnsucht?

Lassen Sie mich ein Beispiel anführen: Ich soll ein Manuskript abliefern. Anstatt fleißig zu schreiben, male ich, räume auf, putze, gehe spazieren, mache meine Steuererklärung, um dann schließlich, wenn ich mich dem Buch zuwende, völlig erschöpft zu sein und nicht mehr zu Stande zu bringen als zwei bis drei Seiten (statt zwanzig bis dreißig), die ich obendrein am nächsten Tag neu schreiben muss, weil sie nichts taugen. Ich verstehe mich nicht. Ich *will* doch dieses Buch abliefern. Und außerdem sitzt mir der Abgabetermin im Nacken.

Also muss ich mir das Problem aus der Nähe anschauen. Ich atme, spüre bewusst meinen Körper. Ich öffne den Gefühlen, die sich zeigen, mein Herz. Verzweiflung und einige andere Gefühle kommen zum Vorschein – und dann entdecke ich einen Teil, der das Buch nicht abliefern will. Der überhaupt kein Buch dieser Art abliefern will. »Mein Leben geht in die falsche Richtung!«, jammert er (also muss ich diesen Jammer fühlen). Er ist völlig verzweifelt (ich fühle auch die Verzweiflung). Letztlich finde ich heraus, dass dieser Teil in mir, den ich aufgespürte habe, gegen das Schreiben eigentlich nichts hat, aber denkt, dass mit jedem Bucherfolg, den ich erziele, der Ernst des Lebens mehr über mich bestimmt. Er stellt sich vor, dass ich schließlich überhaupt nichts anderes mehr tun darf als am Schreibtisch sitzen (Qual!), in der Öffentlichkeit stehen (Angst!) und über ernsthafte Sachen reden (schrecklich!).

Die Gefühle, die hier auftauchen, sind die Angst, ausgeliefert zu sein und angefeindet zu werden, die Sehnsucht nach Schutz und Geborgenheit sowie die Sehnsucht, dem Ernst des Lebens zu entrinnen und spielen zu dürfen. All diese Gefühle sollten nicht nur wahr-, sondern auch ernst- und ins Leben mitgenommen werden. Immer wenn ich das tue, erlebe ich mich als souverän (und nicht beherrscht vom »Ernst des Lebens«) und kann für diesen Teil sorgen, anstatt ihn durch den anderen zu unterdrücken.

Diesen anderen Teil habe ich übrigens noch gar nicht erwähnt – den, der gern schreibt. Er liebt es, hilfreiche Erkenntnisse mitzuteilen; er liebt es, zu verstehen, zu formulieren und zu gestalten; er liebt es, pünktlich und zuverlässig zu sein. Und er leidet darunter, dass der erste Teil – das verspielte Kind – ihn verteufelt.

Wenn ich nicht nur der eine oder nur der andere dieser Teile bin, sondern ein offenes Herz für beide habe, arbeiten sie ganz wunderbar zusammen und haben auch noch Spaß dabei.

Entscheidungen

Über die Frage, wie man die richtige Entscheidung trifft und wie man herausfindet, welcher von den vielen Gedanken im Kopf die innere Stimme ist, habe ich in früheren Büchern schon viel geschrieben.[45] Auf einige Aspekte, die im Kontext dieses Buches wichtig sind, sei auch hier noch einmal eingegangen.

Die innere Stimme, die Stimme der Wahrheit, das wahre Gefühl ist immer da. Es liegt auf der Hand. Und gerade weil es das wahre und erste und eigentliche Gefühl und so nahe liegend ist, übersehen wir es leicht und lassen zu, dass es von anderen Stimmen überdeckt wird – vor allem von jenen der Vernunft und der Angst, die meist identisch sind (denn hinter scheinbar rationalen Argumenten steckt in Wirklichkeit oft Angst). Aber Ihr eigentliches, wahres Gefühl zu der betreffenden Angelegenheit ist trotzdem für Sie wahrnehmbar. Sie finden es beispielsweise über Ihren Körper.

Wenn Sie sich entscheiden müssen und nicht weiter wissen, achten Sie auf Ihren Körper, während Sie an eine der Wahlmöglichkeiten denken. Nehmen Sie wahr, wie Ihr Körper reagiert. Achten Sie auch auf die Bilder, die auftauchen. Wenn Sie auf Wohnungssuche sind – um ein Beispiel zu nennen – und nicht wissen, ob Sie die Wohnung, die Sie gerade besichtigt haben, nehmen sollen oder nicht: Denken Sie an die betreffende Wohnung. Beobachten Sie, woran genau Sie denken, wenn Sie sich auf die Wohnung konzentrieren. Es gab zum Beispiel eine Wohnung in meinem Leben, bei der ich, wenn ich aus der Entfernung an sie dachte, immer nur Türen sah, was mich darauf hinwies, dass ich mich durch die Menge und die Position der Türen gestört fühlte. Anhand Ihrer Körperempfindung und der auftauchenden Bilder können Sie mit den Gefühlen in Kontakt kommen, die diese Wohnung in Ihnen weckt. Würdigen Sie diese Gefühle. Öffnen Sie ihnen Ihr Herz.

Auf diese Weise finden Sie Klarheit und stoßen zur Wahrheit Ihres Herzens vor.

Es gibt Fälle, in denen diese Wahrheit so geartet ist, dass sie zu keinem sofortigen Entscheidungsergebnis führt; in denen es darum geht, das Gefühl, keine Lösung zu sehen, bewusst zu erleben. Manchmal kommt es auch vor, dass man die richtige Entscheidung (die, die Ihrer inneren Wahrheit entspricht) zwar genau kennt, aber Angst hat, sich zu ihr zu bekennen. Hier ist es die Angst, die Zuwendung braucht. Wovor haben Sie Angst? Können Sie sie fühlen? Wenn Sie Ihr Herz für diese Angst geöffnet haben, können Sie sich wie immer auch dem Gefühl zuwenden, vor dem Sie Angst haben. Können Sie es ebenfalls fühlen? Wenn Ihnen das gelingt, haben Sie weniger Angst davor. Danach können Sie sich erneut vorstellen, den fraglichen Schritt zu tun. Wie fühlt es sich nun an? Was braucht Ihre Angst noch von Ihnen, damit Sie das tun können, was der Entscheidung Ihres Herzens entspricht?

Wenn es Ihnen trotz allem einmal gar nicht möglich ist, das zu tun, was Ihr Herz begehrt, weil Angst oder Hindernisse zu groß sind, dann hilft Gebet. Damit meine ich: Vertrauen Sie Ihre wahren Gefühle und Ihr Dilemma den höheren Ebenen Ihres Wesens an und überlassen Sie ihnen das Weitere. Wer weiß: Vielleicht schlagen Sie daraufhin den falschen Weg ein, und er führt Sie zum richtigen Ergebnis. Oder ein Wunder geschieht und eine völlig neue Lösung offenbart sich. Oder es erweist sich, dass alles anders ist, als Sie dachten.

Die Geschichte, die wir uns und anderen erzählen

Die meisten Menschen erzählen einander ständig wiederkehrende Geschichten über sich selbst. Mit jeder Wiederholung zementieren sie ihre »Story« ein wenig mehr in ihrem eigenen Bewusstsein und dem ihrer Zuhörer: »Ich bin jemand, der einfach sagt, was er auf dem Herzen hat.« – »Immer, wenn ich weiße Hunde sehe, muss ich an diesen Vorfall denken.« – »Ich bin ein typischer Kaffeetrinker.« – »Als Waage liegt mir viel an Harmonie.« – »Ich liebe ja diese alten Städte so sehr.«

Natürlich bin ich nicht anders. Zwar verzichte ich mit der Zeit immer mehr darauf, ein Selbstbild zu skizzieren, aber manchmal kann ich nicht anders. Das sehe ich immer als Hinweis darauf, dass es unter dieser wie unter Zwang erzählten Story noch ein Thema gibt, das nicht verarbeitet ist. Wenn ich meinem inneren Dialog lausche, dann erzähle ich mir immer noch einige Geschichten über mich selbst, wenn auch längst nicht mehr so viele wie früher. Und vor allem: Sie fallen mir schneller auf, und sobald der Lichtstrahl meines Bewusstseins auf eine solche Story fällt, ist es mit ihrer Gültigkeit vorbei.

Sie glauben gar nicht, wie viele von den Geschichten, die wir uns und anderen erzählen, Lüge sind. Streng genommen alle. Wenn wir nämlich die Wahrheit ausdrücken, können wir nur Momentaussagen treffen, wie »Ich bin traurig«, »Ich freue mich« anstatt »Immer, wenn du das und das machst, geschieht hinterher das und das«. Letzteres ist eine Behauptung, keine Feststellung der Wahrheit. Äußerstenfalls kann man sagen: »Bisher ist jedes Mal, da du dies und das gemacht hast, das und das geschehen« (wobei es sehr wahrscheinlich ist, dass es auch einmal anders war und wir das nur nicht bemerkt haben).

»Du guckst immer so muffig«: »Immer«-Aussagen sind nie wahr. Es gibt nur einen, der Aussagen mit »immer« treffen kann, und das ist Gott. Außer ihm weiß niemand, was »immer« ist, und ich habe den Eindruck, dass er dieses Wort gar nicht in seinem Vokabular hat – außer in Bezug auf die Ewigkeit jenseits von Raum und Zeit (und dort ist es überflüssig, weil sich von selbst versteht, dass alles »immer« ist). Aber im Rahmen unserer Existenz verändert sich doch alles unaufhörlich, wie können wir da von »immer« sprechen? Unser gesamtes Selbstbild ist ebenfalls so ein falsches »Immer«. Und leider auch ein Großteil der Vorstellung, die wir von unseren Mitmenschen, dem Leben und der Welt haben.

Vorschläge, wie Sie aus Ihren »Geschichten« aufwachen und sich der Frische des gegenwärtigen Augenblicks öffnen können:

1. Werden Sie auf die Story aufmerksam: Werden Sie darauf aufmerksam, dass Sie in Gesprächen oder Gedanken gerade dabei sind, ein Selbstbild zu skizzieren (»Ich bin ein typischer...«, »Ich kann einfach nicht...«, »Ich muss einfach...«, »Das tue ich nie«, »Ich bin faul, großzügig und schlampig«), Ihren persönlichen Mythos zu beschreiben (in dem Sie sich immer wieder als großer Liebender, armer Kranker, Männer mordender Vamp, unschuldiges Opfer, weltgewandter Genießer, einfühlsamer Mensch, Held, Heiliger, Rebell oder was auch immer darstellen) oder »Immer«-Aussagen zu treffen.
2. Fragen Sie sich: Wozu brauche ich die Story? Welches Gefühl verschafft sie mir? (Stellen Sie fest, wie es sich anfühlt! Öffnen Sie diesem Gefühl Ihr Herz!) Wovor habe ich Angst? (Fühlen Sie die Angst!) Wie müsste ich mich fühlen, wenn ich auf die Story verzichten würde? (Unwichtig? Unsicher? Oder wie sonst? Lösen Sie sich aus der Identifikation und lassen Sie es zu, dass Sie sich so fühlen – es ist nur ein Gefühl.)
3. Wenn Sie sich das nächste Mal dabei erwischen, wie Sie diese Story erzählen, erzählen Sie munter weiter, aber *fühlen Sie, was Sie dabei fühlen.* So werden Sie nach und nach frei von dem Zwang, Ihre Story immer wieder zu bekräftigen, und können sich neuen und andersartigen Erfahrungen öffnen.

Der Kampf gegen sich selbst

Viele von uns kämpfen ihr ganzes Leben lang gegen ihre Natur oder gegen ihren Charakter an. Das erinnert mich an die Ente, die ein Schwan sein will. Sie verleugnet ihr Ententum und vergeudet ihr Entenleben, das sie friedlich und in Freuden genießen könnte, und macht sich das Leben zur Hölle, weil sie kein Schwan ist.

Nun, die Lösung besteht nicht darin, zu sagen: »Wie wunderbar, dass ich eine Ente bin und kein Schwan« und sich damit zu belügen. Es geht vielmehr wie immer darum, aus der Identifikation aufzuwachen. Erst einmal aus der Identifikation mit den Gefühlen: Die Ente müsste in sich gehen und fühlen, was es mit ihr macht, kein Schwan zu sein. Wie fühlt sie sich dabei? Hässlich? Minderwertig? Traurig? Sehnsüchtig? Diese Gefühle muss sie würdigen. Indem sie ihrer Sehnsucht und ihrem Schmerz ihr Herz öffnet, stößt sie zu der Schönheit durch, die in ihr ist. Ob Ente oder Schwan – in uns allen wohnt dieselbe Schönheit.

Außerdem könnte sie sich noch von der Identifikation mit der Idee, eine Ente zu sein, lösen. Anstatt zu denken »Ich bin eine Ente«, muss sie sich als jemand entdecken, der dabei ist, zu erleben, wie es ist, eine Ente zu sein. Das ist allerdings kein Trick, um sich die traurigen Gefühle zu ersparen. Aber es verhilft unserer Ente dazu, diese Gefühle interessiert zu erleben, anstatt nur unter ihnen zu leiden.

Was wird Gott die Ente fragen, die ihr Leben lang versucht hat, ein Schwan zu sein, wenn sie in den Himmel kommt? »Warum hast du dich nicht mehr angestrengt, ein Schwan zu sein?« Oder: »Warum bist du nicht das gewesen, als was ich dich erschaffen habe? Was hat es dir so schwer gemacht, dein Ententum zu leben?« Spätestens an dieser Stelle wird unsere Ente in Tränen ausbrechen und ausrufen: »Ich wollte so gern etwas Schönes und Besonderes sein!« Das sind ihre wahren Gefühle.

Das Streben nach Vollkommenheit ist Bestandteil unserer Natur, wie ich schon gesagt habe. Aber jeder hat seine eigene Vollkommenheit. In *Liebe ist mehr als ein Gefühl* heißt es:

> **Sei du selbst! Je mehr ihr eurer eigenen Natur folgt, desto natürlicher, besser, schöner, höher und schneller werdet ihr euch entwickeln. Es gibt kein anderes Gesetz. Und könntet ihr euch ein schöneres ausdenken?**
> **Sei du selbst! In diesem Grundgesetz ist das ganze Wunder der Schöpfung enthalten. Jedes Wesen trägt in sich den Keim zu seiner vollkommenen Entfaltung, ebenso wie ein Samenkorn die vollkommene Entfaltung der Pflanze beinhaltet. Diese Entfaltung kann behindert, verzögert, verzerrt, verbogen werden, aber niemals verhindert. Sie wird sich immer ihren Weg bahnen. Und der beste Weg für jedes Wesen ist der natürliche: Sei du selbst! Hört also auf, euch zu schulmeistern, euch zu maßregeln, euch Vorschriften zu machen, zu bestrafen und Angst vor euch selbst zu haben.**
> **Folgt eurer Natur und traut ihr. Sie *ist* vollkommen.**[46]

Schön, nicht wahr? Aber wie macht man das? Ich meine, sind wir nicht alle viel zu sehr konditioniert, programmiert, verbogen und so voller Angst, dass es uns völlig unmöglich ist, einfach wir selbst zu sein?

Wenn ich mit jemandem ein einstündiges Telefongespräch führe, das ich am liebsten nach fünf Minuten unterbrochen hätte, um zu sagen: »Dieses Gespräch langweilt mich zu Tode, ich möchte es beenden«, bin ich dann ich selbst? Nein, werden Sie vermutlich sagen. Und ich habe es bisher auch immer gesagt. Und mich gegrämt, weil ich nicht »ich selbst« war. Mein ganzes Leben lang habe ich darunter gelitten, nicht »ich selbst« zu sein. Ich habe mich dafür gescholten. Ich habe mich dafür schuldig gefühlt. Wie ein Lügner. Wie jemand, der dem Universum oder zumindest seinen Mitmenschen etwas schuldig geblieben ist: nämlich sich selbst. Seine Wahrheit.

Ich habe nicht gemerkt, dass ich mich auf exakt dieselbe Weise, wie es das Zitat erwähnt, geschulmeistert, gemaßregelt, mir Vorschriften gemacht und mich bestraft habe! Ich habe die ganze Zeit jemand anders sein wollen als ich, so wie die Ente von sich verlangte, ein Schwan zu sein! Ich war eben nicht die mutige, unerschrockene Person, die ich gern gewesen wäre, spontan, schlagfertig, authentisch und ehrlich – ich hatte viel zu große Angst, um ehrlich zu sein, war viel zu gehemmt, um spontan zu sein, und viel zu geistesabwesend, um schlagfertig zu sein. So war ich eben zu jener Zeit.

»Ich selbst sein« hätte geheißen, genauso zu sein, wie ich war, anstatt einen sinnlosen Kampf dagegen zu führen. Es hätte bedeutet, mein Herz zu öffnen für meine Angst, meine Gehemmtheit, meine Verträumtheit, für meine Schuldgefühle und für die Art, wie ich unter mir selbst und anderen litt. Mich anzunehmen, so wie ich war. Aber das konnte ich nicht, solange ich mit der Ablehnung meiner selbst identifiziert war. Ich musste erst den Trick mit der Des-Identifikation herausbekommen: entdecken, dass ich mich ablehnte, und mein Herz für diese Ablehnung und die Gefühle, die dahinter steckten, öffnen und ebenso für den Teil, der unter dieser Ablehnung litt. Dann konnte ich anfangen, ohne Kampf und Stress das zu sein, was ich die ganze Zeit schon war: ich selbst.

»Vor dem Ende sprach Rabbi Sussja: ›In der anderen Welt wird man mich nicht fragen: Warum bist du nicht Mose gewesen? Man wird mich fragen: Warum bist du nicht Sussja gewesen?‹ «[47] Es ist schwierig, einfach man selbst zu sein, wenn man mit sich selbst identifiziert ist. Es ist viel leichter, wenn man sich nicht mit der eigenen Person identifiziert, sondern sich als das erlebt, was dabei ist zu erfahren, wie es ist, diese Person zu sein. Ob Sie das nun Bewusstsein nennen oder die Intelligenz des Universums oder das Leben oder Gott selbst – oder es auch gar nicht benennen.

Missverständnisse über das Hier und Jetzt

Ich ging spazieren, an einem wunderschönen Tag auf einem wunderschönen Weg, der sich in sanften Kurven und Steigungen durch Wald und Wiesen schlängelte. Ich war voller Wehmut angesichts dieser Schönheit und dieses Friedens. Ich fragte mich, warum ich nicht hier lebte. Tatsächlich wohnte ich ganz in der Nähe, aber eben nicht hier in diesen Wiesen, sondern inmitten asphaltierter Straßen.

Wie ich da so ging auf diesem wunderschönen Weg an diesem wunderschönen Tag, war ich sehr, sehr unzufrieden. Als ich das merkte, schalt ich mich erst für diese Unzufriedenheit; ich bemängelte, dass meine Aufmerksamkeit nicht im Hier und Jetzt war, auf diesem wunderschönen Weg, sondern bei meinen Gedanken – und dann auch noch bei solchen, die Unzufriedenheit erzeugten. Wo doch hier, gerade jetzt in diesem Augenblick, alles so wunderschön war. Ich lenkte meine Aufmerksamkeit wieder auf Wald und Wiese, auf Bäume und Sonne, Himmel und Weg und grünes Gras, aber es zog sie immer wieder zurück zu meinen unzufriedenen Gedanken. So ging das eine Weile, bis mir klar wurde, dass ich da einen unsinnigen Kampf kämpfte, weil ich einem Missverständnis unterlag. Das Hier und Jetzt, wurde mir in diesem Augenblick klar, bestand eben nicht nur aus meinem Körper, der durch Wald und Wiese wanderte, sondern auch aus meinen Gedanken und Gefühlen! Um gegenwärtig zu sein, mussten nicht die unzufriedenen Gedanken verschwinden, sondern ich musste Wald und Wiese, Sonnenschein und frische Luft, das Gras unter meinen Füßen, meinen Körper, meinen Atem *und* meine Unzufriedenheit wahrnehmen: *alle* Bestandteile der Realität dieses Augenblicks. Sobald ich das tat, war ich zufrieden.

Das ist ein ganz ähnliches Missverständnis wie jenes, von dem im vorhergehenden Kapitel die Rede war. So wie

»Sei ganz du selbst« nicht bedeutet, so authentisch, ehrlich, spontan und unverstellt zu sein, wie man eben nicht ist, weil man Angst hat, so bedeutet »Sei ganz im Hier und Jetzt« auch nicht, so frei von Gedanken und offen für die reine Sinneswahrnehmung zu sein, wie man eben vielleicht gerade nicht ist. Gegenwärtig zu sein bedeutet nicht nur die Sinneseindrücke wahrzunehmen, sondern das wahrzunehmen, was auch immer die wahrnehmbare Realität des jeweiligen Augenblicks beinhaltet: Sinneseindrücke ebenso wie Emotionen und Gedanken. Nur wenn man von den gedanklich-emotionalen Inhalten seines Bewusstseins hypnotisiert ist, die Sinneseindrücke nicht mehr wahrnimmt und sich nicht fühlt, ist man nicht im Hier und Jetzt.

Stolz und Ruhm, Demut und Bescheidenheit

Bescheidenheit wird als Tugend verehrt; Stolz, so hat man den meisten von uns beigebracht, ist verwerflich. Trotzdem oder gerade deshalb streben viele Menschen in unserer Gesellschaft nach Ruhm (im Fernsehen auftreten, sein Bild in der Zeitung sehen!) und möchten etwas vorzuweisen haben, worauf sie stolz sein können. Andere wiederum verachten die Ruhmsüchtigen und Stolzen und meinen sich darüber erhaben.

Mit den Augen des Herzens betrachtet, sieht die Sache jedoch ganz anders aus. Stolz ist ein Gefühl; wie jedes andere auch hat es seine Funktion und Existenzberechtigung und ist ganz unschuldig. Es ist Ausdruck der Freude, etwas Neues an sich zu entdecken. »Guck mal, Mami, ich kann ein Rad schlagen!« Das Kind freut sich über sein Können; aber es braucht die Bestätigung der Erwachsenen, es will auch glänzen. Glänzen zu wollen ist ein natürliches Bestreben des Menschen. Es kommt aus der Seele, aus unserer Erinnerung an unsere wahre Natur, an den Glanz und das strahlende Licht unserer Seele. Diese Pracht, dieser Glanz trachtet danach, sich in uns zu verwirklichen und aus uns heraus zu leuchten. Hat nicht schon Jesus gesagt, man solle sein Licht nicht unter den Scheffel stellen? Und damit wir erkennen können, dass wir tatsächlich glänzen, brauchen wir das Feedback der Außenwelt, die unser Spiegel ist. Das ist der reine Kern von Eitelkeit und Stolz und Ruhmsucht.

Doch es gibt auch kindliche Emotionen, die dahinter stecken. Sehnsucht wonach? Nach Anerkennung? Achtung? Liebe? Der Wunsch, jemandem (Vater? Mutter?) wichtig zu sein? Und Angst: davor, nicht wahrgenommen, nicht geliebt, nicht wertgeschätzt, nicht anerkannt zu werden und so fort. Wenn wir für diese Gefühle unser Herz öffnen, können wir unser Licht hell leuchten lassen und ganz unschuldig stolz darauf sein.

Für die entgegengesetzten Eigenschaften, nämlich Bescheidenheit und Demut, gilt das Gleiche. Es gibt sie in ihrer reinen Form als Qualitäten, die Menschen mit einem offenen Herzen haben. Sie gehen aus der tiefen Einsicht in die eigene Menschlichkeit (die immer mit Unzulänglichkeit verbunden ist) und dem Respekt vor der Menschlichkeit anderer hervor.

Aber es gibt auch verborgene Emotionen, die dahinter stecken können. Auch hier sind dies wieder eine Sehnsucht und eine Angst. Wenn Sie ein Mensch sind, der sich bescheiden und demütig zeigt, prüfen Sie einmal ehrlich: Was wäre, wenn Sie einmal darauf verzichteten? Was wäre, wenn Sie einmal hervorträten und Ihren wahren Glanz, Ihre Besonderheit manifestierten? Wie würden Sie sich fühlen? Schlecht? Schuldig? Angeklagt? Verurteilt? Abgelehnt? Davor haben Sie Angst. Diese Angst möchte gefühlt und verstanden werden. Und der Schmerz ebenso. Auf diese Weise finden Sie zu wahrer Bescheidenheit und Demut, die manchmal auch von Ihnen verlangen kann, aus dem Hintergrund hervorzutreten und Ihre Qualitäten glanz- oder machtvoll zu manifestieren.

Demut bedeutet nicht nur, seine Kleinheit zu akzeptieren, sondern auch seine Größe. Demut ist mit Ehrfurcht verwandt. Als Gefühl ergreift sie uns, wenn unser Herz überwältigt ist von der Schönheit oder der Größe der Handlung eines anderen Menschen oder Gottes oder der Liebe. Sie hat nichts damit zu tun, sich klein zu machen, damit andere Menschen sich nicht erniedrigt fühlen. Letzteres ist eine falsche Demutshaltung, die auf Angst zurückgeht. Wovor haben Sie Angst? Was ist für Sie schlimm, wenn andere sich durch Ihre Größe erniedrigt fühlen? Wie fühlen *Sie* sich dann? Das ist Ihr wahres Gefühl, nicht die Demut. Wahre Demut taucht auf, wenn Sie diesem Gefühl Ihr Herz öffnen.

Politische Ansichten, Meinungen, objektive Realität

Wir neigen dazu, aus einem Gefühl einen verallgemeinernden Gedanken und aus diesem Gedanken eine Behauptung über die Realität zu machen. Wenn wir beispielsweise in eine neue Gruppe von Menschen kommen, die uns unbekannt sind, und uns dort nicht wohl fühlen, fällen wir ein Urteil über die Gruppe. Dann suchen wir nach Menschen, die unser Urteil bestätigen, worauf wir es für eine objektive Aussage über die Realität halten. Wenn wir stattdessen die Art, wie wir uns fühlen, während wir uns nicht wohl fühlen – zum Beispiel verstört, unbehaglich, unwillkommen oder was auch immer –, bewusst wahrnehmen und unser Herz dafür öffnen würden, wäre unser Herz auch offen für die Menschen jener Gruppe. Vielleicht würden wir sie nicht mögen, aber wir wären in der Lage, sie so zu respektieren, wie sie sind, und würden sie nicht mehr beurteilen.

Hinter all unseren Urteilen über andere Menschen und die Realität als solche steckt unser persönliches Gefühl. Wir betrachten die Wirklichkeit durch den Filter unserer Gefühle und Überzeugungen. Wir können gar nicht anders. Niemand hat Recht, was die Realität »da draußen« betrifft. Letztlich gibt es keine objektive Realität, nur eine subjektive. Selbst die Naturwissenschaftler sind schon längst darauf gekommen, dass der Experimentierende stets auch Teil des Experiments ist und dessen Ergebnis beeinflusst.

Betrachten Sie einmal die politischen Überzeugungen der Menschen, die Sie kennen – und Ihre eigene natürlich. Es gibt Menschen, die sich in dieser Welt hauptsächlich über Ungerechtigkeit aufregen. Einige von ihnen gehen auf die Barrikaden oder engagieren sich tatkräftig, um die Gerechtigkeit zu fördern und Ungerechtigkeit abzuschaffen oder zu bestrafen. Aus Sicht der körperzentrierten Herzensarbeit müssten sie sich aus der Identifikation mit ihrer Empörung lösen und diese stattdessen bewusst als Gefühl wahrnehmen, um ihr ihr Herz zu öffnen; ebenso wie ihrem Schmerz – dem Schmerz der Ungerechtigkeit, den man nicht akzeptieren kann, solange man mit ihm identifiziert ist – und ihrer Sehnsucht nach Gerechtigkeit. Dann würden sie erstens die Dinge klarer – weil nicht mit einem bestimmten Gefühl identifiziert – wahrnehmen und könnten zweitens viel effektivere Arbeit leisten.

Manche von ihnen schimpfen nur und suchen sich Verbündete, mit denen sie gemeinsam schimpfen können. Sie müssten zusätzlich das Gefühl der Ohnmacht, das sie haben, bewusst wahrnehmen, anstatt mit dem Gedanken identifiziert zu sein, doch nichts tun zu können – sowie die tieferen Gefühle, die hinter der Tatsache stecken, dass sie sich nicht für das engagieren, das ihnen am Herzen liegt (Resignation? Bitterkeit? Angst wovor? Schmerz?).

Anderen wieder stößt in dieser Welt nicht so sehr Ungerechtigkeit auf als vielmehr Betrug, Korruption, Manipulation. Sie werden sich über bestechliche Politiker aufregen und überhaupt überall Betrug wittern. Diese Menschen leiden an der »seelischen Wunde« des Verrats und verdrängen den Schmerz dieser Wunde. Wieder andere ertragen es nicht, wenn Menschen auf Grund ihrer Hautfarbe, ihres Geschlechts, ihrer Religion oder welches Merkmals auch immer verachtet, erniedrigt und herabgesetzt werden. Sie können es deshalb nicht ertragen, weil sie ihren eigenen Schmerz der Demütigung, den sie zusammen mit dem Schmerz der Ungerechtigkeit in sich tragen, noch nie gefühlt haben. Sie müssten die Angst davor würdigen und den Schmerz selbst. Wieder andere leiden vor allem darunter, dass Menschen in dieser Welt hungern und Mangel leiden, weil sie ihren eigenen Mangel und Hunger nicht fühlen möchten. Und so fort.

Ähnlich geht es uns auch im Kleinen. Wir werden nicht gern mit Alter und Hinfälligkeit konfrontiert, wenn wir selbst Angst davor haben, uns alt und hinfällig fühlen zu müssen, und noch nie gewagt haben zu erforschen, wie sich das anfühlen würde. Mit Krankheit und Hässlichkeit ist es dasselbe. Wir nehmen also nicht *die* Welt wahr, sondern jeder nimmt seine Version der Welt wahr.

Jedes politische oder soziale Engagement wird aus zwei Quellen gespeist. Die eine ist das Unterbewusstsein – eben jene verdrängten Emotionen und Überzeugungen, von denen soeben die Rede war –, die andere ist ein höherer Wesensanteil: jener Teil unserer selbst, dem unsere grundsätzlichen Bestrebungen, Ziele und Ideale innewohnen. Die beiden Quellen unseres Engagements lassen sich demnach in ein höheres und in ein niederes Motiv kategorisieren. Viele spirituelle Menschen sind sich dessen bewusst und versuchen, ihre niederen Motive auszumerzen oder zu unterdrücken. Meiner Erfahrung nach funktioniert das nicht – diese Motive werden so nur verdrängt und wirken aus dem Untergrund heraus.

Tatsächlich arbeiten nämlich die beiden Motive zusammen: Ein Mensch mag beispielsweise von der grundsätzlichen Absicht beseelt sein, der sozialen Gerechtigkeit oder der Nächstenliebe zu dienen. Zugleich kann er durch seine unbewusste Abwehr gegen den Schmerz der Ungerechtigkeit, den er selbst erlitten hat, oder gegen die Lieblosigkeit, deren Opfer er geworden ist, motiviert sein, sich entsprechend zu engagieren. Wenn man jedoch seine persönlichen Motive klar erkennt und sein Herz für die zu Grunde liegenden Gefühle öffnet, befreit man seine Sicht der Realität vom Filter der eigenen unbewussten inneren Abwehrkämpfe und negativen Glaubenssätze und sieht wesentlich klarer, was zu tun ist – und zwar nun nicht mehr mit dem Kopf und aus der Erbitterung seiner persönlichen Emotion heraus, sondern mit dem Herzen. Auf diese Weise kann man wesentlich effektiver arbeiten, als wenn die Sicht durch die persönliche Geschichte verzerrt ist, ohne dass man dies bemerkt.

Je mehr man sich seiner wahren Gefühle bewusst wird und sein Herz öffnet, desto weniger ist man auf Meinungen und Urteile fixiert. Ebenso, wie das Herz seine Fühlkapazität erweitert, erweitert unser Bewusstsein seine Fähigkeit, Elemente der Realität wahrzunehmen, die vorher nicht ins Bild gepasst haben. Ein lebendiger Mensch ändert seine Auffassung immer wieder. Wenn wir an einer Meinung unverrückbar festhalten, ist das ein Zeichen dafür, dass dort ein blinder Fleck in unserer Wahrnehmung ist. Wovor haben Sie Angst, wenn Sie sich gegen andere Meinungen sperren? Was tut Ihnen so weh, dass Sie sich gegen andere Auffassungen abschotten müssen? Öffnen Sie Ihr Herz dafür.

Teil III: Anmerkungen zu einzelnen Gefühlen

Die folgenden Kommentare zu einzelnen Gefühlen stellen weder einen vollständigen Katalog von Emotionen noch einen lückenlosen und allgemein gültigen Kommentar zu den jeweiligen Gefühlen dar. Der Umgang mit Emotionen, der Grad ihrer Akzeptanz oder Verdrängung sowie die Art und der körperliche Ort ihrer Verdrängung sind von Mensch zu Mensch verschieden. Es gibt jedoch einige Zusammenhänge, die ich häufig beobachtet habe. Einige von ihnen führe ich hier auf. Betrachten Sie diese Ausführungen also bitte nicht als meine »Bibel der Gefühle«, sondern nur als Anregungen für Ihre Selbsterforschung.

Prüfen Sie jeweils sorgfältig, ob sie tatsächlich auf Sie zutreffen; falls nicht, übersetzen Sie sie auf Ihre eigenen inneren Zusammenhänge oder stellen sie, wenn sie für Sie überhaupt nicht relevant sind, zur Seite. Benutzen Sie sie nach Möglichkeit nicht, um andere Menschen zu kategorisieren. Manchmal kann es helfen, einen anderen zu verstehen, wenn man in der Literatur etwas findet, das auf ihn zuzutreffen scheint; aber was wirklich in ihm vorgeht, weiß man erst, wenn man sein Herz öffnet und mit ihm fühlt.

Die nachstehenden Kommentare sind in drei Rubriken aufgeteilt: An erster Stelle geht es um einige Gefühle, die uns als solche vertraut sind, und in der zweiten um Gemütszustände, die man nicht gleich als Gefühle wahrnimmt und leicht übersieht. Diese Aufteilung entspringt nicht der Logik des theoretischen Denkens, sondern vielmehr der Praxis der körperzentrierten Herzensarbeit und ist auch aus dieser heraus zu verstehen. Die dritte und letzte Rubrik widmet sich jenem Gefühl, das uns am allernächsten liegt: Es ist uns meistens so nah, dass wir es völlig übersehen.

Allgemein bekannte Emotionen

Ärger

Er sitzt oft im Magen, in der Speiseröhre, der Stirn, kann aber auch im ganzen Körper (oder an anderen Stellen) verbreitet sein. Fühlen Sie den Ärger bewusst, statt weiter mit den ärgerlichen Gedanken identifiziert zu bleiben, und stellen Sie fest, was er vom Herzen braucht. Fragen Sie sich dann: »Was ist es, das ich nicht aushalten kann? Welches Gefühl stört mich so sehr, dass ich mit Ärger reagiere? Was tut mir so weh, dass ich den Schmerz mit Ärger abzuwehren versuche? Was wäre, wenn ich den Ärger wegließe? Wenn ich die Situation auf mich wirken ließe, ohne mich zu ärgern?« So gelangt man zu dem Gefühl, das unter dem Ärger sitzt.

Wut, Zorn

Zorn ist das ursprüngliche Gefühl, mit dem man auf einen Schmerz reagiert, den man nicht (er)dulden möchte. Er ist eine gesunde emotionale Reaktion, die anzeigt, dass eine Grenze verletzt wurde. Allerdings bezieht sich unser Zorn oft gar nicht auf die gegenwärtige Handlung und den Menschen, der sie begangen hat, sondern auf die Vergangenheit.

Wut ist bereits ein gemischtes Gefühl: Wenn viele Teile Zorn sich mit einem Teil Ohnmacht vermischen, wird Wut daraus. Wut sitzt in allen Muskeln, die man mobilisieren würde, um aggressiv zu reagieren: in den Armen (zuschlagen), Händen (Fäuste ballen), Fingern (kratzen), Beinen (treten, aufstampfen), dem Kiefer (zermahlen), aber auch in den Zähnen (beißen, fauchen), dem Bauch (wobei hier oft auch eine weitere Degeneration der Wut, der Groll, zu finden ist) und vermutlich immer in der Leber (jedenfalls wenn man viel angestaute Wut oder Zorn in sich trägt).

Manchmal ist die Wut auch ganz tief in den Knochen vergraben.

Lösen Sie sich aus der Identifikation, fühlen Sie die Wut, stellen Sie fest, was sie vom Herzen braucht, und zerlegen Sie sie dann in ihre Bestandteile. Würdigen Sie die Ohnmacht und den Zorn. Fragen Sie sich: »Was wäre, wenn ich die Wut/den Zorn wegließe? Wenn ich die Handlung oder Situation hinnehmen müsste, ohne mich zu wehren?« Diese Vorstellung kann einem helfen, den Schmerz zu entdecken, der darunter sitzt. Hat man diesem sein Herz geöffnet, so ist möglicherweise die innere und äußere Situation auf Anhieb verwandelt; manchmal jedoch ist es nötig, zur Wut zurückzukehren und ihr im Leben – in den entsprechenden Situationen – erst einmal ganz bewusst Raum zu geben (das ist bei jenen Menschen wichtig, die gewohnt sind, ihre Wut zu unterdrücken).

Damit meine ich nicht, dass sie auf verletzende Art ausgedrückt werden sollte (das tut man nur, wenn man sein Herz der Wut nicht geöffnet hat). Lassen Sie sie vielmehr in sich leben! Fühlen Sie sie. Verleihen Sie ihr, wenn nötig, Ausdruck, indem Sie Ihr Herz öffnen und dem anderen zeigen, dass Sie wütend sind, ohne ihn zu schmähen, zu kränken oder tätlich anzugreifen. Das wichtige Gefühl aber ist das, worüber man wütend ist: der Schmerz.

Trauer, Traurigkeit

Beide werden oft mit dem eigentlichen Schmerz verwechselt, maskieren diesen jedoch. Trauer oder Traurigkeit ist wie ein gnädiger Schleier, den man über den Schmerz gebreitet hat, um ihn nicht fühlen zu müssen. Solange ich trauere, habe ich den Schmerz nicht gefühlt oder jedenfalls nicht akzeptiert. Wie alles andere auch macht das Sinn; solange wir trauern, sind wir noch nicht in der Lage, den Schmerz zu verarbeiten. Erst einmal können wir, anstatt einfach traurig zu sein, die Traurigkeit fühlen und ihr unser Herz öffnen. Und es dabei bewenden lassen, bis wir spüren, dass wir bereit sind, auch den Schmerz anzuschauen, der darunter sitzt.

Fragen Sie sich: »Worüber bin ich so traurig? Was tut mir so weh, dass ich es nicht akzeptieren mag?« Genau dort sitzt der Schmerz. Können Sie diesen bewusst zulassen, ohne in der Identifikation mit ihm zu verschwinden, so sind Sie von der Herrschaft der Trauer befreit, und Ihr Herz ist offen. Natürlich löst sich der Schmerz deshalb nicht in Wohlgefallen auf oder verwandelt sich in eitel Freud und Sonnenschein. Jedenfalls nicht so schnell. Aber er entlässt Sie aus seinem Bann, sodass Sie sich von dem schmerzhaften Geschehen lösen können. Sie werden ihn dafür würdigen, dass er eine Lücke in die Mauer gerissen hat, die Ihr Herz umgab und von Liebe und Mitgefühl trennte.

Wie bei jedem Schmerz sitzt auch hier zuunterst eine Sehnsucht, die Sie ebenfalls aufspüren und in Ihr Herz holen können.

Angst

Die Angst ist vielleicht das Gefühl, das am meisten übersehen wird und uns am meisten beherrscht. Angst ist der Grund für jegliche Verdrängung. Wir alle sind angefüllt mit verdrängten Gefühlen; ja, wir verdrängen die meisten unserer Gefühle – nicht nur negative übrigens, sondern auch positive. Denn wir haben Angst, sie nicht zu ertragen.

Es gibt zwei Hauptarten, Angst (und Gefühle überhaupt) zu verdrängen: Die eine ist, sie zu ignorieren (»Ich? Ich habe doch keine Angst! Ist doch lächerlich!«), die andere ist, sich stark und lauthals mit ihr zu identifizieren. »Das kann ich nicht! Ich habe Angst!« In unserer Gesellschaft beobachtet man die erste vor allem bei Männern, die andere bei Frauen.

Wenn ich bewusst stark mit Angst identifiziert bin, beherrscht mich die Angst und macht mich unfähig, frei zu handeln. Aber immerhin weiß ich, dass ich Angst habe, und habe die Chance, einen Weg zu finden, mit ihr umzugehen. Wenn ich die Angst einfach ignoriere, beherrscht sie mich ebenfalls, aber auf eine heimtückischere Art, die sowohl für mich selbst als auch für die Menschen, mit denen ich zu tun habe, schwerer zu durchschauen ist. Ein Beispiel: Ein Mann hat Angst, dass seine Frau sich in einen bestimmten anderen Mann verliebt, aber anstatt seine Angst zu bemerken, verdrängt er sie, indem er einen Grund findet, auf den (vermeintlichen?) Rivalen wütend zu sein und ihn vor seiner Frau herabzusetzen oder aus ihrem Gesichtskreis zu entfernen. Oder: Ich habe Angst, durch einen Umzug in eine andere Stadt meinen Freundeskreis zu verlieren, aber anstatt diese Angst zu bemerken, entdecke ich plötzlich lauter gute Gründe, die gegen den Umzug sprechen und die alle sehr vernünftig sind. Wenn jemand mich darauf aufmerksam macht, dass das möglicherweise nur Scheingründe sind und ich in Wirklichkeit nur Angst habe, werde ich wütend.

Ist die Angst so gut versteckt wie in diesen Beispielen, so muss der Betreffende schon Einiges tun, um sie überhaupt zu entdecken. Entweder muss seine spirituelle Motivation stark sein, sein grundsätzlicher Wunsch, bewusst zu werden oder aufzuwachen oder sein Herz zu öffnen, oder er wird von anderen, möglicherweise von seinem Lebenspartner, so sehr unter Druck gesetzt, dass ihm nichts anderes übrig bleibt, als genau hinzuschauen (sofern er ihn nicht verlieren will). Oder aber die Angst macht sich so stark im Körper bemerkbar, dass er nicht umhin kann, sie zu entdecken. Wobei die manchmal subtile chronische Anspannung, die eine ständig vorhandene, unterdrückte Angst im Körper bewirkt, nicht immer leicht als Angst zu erkennen ist.

Wenn Sie im Zuge Ihrer Übung einmal auf eine solche Anspannung in Ihrem Körper – im Solarplexus, in der

Kehle, eventuell im Nacken, in den Schultern, Armen oder anderen Körperteilen – stoßen und es Ihnen schwer fällt zu erkennen, welche Emotion darin steckt, ziehen Sie in Betracht, dass es Angst sein könnte. Denken Sie an Ihre Lebenssituation oder an das Problem, das Sie sich gerade anschauen, und fragen Sie sich, ob Sie vielleicht Angst haben und wovor Sie sich fürchten. Prüfen Sie dann, ob die im Körper entdeckte Anspannung die Anspannung der Angst sein könnte. Wenn es nicht klar ist, hilft ein Trick: Denken Sie an die problematische Situation, um die es geht, spüren Sie die Anspannung im Körper und fragen Sie sich dann, was geschehen würde, wenn Sie die Anspannung losließen.

Lassen Sie sie tatsächlich körperlich los und schauen Sie der Situation ins Gesicht, ohne sich anzuspannen. Was geschieht dann in Ihrer Vorstellung? Vielleicht taucht erst einmal ein angenehmes Gefühl auf; es ist ganz sicher angenehmer, entspannt in eine Situation hineinzugehen als angespannt. Würdigen Sie dieses Gefühl bewusst. Prägen Sie es sich ein. Und dann arbeiten Sie weiter mit Ihrer Vorstellung, bis das auftaucht, wovor Sie Angst haben.

Eine grundsätzliche Hilfe, sich seiner Angst (und anderer Gefühle) bewusst zu werden, ist – neben der körperzentrierten Herzensarbeit, um die es hier geht – eine ständige Motivprüfung. Gewöhnen Sie sich an zu hinterfragen, was Sie tun. »Warum tue ich das? Warum sage ich das? Was bezwecke ich in Wirklichkeit?« Nicht, um sich zu ver- oder überhaupt zu beurteilen, sondern um sich Ihrer Gefühle bewusst zu werden, damit Sie ihnen Ihr Herz öffnen können!

Körperlich ist Angst immer eine Anspannung, die aber statischer ist als die dynamische Spannung der Wut. Angst verschließt und blockiert. Angst versucht zu verhindern, dass der Schmerz einen treffen kann, während Wut versucht, den Schmerz zu entfernen. Beides funktioniert nicht wirklich, weil der Schmerz schon im Innern sitzt;

aber es kann vorübergehend davor schützen, mit dem Schmerz bewusst konfrontiert zu sein – so lange nämlich, wie man dieser Konfrontation nicht gewachsen ist. Angst kann im ganzen Körper sitzen, zum Beispiel an der Peripherie, an der Vorderseite, im Solarplexus, in den Lippen, der Kehle (!), den Armen, dem Gesäß, aber auch in den Knochen und in den Nieren, die ja auch nach der chinesischen Medizin für die Verarbeitung von Angst zuständig sind (so wie die Leber für Zorn).

Lampenfieber, Prüfungsangst

Wenn Sie unter Lampenfieber, Prüfungsangst oder dergleichen leiden, dann steht bei Ihnen eventuell ein Schockgefühl im Vordergrund, noch vor der eigentlichen Angst oder Panik und der Verzweiflung. Wenn in der Situation, auf die es ankommt, all das wunderbare Wissen, über das Sie sonst verfügen, sich auf einmal verflüchtigt hat und Sie einen Blackout haben, dann stehen Sie unter Schock.

Betrachten Sie das Schockgefühl in der Trockenübung. Wie fühlt es sich an? Wo sitzt es? Eine Freundin von mir empfand es als »Eishülle« um ihren Körper. Was braucht es von Ihrem Herzen? Wenn es Ihnen dann, wenn es ernst wird, gelingt, Ihren Schock als Gefühl bewusst wahrzunehmen, anstatt einfach nur unter Schock zu stehen, sind Sie wieder präsent. Zuvor waren Sie das nicht. Ihre Bewusstheit war in dem Schockgefühl verschwunden, und der Rest von Ihnen war nicht anwesend – so auch nicht der Teil, in dem das geforderte Wissen gespeichert war. Nun sind Sie wieder bei sich. Das Schockgefühl ist ein innerer Zustand, den Sie bewusst wahrnehmen, der Sie aber nicht mehr blockiert.

Extreme Angstzustände, Panik, Phobien

Bei extremen Angstzuständen ist meist eine »Angst vor der Angst« im Spiel, die zuerst gewürdigt werden muss. Wenn ich im Flugzeug sitze, es Turbulenzen gibt und die Panik mich befällt, möchte ich sie am liebsten nicht wahrnehmen, denn wenn ich die Panik wahrnehme, muss ich auch das wahrnehmen, wovor ich solche Angst habe – und das will ich nicht, das halte ich nicht aus, davor habe ich viel zu viel Angst.

Also muss ich erst einmal mein Herz dafür öffnen, dass ich Angst vor der Angst habe und sie eben nicht anschauen möchte. Und das bedeutet, sich der Angst vor der Angst zu erbarmen, sie zu fühlen und anzuerkennen, nicht um sie dann gleich auszutricksen, sondern um sich danach bewusst und absichtlich die Erlaubnis zu geben, Angst vor der Angst zu haben und sich das Ganze deshalb nicht anschauen zu wollen.

Als Nächstes kann man dieser Angst eventuell eine Zusicherung geben. Zum Beispiel: »Während ich dich fühle und dich fest in den Armen meines Herzens halte, werde ich jetzt ein Stück auf die (von dir gefürchtete) Angst zugehen, um ihr auch dic Zuwendung zu geben, die sie braucht; aber wenn es zu schlimm wird, kehre ich sofort wieder um.« Oder sonst eine Zusicherung, mit der man sich klar macht, dass man jederzeit wieder auf sicheres Territorium flüchten kann. Wobei das einzige und eigentliche sichere Territorium die Bewusstheit ist (bewusste Wahrnehmung anstelle von Identifikation).

Wenn es sich um Angst in einer körperlich bedrohlichen Situation handelt, bleibt einem eventuell nichts anderes übrig, als Zuflucht zum Gebet zu nehmen. Was die sonderbaren Phobien betrifft, die manche Menschen mit sich herumschleppen und sich nicht erklären können, so kann körperzentrierte Herzensarbeit tatsächlich davon befreien.

Ich hatte zum Beispiel eine fast unerträgliche Höhenangst, mit der ich mich konfrontierte, als mir nichts anderes übrig blieb – durch Freunde, die sich für derlei begeistern konnten, fand ich mich unversehens auf einen zweieinhalbtausend Meter hohen, sturmumtosten Kraterrand verschleppt, dessen schroffe schwarze Wände unter mir ins Bodenlose stürzten. Von Panik erfasst, ließ ich meine Freunde allein auf dem Kraterrand herumspazieren und hockte mich irgendwo hin, wo ich mich festklammern konnte. Dann praktizierte ich körperzentrierte Herzensarbeit: Ich spürte meinen Atem und beobachtete die Panik bewusst und aufmerksam als Körperzustand, bis ich nach und nach aus der Identifikation gelöst war und das Gefühl wahrnehmen und ihm mein Herz öffnen konnte.

Kurze Zeit später – ich hatte den Vorfall bereits vergessen – bemerkte ich plötzlich, dass ich problemlos am Rand eines Abgrunds stehen und hinabschauen konnte. Das wäre mir zuvor vollkommen unmöglich gewesen.

Trauer, Zorn, Angst

Dies sind die drei wichtigsten negativen Emotionen respektive Arten, uns vor Schmerz zu schützen. Alle anderen Gefühle sind, wenn man genau hinschaut, Vorstufen, Steigerungen, Degenerationen, Kombinationen, Spielarten oder Abkömmlinge dieser Hauptgruppen. Es kann helfen, das zu wissen, weil man dann leichter erkennt, ob unter einem Gefühl noch ein anderes steckt oder nicht. Aber das genauer zu katalogisieren wäre »Denksport« und spielt für die Praxis keine Rolle.

Eifersucht

Sie ist ein zusammengesetztes Gefühl und muss zunächst als Gesamtzustand gewürdigt werden (wie fühlt es sich an, eifersüchtige Gedanken zu denken? Was passiert im Körper? Atmen, beobachten und fühlen Sie bewusst). Dann zerlegen Sie sie in ihre Bestandteile. Angst ist einer davon. Wovor habe ich Angst? Konfrontieren Sie sich mit der schrecklichsten Vorstellung (kein Problem für die eifersüchtige Fantasie, nicht wahr?) und nehmen Sie wahr, was sich währenddessen in Ihrem Körper abspielt. Möglicherweise entdecken Sie zuerst Wut oder aggressive Gefühle, denen Sie Ihr Herz öffnen müssen, bevor Sie sich Ihrer Angst zuwenden können.

Schließlich werden Sie auch auf den Schmerz auf dem Grunde des Dramas stoßen – das, wovor Eifersucht, Angst und Wut Sie schützen sollen. Ist es Angst vor Demütigung? Davor, verlassen zu werden? Verrat? Wertlos, ungeliebt zu sein? Darum geht es. Fühlen Sie es bewusst, entdecken Sie, dass es keine Realität ist, sondern Ihr Gefühl, das seinen Ursprung in der Vergangenheit (Kindheit?) hat. Selbst wenn das Gefürchtete passieren sollte und Ihre Partnerin oder Ihr Partner tatsächlich eine andere Beziehung eingeht oder Sie betrügt, ist Demütigung etc. immer noch keine Realität, die Sie verschlingt, sondern ein Gefühl, das Sie einfach als solches wahrnehmen können.

Wenn Sie diesem Schmerz Ihr Herz geöffnet haben, konfrontieren Sie sich erneut mit der Situation und beobachten Sie die innere Veränderung. Sie werden jetzt mehr bei sich sein, geschützt durch Ihre eigene Präsenz, Bewusstheit, Achtung und Liebe. Nicht, indem Sie sich vor dem Schmerz schützen, sondern indem Sie ihn bewusst wahrnehmen und auf diese Weise bei ihm sind, erreichen Sie diesen Zustand des Geschütztseins.

Unter dem Schmerz steckt wiederum eine Sehnsucht. Entdecken Sie sie und öffnen Sie ihr Ihr Herz, wie auch immer die Umstände aussehen mögen. Sie ist Ihr innerstes Gefühl.

Neid

Dies ist ein gutes Beispiel dafür, wie tief körperzentrierte Herzensarbeit greifen kann. Ich stand vor einem schönen alten Haus mit hohen Räumen und Erkern und Balkons und einem Garten mit alten Bäumen darum herum. »Warum wohne ich nicht in so einem Haus?«, fragte ich mich. »Ich wünsche es mir doch schon so lange.« Neid! Ich fühlte ihn bewusst und entdeckte darunter den Glaubenssatz »Die anderen haben etwas, das ich nicht habe« (der aus der frühen Kindheit stammte und sich aufs Elternhaus bezog – andere hatten so etwas, ich nicht).

Mein Neid war zusammengesetzt aus zwei Gefühlen: dem Gefühl des Mangels und der Sehnsucht, etwas zu haben. »Ich wünsche es mir« wurde innerlich immer wieder verdrängt von »Ich habe es nicht«. Als ich dies entdeckte, wusste ich, dass ich den Wunsch und den Mangel beide für sich würdigen und ihnen mein Herz öffnen musste. Danach wurde mir klar, dass ich unbewusst stets bekräftigt hatte: »Das ist etwas, das andere haben, ich nicht«, und so hatte ich natürlich eine Realität erschaffen, in der andere so etwas haben und ich nicht. Mit diesem Gedanken war übrigens noch ein weiteres Gefühl verbunden, das ich dabei entdeckte: Wie ich da stand und neidisch war, fühlte ich mich wie jemand, der von etwas ausgeschlossen war, das ihm eigentlich gehörte oder zustand. Seltsam.

Da fiel mir etwas ein, das ich vor einiger Zeit erfahren hatte: nämlich dass die Eltern meiner Mutter in einem solchen Haus gewohnt hatten und dass meine Mutter – und damit indirekt auch ich – aus ihrer Familie verstoßen worden war (oder die Ereignisse zumindest dahingehend interpretiert hatte). Als ich mein Herz für das Gefühl des Ausgestoßenseins öffnete, ging eine tiefe innere Veränderung mit mir vor sich, so, als sei die Verbindung zu meiner Familie wiederhergestellt, als gehörte ich wieder dazu. Dazu passt übrigens, dass mir vor kurzer Zeit aus genau dieser, mir vorher völlig unbekannten Familie meiner Mutter ein Onkel zuwuchs. Ein Bruder von ihr tauchte plötzlich in meinem Leben auf und erzählte mir von jenem Haus. Und obendrein erschien mir im Traum die betreffende Großmutter.

Neid ist ein zusammengesetztes Gefühl, kann und soll aber zunächst als Ganzes betrachtet werden. Wie fühlt sich Neid körperlich an? Können Sie dieses Gefühl zulassen? Was braucht es von Ihrem Herzen? Erlaubnis? Verständnis? Erbarmen? Bestandteile von Neid sind, wie im obigen Beispiel illustriert, ein Wunsch und ein Schmerz: der Wunsch, etwas zu haben, und der Schmerz, der daraus entsteht, dass andere es haben und man selbst nicht.

Frustration

Sie ist ähnlich zusammengesetzt wie der Neid: aus den Gefühlen »Ich möchte es haben« (Wunsch/Sehnsucht) und »Ich bekomme es nicht« (Schmerz). Auch Frustration muss zunächst als Gesamtgefühl gewürdigt und dann in ihre Bestandteile zerlegt werden.

Verlangen, Begehren

Dies sind ebenfalls Gefühle, die Sie bewusst wahr- und annehmen sollten, anstatt nur mit ihnen identifiziert zu sein. Wenn wir nämlich nur mit ihnen identifiziert sind, nehmen wir sie nicht wahr, und obwohl sie unser Handeln beherrschen, lassen wir sie im Stich: weil wir (das heißt unsere Bewusstheit und unser Herz) nicht bei ihnen sind, sie nicht fühlen.

Wenn wir mit dem Zustand des Verlangens identifiziert sind, anstatt ihn wahrzunehmen, liefern wir uns in diesem äußerst verletzlichen Zustand anderen aus und machen uns zum Opfer. Wenn wir hingegen unser Verlangen fühlen und mit Atem, Bewusstheit und Herz bei ihm sind, sind wir durch unsere eigene Präsenz geschützt. Wir erkennen Verlangen als unser eigenes Gefühl und projizieren es nicht so sehr nach außen. Dadurch verkraften wir es auch besser, wenn wir nicht das bekommen, wonach wir verlangen, oder abgewiesen werden.

Ungeduld

Ungeduld ist ebenfalls ein Gefühl und kann als solches bewusst wahrgenommen werden! Indem man sich aus der Identifikation löst und Ungeduld als Gemütszustand bewusst fühlt, kann man ihr auf den Grund gehen. Am leichtesten funktioniert dies immer durch körperzentrierte Herzensarbeit: Denken Sie an eine Situation, in der Sie ungeduldig sind, nehmen Sie das dazugehörige Körperempfinden wahr, spüren Sie tief hinein und entdecken Sie das wahre Gefühl darunter. Ihm öffnen Sie Ihr Herz und Schicht um Schicht allem, was auftaucht, bis der Körper entspannt ist.

Es geht auch über den Kopf. Fragen Sie sich: »Was treibt mich an? Wovon will ich fort? Was kann ich nicht aushalten?« Irgendwo auf dem Grunde der Ungeduld sitzt ein Schmerz. Vielleicht taucht auf die Frage »Was kann ich nicht aushalten?« erst einmal ein Zwischengefühl auf: »Dazubleiben.« Dann ist das, was im Vordergrund steht und als Erstes gefühlt werden muss, der Zustand »Ich kann es nicht aushalten dazubleiben«. Wie fühlt er sich körperlich an? Was braucht er?

Dann geht es weiter: Sehen Sie sich die Komponente »Ich will fort von hier« näher an. Entdecken Sie darunter die Sehnsucht, zu entfliehen oder weiterzugehen oder woanders zu sein, je nach Einzelfall (das richtige Wort ist wichtig, um das Gefühl zu erkennen!). Dann stoßen Sie auf die Angst, die damit verbunden ist (vor dem, was geschieht, wenn man nicht fliehen kann), und schließlich das, wovor Sie Angst haben: den Schmerz. Was ist das Schlimme, das passieren könnte, wenn Sie dableiben? Forschen Sie nicht mit dem Verstand nach, sondern nehmen

Sie sich eine konkrete Situation vor und malen Sie sich aus, wie es wäre, dazubleiben (oder dableiben zu müssen) und es aushalten zu müssen (was?).

Vielleicht tauchen an dieser Stelle noch einige Ausweichmanöver auf – etwa die Gefühle »nichts fühlen« (dies ist auch ein Gefühl und kann als solches bewusst wahrgenommen und vom Herzen angenommen werden), »Abwesenheit«, »Unwille« –, aber wenn Sie geduldig bei der Vorstellung bleiben, wird irgendwann der Schmerz, um den es geht, auftauchen (zum Beispiel Eingesperrtsein, Ausgeliefertsein, Ohnmacht, Festgehaltenwerden und so weiter).

Unzufriedenheit

Unzufriedenheit ist ebenfalls ein zusammengesetztes Gefühl. Befreiung tritt auch hier ein, sobald man es in seine Grundbestandteile zerlegt und diesen ihren Platz im Herzen gegeben hat.

Würdigen Sie die Unzufriedenheit erst als Gesamtzustand. Dann prüfen Sie sie: »Was würde mich zufrieden machen?« Dies ist Ihre Sehnsucht. »Was macht mich unzufrieden? Wie fühle ich mich angesichts dessen, dass ich das nicht erreicht oder bekommen habe?« Achten Sie auf Ihren Körper! Werden Sie wütend oder ärgerlich? Spüren Sie bewusst in die auftauchenden Gefühle hinein, öffnen Sie ihnen Ihr Herz und finden Sie dann den Schmerz darunter. Fragen Sie sich: »Was ist, wenn ich Wut und Unzufriedenheit weglasse und den Zustand so, wie er ist, hinnehmen muss?«

Unerfüllt/unbefriedigt sein

Dieses Gefühl ist ebenfalls aus Sehnsucht (die hier den Charakter von Hunger oder Verlangen annimmt) und Schmerz zusammengesetzt. Frieden entsteht auch hier dadurch, dass man diese beiden Grundgefühle voneinander trennt, gesondert kennen lernt und ins Herz holt. Wenn Sie den Schmerz bewusst als Gefühl wahr- und annehmen, anstatt den zu Grunde liegenden Gedanken für eine Tatsache zu halten, entfernen Sie das, was die Erfüllung oder Befriedigung blockiert hat (siehe auch S. 138 ff.). Wenn die Sehnsucht befreit und angenommen ist, kann sie ihre schöpferische Kraft entfalten und uns das bringen oder in uns entstehen lassen, wonach wir uns sehnen.

Emotionaler Hunger, der aus der frühen Kindheit stammt (nicht oder nicht genügend gestillt worden zu sein, nicht genügend körperliche Zuwendung als Baby erhalten zu haben etc.) kann sich in (pseudo)sexuellem Verlangen, Sucht nach körperlicher Zuwendung oder Suchtverhalten niederschlagen. Wenn dies der Fall ist, sollten Sie den psychischen Hunger (das Bedürfnis, die Sehnsucht, das Verlangen) bewusst als Gefühl wahrnehmen und zulassen. Möglicherweise ist daran ein Gedanke gekoppelt (»Ich bekomme es nie«, »unstillbar« oder dergleichen), der es schwierig macht, den Hunger als Gefühl zuzulassen, sofern man mit diesem Gedanken identifiziert ist. »Für immer hungrig« ist ein unerträgliches Gefühl.

Wachen Sie aus der Identifikation auf, indem Sie beides bewusst anschauen: das Gefühl, das der Gedanke »nie« (oder »nie wieder«) oder »unstillbar«, »für immer« etc. in Ihnen erzeugt, möglicherweise das Gefühl »unerträglich« und den Hunger an sich.

Positive Gefühle

Positive Gefühle muss ich nicht lange kommentieren, da wir im Allgemeinen kein Problem mit ihnen haben. Niemand rauft sich die Haare, wenn er glücklich verliebt ist, oder kauft sich einen Ratgeber wie diesen, um herauszufinden, wie er mit seiner Freude umgehen soll. Allerdings ist es eine Tatsache, dass wir unsere positiven Gefühle ebenso verdrängen wie die negativen: die einen, indem wir sie uns nicht erlauben (zum Beispiel, weil wir uns schuldig fühlen), und die anderen, indem wir uns einfach mit ihnen identifizieren, wenn sie auftauchen, anstatt sie bewusst wahrzunehmen und auch ihnen einen Platz in unserem Herzen einzuräumen.

Freude, Wonne, Seligkeit, Entzücken, Liebe, Zärtlichkeit, Vergnügen, Frieden und *Zufriedenheit* wollen jedoch ebenso bewusst als Gefühle wahrgenommen und gewürdigt werden wie die negativen auch! Andernfalls lassen wir sie im Stich und liefern sie den Ereignissen und Mitmenschen schutzlos aus. So kann man uns unsere Freude und unseren Frieden wieder rauben oder unsere Liebe töten. Nehmen wir sie jedoch bewusst in unser Herz auf: und zwar durch die Anwendung des passenden Herzensschlüssels – meist wird das Erlaubnis oder Anerkennung sein, manchmal auch Raum (Sehnsucht übrigens will im Allgemeinen geehrt werden), dann erhalten sie einen geschützten Platz in unserem Herzen und werden zu einer Kraft, aus der wir jederzeit schöpfen können.

Mitleid

Mitleid ist eine emotionale Reaktion auf Schmerz, nicht der Zustand des offenen Herzens (ihn nennt man Mitgefühl). Es kann als Gefühl wahrgenommen und wie jedes andere Gefühl behandelt werden. Darunter sitzt nämlich eine Angst und der Schmerz, auf den sich die Angst bezieht (ein Schmerz, der einem im anderen begegnet und vor dem man sich durch Mitleid schützt). Mitgefühl als Qualität des offenen Herzens bedeutet, dass man das, was der andere fühlt, im eigenen Herzen fühlt, ohne ein eigenes Gefühl (wie Mitleid) dazwischenzuschieben.

Gefühle, auf die man nicht kommt

Ein Gefühl ist eine Art des inneren Erlebens, ein Gemütszustand, der körperlich erfahren wird. In vielen Jahren der Praxis körperzentrierter Herzensarbeit haben wir[48] etliche Gefühle entdeckt, die man zunächst nicht für solche hält. Man kommt einfach nicht auf die Idee, dass es sich dabei auch um Gefühle handelt. Deshalb übersieht man sie und bleibt mit ihnen identifiziert, anstatt sie als Gefühle wahrzunehmen und festzustellen, was sie vom Herzen brauchen. Oftmals bleibt man dadurch, dass man dieses Gefühl übersieht, in der Problematik stecken. Einige davon führe ich hier auf, um Ihnen eine Vorstellung von solchen Gefühlen zu geben.

Nicht-Fühlen

Manchmal, wenn man einer Sache auf den Grund gehen und ein ganz bestimmtes Gefühl, das eben noch spürbar vorhanden war, näher anschauen möchte, geschieht es, dass dieses Gefühl sich verflüchtigt und plötzlich »nichts mehr da ist«. Dieses »Nichts« ist jedoch auch ein Gemütszustand. Er muss ebenso bewusst wahrgenommen und gewürdigt werden wie jedes andere Gefühl.

Denken Sie also nicht, das »Nichts« sei falsch und müsse weg, beziehungsweise Sie müssten die Übung abbrechen, weil nichts da ist. Nehmen Sie vielmehr den Zustand des Nicht-Fühlens bewusst wahr und prüfen Sie, was er vom Herzen braucht (wahrscheinlich Anerkennung oder die Erlaubnis, überhaupt da zu sein). Es stellt sich stets eine große Erleichterung ein, wenn man das tut.

Unter dem Nicht-Fühlen ist natürlich ein anderes Gefühl verborgen. Im Allgemeinen gewährt uns Nicht-Fühlen Schutz vor etwas, vor dem wir Angst haben. Es ist wichtig, dass dieser Schutz existieren darf und dass auch die Angst und das Bedürfnis nach Schutz gewürdigt werden. Erst wenn diese Anteile sicher im Herzen aufgehoben sind – durch Anerkennung, Erlaubnis oder was immer sie brauchen – und man weiß, dass man sie immer wieder aufsuchen und in ihnen Zuflucht nehmen kann, hat man den Mut, sich dem zu nähern, was man fürchtet (dem darunter verborgenen Schmerz).

Dasselbe gilt für *Gefühlskälte* und *Gleichgültigkeit*. Ebenso für *»Abwesend sein«* oder *»Weg sein«*. Manche Menschen begeben sich in eine Art Abwesenheit, wenn sie versuchen, sich ein gefürchtetes Gefühl anzuschauen. Auf einmal sind sie »weg«. Aber »weg« gibt es nicht. Bewusstheit kann man immer einschalten – und man kann immer bewusst wahrnehmen, wie es sich anfühlt, »weg« zu sein. Lernen Sie den Zustand der Abwesenheit kennen, würdigen und integrieren Sie ihn und geben Sie ihm das, was er braucht – wahrscheinlich auch Erlaubnis.

Frieden, Gleichmut, ein angenehmes harmonisches Gefühl

All dies kann sich unvermittelt einstellen, wenn man ein »schlimmes« Gefühl aufs Korn genommen hat. Plötzlich ist es ganz friedlich, man fühlt sich so wohl. Man will gar nicht mehr fort aus diesem schönen Zustand. Wenn die Bewusstheit an diesem Punkt einschläft, bricht man die Übung ab, weil man meint, das Schlimme existiere nun gar nicht mehr, und alles sei wieder in Ordnung. Das ist jedoch ein Trugschluss.

Was auch immer geschieht, bleiben Sie bewusst! Und das bedeutet, alles, was auftaucht, mit der gleichen Neutralität und Bewusstheit wahrzunehmen – seien es positive, negative oder neutrale Gefühle. Jedem einzelnen davon müssen Sie Ihr Herz öffnen. Wenn Sie mit dem angenehmen Gefühl Ihre Bewusstheit verlieren und in die

Identifikation gehen, lassen Sie das »schlimme« Gefühl im Stich und verdrängen es erneut. Würdigen Sie hingegen das angenehme Gefühl ganz bewusst und geben ihm einen Platz in Ihrem Herzen, so wird es zu einem Bestandteil Ihrer selbst, den Sie jederzeit aufsuchen können und der Ihnen den Mut verleiht, sich dem Schlimmen zu nähern.

Verliebtheit, emotionale Liebe

Diesen emotionalen Zuständen ist ebenfalls nicht damit gedient, wenn wir einfach mit ihnen identifiziert bleiben und uns von ihnen fortschwemmen lassen. Das beschert uns mit Sicherheit Leid. Bewusst gefühlt und ins Herz aufgenommen, verleihen sie uns ein Gefühl der Kraft und Vollständigkeit und sind durch unsere Wahrnehmung und Achtung geschützt.

Grausamkeit, der Wunsch zu quälen

Auch Grausamkeit ist nicht nur eine Eigenschaft, sondern auch ein Gefühlszustand und kann ebenso wie alle anderen Gefühle neutral und bewusst wahrgenommen werden. Auch hierfür kann man sein Herz öffnen, wenn man mit dem Gefühl wirklich in Kontakt ist und seinen Hintergrund versteht (achten Sie im körperlichen Bereich besonders auf Kiefer und Zähne, aber auch auf Verspannungen im restlichen Körper, eventuell auch in den Augen). Grausamkeit ist im Allgemeinen das Ende einer langen Verdrängungskette.

Es gibt die kalte und die heiße Grausamkeit. Letztere will einen Schmerz zurück- oder weitergeben, den man selbst erlitten hat. Es soll wehtun, damit der andere spürt, wie weh er einem selbst getan hat beziehungsweise wie weh die Welt oder das Leben (oder die Eltern) einem getan haben. Bei kalter Grausamkeit kommt noch eine Gefühlsschicht von Kälte hinzu. Angefangen hat es mit einer Verletzung, die man nicht verkraften konnte, gefolgt von Wut, Wunsch nach Rache, Ohnmacht, Hass, wahrscheinlich Verbitterung. Schließlich blieb als einzig mögliche Rache das Abtöten aller Gefühle in einem selbst, das zu kalter Grausamkeit führte.

Suchen Sie den Schmerz, der unter Ihrer Grausamkeit begraben liegt, und erbarmen Sie sich seiner, indem Sie ihn fühlen, ebenso wie Ihren Zorn, Ihre Wut, Ihren Wunsch nach Rache und so fort. Dann ist Ihr Herz wieder offen, und der Albtraum ist vorbei.

Missbraucht/benutzt/vergewaltigt sein

Dies sind nicht nur Worte für das Erleiden realer Handlungen, sondern auch für Gefühle. Darum wollen sie auch als Gefühle wahrgenommen und gewürdigt werden.

Sie können sich beispielsweise in Einzelfällen hinter Erkrankungen des Urogenitaltraktes bei Frauen verstecken. Man sollte sich jedoch hüten, dies zu verallgemeinern. Aus meiner Erfahrung heraus ist Psychosomatik eine höchst individuelle Sache. Mancher versteckt einen Schmerz im großen Zeh, ein anderer einen inhaltlich gleichen Schmerz in der Brust.

Übergangen/unterdrückt/verdrängt sein

Unterdrückung und Verdrängung lassen wir selbst vielen unserer eigenen Gefühle angedeihen – wäre es nicht so, so wäre dieses Buch überflüssig –, aber zugleich steckt dahinter auch ein eigener Gefühlskomplex. Man selbst kann auch das Gefühl haben, verdrängt, unterdrückt oder übergangen zu sein. Deshalb muss man sich auch hier aus der Identifikation lösen, diesen Gemütszustand bewusst als Gefühl wahrnehmen und ihm sein Herz öffnen.

Unerträglich, es nicht aushalten können

Diese Gefühle werden leicht übersehen, weil man sie für Tatsachen hält, anstatt zu erkennen, dass »Ich kann es nicht aushalten« oder »Es ist mir unerträglich« nur eine Kombination aus Gedanke und Gefühl ist. Damit soll das Gefühl nicht klein geredet werden! Es kann ein riesengroßes Gefühl dahinter stecken – aber es ist eben nur ein Gefühl. Man kann es anschauen wie jedes andere Gefühl.

Dieses Gefühl steht oft im Vordergrund und hindert uns daran, das eigentliche Gefühl (das wir für unerträglich halten) wahrzunehmen.

Wehrlos/ausgeliefert/ohnmächtig sein

Auch dies sind Gefühle. Oft fällt es schwer sie zuzulassen, weil man Angst hat, tatsächlich ohnmächtig zu sein, sobald man in das Gefühl der Ohnmacht hineinspürt. Aber das Gegenteil ist der Fall. Solange Ohnmacht für Realität gehalten wird, ist man ohnmächtig. Sobald man Ohnmacht als Gefühl zulässt und bewusst wahrnimmt, ist man wieder bei sich und »in seiner Macht«.

Kraftlosigkeit, Müdigkeit, Mattigkeit

Dies mögen primär körperliche Zustände sein, aber da wir selbst in unserem Körper stecken und ihn beleben und beseelen (und ein toter Körper weder müde noch wach sein kann), gibt es keine rein körperlichen Zustände. Unser

Körper kann nicht matt sein. Wir sind matt, und diese Mattigkeit erleben wir wie alles andere auch mit unserem Körper. Oft gibt es einen scheinbar rein körperlichen Grund dafür – beispielsweise Überarbeitung –, aber Mattigkeit oder Müdigkeit ist dennoch unser eigener Zustand und nicht der unseres Körpers. Deshalb möchte sie wie jedes andere Gefühl auch als solches bewusst wahrgenommen und von unserem Herzen angenommen werden.

Wenn Sie sich müde, kraftlos, matt, ausgelaugt fühlen und trotzdem arbeiten oder eine bestimmte Leistung erbringen müssen, ist der gesunde Weg nicht der, die Mattigkeit aus Ihrem Bewusstsein zu verdrängen und sich künstlich fit zu machen, sondern die Mattigkeit bewusst als Gefühl wahr- und in die Situation mitzunehmen. Lassen Sie mich einen Vergleich anstellen: Wir können unser Baby auf den Rücken nehmen, wenn wir zur Arbeit gehen. Dort ist es gut aufgehoben, geborgen und getröstet durch den Hautkontakt, und wir haben die Möglichkeit, ihm von Zeit zu Zeit zu signalisieren, dass wir es wahrnehmen. Wenn es Hunger zeigt, unterbrechen wir kurz unsere Arbeit, um es zu stillen, und so weiter. So halten es bei den Naturvölkern in allen Weltgegenden die Mütter ohne großes Aufhebens, während sie ihrer Arbeit nachgehen.

Ganz genauso können auch wir mit einem Teil unserer selbst umgehen, der sich müde, lustlos oder unglücklich fühlt (oder auch mit anderen Gefühlen). Lassen Sie sie nicht zu Hause in einer Schublade und schicken Sie sie auch nicht fort, sondern nehmen Sie sie bewusst mit. Dadurch geht die Arbeit im Allgemeinen angenehmer und müheloser vonstatten, als wenn wir die Mattigkeit verdrängen (außerdem müssen wir dann nicht krank werden, damit die Mattigkeit zu ihrem Recht kommt).

Die Umwelt braucht übrigens davon nichts zu merken. Es ist sogar gerade umgekehrt: Die Gefühle, die wir zwar haben, aber nicht wahrnehmen, werden von anderen (sensiblen) Menschen oft bemerkt. Sie nehmen sie nicht unbedingt immer bewusst als unser Gefühl wahr, aber sie reagieren darauf mit Abwehr oder Unwohlsein, je nach ihrer eigenen psychischen Struktur.

Rache

Wenn jemand uns etwas Böses angetan hat, möchten wir auch ihn spüren lassen, wie weh das tut. Wir sehnen uns nach Ausgleich. Dieses Gefühl kommt in den besten Familien vor und ist ein Gefühl wie jedes andere auch. Ihm ist daher weder damit gedient, wenn man mit ihm identifiziert bleibt, noch mit Verdrängung – denn dadurch wird man es natürlich auch nicht los, sondern begibt sich erst recht unter seine Herrschaft, nur auf tückischere Art. Gehen Sie daher bewusst in dieses Gefühl hinein und stellen Sie fest, was es vom Herzen braucht. Und spüren Sie den Schmerz auf, der darunter liegt.

Stolz

Auch der Stolz ist ein natürliches Gefühl und will gewürdigt werden! Jedes Kind ist stolz, wenn es etwas Neues an sich entdeckt: »Schau her, was ich kann!« Wie fühlt es sich an, stolz zu sein? Was steht dem Zulassen des Stolzes im Wege? Das Vorurteil, dass man nicht stolz sein dürfe? Wer hat Ihnen das beigebracht – die Eltern? Denken Sie selbst in Wirklichkeit auch so oder haben Sie einfach das Denken Ihrer Eltern ungeprüft übernommen? Können Sie es jetzt prüfen und sich von dem, was Ihren Eltern, aber nicht Ihnen zu Eigen ist, distanzieren? Können Sie jetzt Ihr Herz öffnen für Ihren Stolz?

Oder denken Sie, dass Sie den Stolz nicht verdienen? Dass Sie wertlos sind? Schlecht? Schuldig? Oder was sonst? Prüfen Sie Ihr Gefühl. Sehen Sie es sich bewusst an und öffnen Sie Ihr Herz für all diese Gefühle – so lange, bis der Stolz von der Unterdrückung durch sie befreit ist und sie ihm Ihr Herz öffnen können.

Ungerechtigkeit

Dahinter steckt der Schmerz, Opfer von Ungerechtigkeit oder privilegiert zu sein, was zwei Seiten ein und derselben Medaille sind. Diese Erkenntnis verdanke ich der kanadischen Autorin Lise Bourbeau.[49] Ungerechtigkeit gehört zu den »seelischen Grundwunden«, an denen ein Mensch leiden kann. Eine typische Abwehrstrategie dagegen ist Starrheit.

Meiner Erfahrung nach ist es nicht leicht, sich aus der Identifikation zu lösen. Zunächst sollten Sie die Starrheit – die Unfähigkeit, sich aus der Identifikation mit dem Gedanken der Ungerechtigkeit zu lösen – als Gefühlszustand würdigen und ins Herz holen, ebenso wie die Angst vor dem Schmerz der Ungerechtigkeit, die Empörung und die Sehnsucht nach Gerechtigkeit. Dann wird es Ihnen leichter fallen, Ungerechtigkeit als Schmerz zuzulassen. Dabei geht es darum, Ihr Herz für den Schmerz der Ungerechtigkeit zu öffnen, was ein Akt des Erbarmens gegen Sie selbst ist; es geht jedoch nicht darum, Tatsachen zu akzeptieren. Wie man am besten mit den Tatsachen umgeht, weiß man, nachdem man sein Herz geöffnet hat. Vorher kann man es nicht wissen, weil die Sicht nicht neutral ist: Man betrachtet die Dinge aus der Identifikation mit dem Gefühl heraus.

Vertrauen, Misstrauen

Vertrauen ist ebenso wie Liebe und Unschuld unser natürlicher Zustand, den viele von uns aber auf Grund dessen, was sie erlitten oder getan haben, aus den Augen verloren haben. Vertrauen muss also, sofern Sie es verloren haben, als Gefühlszustand eigens wieder entdeckt werden. Dies funktioniert jedoch nicht dadurch, dass Sie sich Vertrauen einreden oder per Affirmation suggerieren (»Ab heute vertraue ich dem Leben«), sondern vielmehr dadurch, dass Sie Ihr Misstrauen beziehungsweise Ihre Angst bewusst fühlen und diesen Gefühlen Ihr Herz öffnen.

Meiner Erfahrung nach geschehen dann Dinge, die einem helfen, wieder zu vertrauen. Allerdings wird dies kein naives und unrealistisches Vertrauen in eine andere Person oder bestimmte Gegebenheiten sein, sondern mehr ein tieferes, allgemeines Vertrauen, dass alles genauso, wie es geschieht, gut ist.

»Im Kopf sein«, viele Gedanken haben

Auch das kann als Gefühlszustand wahrgenommen werden! Wenn Sie sich Ihren Gefühlen, Ihrem Atem oder Ihrer Körperwahrnehmung zuwenden oder meditieren möchten und das nicht schaffen, weil die Gedanken in Ihrem Kopf zu sehr lärmen, dann machen Sie bitte nicht den Fehler, zu denken, das sei falsch so und gehöre abgestellt: Denn nichts ist jemals falsch! Alles will einfach bewusst wahrgenommen werden. Nehmen Sie also vielmehr wahr, wie Sie sich mit dem Lärm in Ihrem Kopf fühlen. Auch dies ist ein Gefühl: Vielleicht ist es Verwirrung oder Nervosität; vielleicht hat es auch keinen der Namen, die wir Emotionen normalerweise geben. Aber es ist auch ein Gemütszustand.

Deshalb können Sie das Gefühl, »viele Gedanken im Kopf zu haben«, bewusst als solches wahrnehmen und feststellen, was es von Ihrem Herzen braucht. Außerdem ist da mit Sicherheit auch Angst: die Angst vor dem, was geschehen würde, wenn die Gedanken im Kopf Sie nicht mehr (wovon?) ablenken würden.

Wenn Sie von sich selbst behaupten: »Ich kann nichts fühlen, ich bin zu verkopft«, dann werfen Sie nicht die

Flinte ins Korn, sondern nehmen Sie wahr, wie Sie sich fühlen, wenn Sie »im Kopf« sind! Das ist Ihr Gefühl. Lassen Sie es so sein, wie es ist. Nehmen Sie es nur wahr. Öffnen Sie ihm Ihr Herz. Lassen Sie es gut sein.

Später können Sie sich fragen, wovor dieses »Im-Kopf-Sein« Sie schützen könnte. Was wäre denn das Schlimme, wenn Sie nicht in der sicheren Festung Ihres Kopfes säßen, sondern sich selbst fühlen müssten? Zu einer Antwort finden Sie aber wahrscheinlich erst, wenn Sie die Sicherheit, die es Ihnen gibt, »im Kopf« zu sein, würdigen, ihr einen festen Platz in Ihrem Herzen geben und sich versichern, dass Sie jederzeit dorthin zurückkehren können.

Opfer sein

Dies ist ebenfalls ein Gefühl und möchte als solches gewürdigt werden. Eventuell müssen Sie es von der Verdrängung durch Verachtung befreien. Lernen Sie die Verachtung als Gefühl kennen, stellen Sie fest, warum Sie das Opfergefühl verachten und wie Sie sich dabei fühlen, und öffnen Sie dafür Ihr Herz. Anschließend lassen Sie das Gefühl, Opfer zu sein, zu – jedoch ohne die Identifikation mit der Idee, ein Opfer zu sein. Sehen Sie es sich einfach als Gefühl an und eruieren Sie, was es vom Herzen braucht. Schließlich werden Sie zu dem Schmerz, der unter dem Opfergefühl versteckt ist, vordringen. Hat er mit Ungerechtigkeit zu tun?

Keinen Raum haben, eingeengt/erdrückt/ erstickt sein

Auch dies sind Gefühle und können bewusst gefühlt und zugelassen werden – wenn man sich klar macht, dass es Gefühle und keine Tatsachen sind, und sich am Atem festhält. Dies bedeutet nicht, den Atem irgendwie zu verändern – bei dieser Art Gefühl ist der Atem meist auch eingeschränkt –, sondern ihn bewusst wahrzunehmen.

Öffnen Sie das Herz für das Gefühl, keinen Raum zu haben oder eingeengt zu sein! Möglicherweise braucht es Raum. Damit ist nicht gemeint, dass *Sie* Raum brauchen – das liegt auf der Hand, nützt aber dem Teil nichts, der sich eingeengt fühlt. Geben Sie dem Gefühl, keinen Raum zu haben oder sich eingeengt zu fühlen, Raum in Ihrem Bewusstsein und in Ihrem Herzen. Es will nicht verdrängt sein, sondern wahrgenommen werden, braucht aber vielleicht auch Erbarmen oder Mitgefühl.

Schmutzig

Das Gefühl, schmutzig zu sein, stellt sich oft im Zusammenhang mit Sexualität ein. Es kann (muss aber nicht) als Problem hinter Herpes und Geschlechtskrankheiten stecken.

Weg/flüchten wollen

Dies ist ebenfalls ein Gefühl. Anstatt tatsächlich fortzugehen, sollten Sie das »Fortgehen-Wollen« bewusst fühlen und Ihr Herz dafür öffnen.

Nicht-Verstehen

Dieses Gefühl wird manchmal – obwohl es im Vordergrund steht und schreit – übersehen, weil man einfach nicht darauf kommt, dass es auch ein Gefühl ist. Es ist schwer zu ertragen, solange man damit identifiziert ist.

Ein Mann wurde noch Monate nach der Trennung von seiner Frau unablässig von dem Wunsch geplagt, sie möge ihm erklären, warum sie gegangen war. Es ließ ihm keine Ruhe. Er bombardierte sie mit Briefen und Anrufen, um das herauszufinden. Ich machte ihn darauf aufmerksam, dass es das Gefühl des »Nicht-Verstehens« war, das er nicht akzeptieren wollte, weil er es nicht aushielt. Er musste sein Herz dafür öffnen, dass er es nicht aushielt (etwas nicht aushalten zu können ist auch ein Gefühlszustand), und dann für das Nicht-Verstehen selbst, indem er es bewusst als Gefühl wahrnahm.

Warten

Auch dies ist ein Gefühlszustand. Es kann ein dominierendes Gefühl im Zusammenhang mit Unbefriedigtsein, Unerfülltheit und ungestillter Sehnsucht sein. Wenn dies der Fall ist, muss der Wartezustand als Gefühl wahrgenommen werden (statt dass Sie einfach nur ständig warten).

Hektik, Eile, Getriebensein

Nehmen Sie diese Gemütszustände bewusst als Gefühl wahr, anstatt immer nur getrieben zu sein. Fragen Sie sich: »Was halte ich nicht aus? Wovon strebe ich fort?«

Empörung, Rebellion, Auflehnung

Unter diesen Gefühlen sitzt natürlich ein Schmerz. Finden Sie für sich heraus, welcher Schmerz das ist, und stellen Sie sich ihm.

Mundtot/stumm/sprachlos sein

Dieses Gefühl manifestiert sich darin, dass man kein Wort hervorbringt, aber ebenso auch in einer Anspannung der Lippen. Fühlen Sie es bewusst! Und spüren Sie dem nach, was dahinter steckt. Schock? Das Gefühl, überrumpelt zu sein? Rebellion? Oder was sonst? Manchmal taucht das Gefühl auf, gelähmt zu sein. Bewusst fühlen und prüfen: Wovor schützt es Sie – vor welchem Schmerz?

Das Gefühl, das meistens übergangen wird

Das oberste, das ganz nahe liegende Gefühl wird oft übersehen, und weil wir es übersehen, kommen wir nicht weiter.

Um ein Beispiel zu nennen: Jedes Mal, wenn mein Partner ein verschlossenes Gesicht aufsetzt, entferne ich mich. Ich halte es nicht aus. Ich weiß, dass es daran liegt, dass ich mich abgelehnt fühle (oder zurückgewiesen oder gedemütigt oder im Stich gelassen oder wie auch immer Ihr grundlegender Schmerz heißt), und ich bemühe mich auch, den Schmerz bewusst zu fühlen – aber ich reagiere trotzdem immer gleich. Wie von der Tarantel gestochen springe ich auf und laufe weg. Das Gefühl, das ich übersehe, ist: »Ich halte es nicht aus.«

Etwas nicht aushalten zu können ist ein Gedanke, und dieser Gedanke erzeugt ein Gefühl – in diesem Beispiel das Gefühl, das zuoberst liegt und bewusst wahrgenommen werden will. Schaffe ich es, in der Situation das Gefühl, es nicht aushalten zu können, wahrzunehmen, anstatt es zu übergehen und zu flüchten, so kann ich dableiben und dieses Gefühl erforschen. Dann ist es eine interessante Übung und kein Drama! Und dadurch wird wahrscheinlich der Weg frei, meinem wahren Gefühl – dem, was ich nicht aushalte – mein Herz zu öffnen.

Wenn wir in einem Dilemma stecken und nicht weiterkommen, geht es möglicherweise darum, den Zustand, den wir Dilemma nennen, als Gefühl bewusst wahrzunehmen (anstatt einfach im Dilemma zu verharren). Ebenso verhält es sich, wenn wir meinen, in einem Teufelskreis gefangen zu sein (wie fühlt es sich an, wenn ich denke, in einem Teufelskreis zu sein? Was braucht dieses Gefühl vom Herzen?), keinen Ausweg zu sehen, festzustecken oder blockiert zu sein. All diese Gedanken erzeugen Gefühlszustände.

Die Blockade ist entfernt, wenn die Identifikation mit dem Gedanken aufgehoben ist – wenn man also, anstatt zu denken: »Ich sitze fest«, wahrnimmt, dass man ebendies denkt, und das dazugehörige Gefühl bewusst würdigt. Dann kann es weitergehen.

Wann immer Sie in der Übung, in einer Situation oder im Leben nicht weiterkommen, können Sie sich fragen: »Gibt es ein Gefühl, das ich übersehe? Welches Gefühl steht denn so sehr im Vordergrund, ist mir so nahe, dass ich es nicht wahrnehme?« Sie finden es heraus, indem Sie Ihre Gedanken beobachten, anstatt sie zu denken – rückwirkend oder gleichzeitig –, oder indem Sie Ihre Wahrnehmung auf Ihren Körper lenken und sich in seinen momentanen Zustand (angesichts der Problemsituation) so tief versenken, dass Sie Ihr Gefühl darin entdecken.

Teil IV: Zur Technik

Hier werden die wichtigsten Schritte der Methode, die ich bis hierher ausgeführt habe, zusammengefasst. Dabei modifiziere ich das Verfahren der körperzentrierten Herzensarbeit, das ich in zwei früheren Büchern ausführlich beschrieben habe, im ersten Abschnitt entsprechend der Herangehensweise, die ich für das vorliegende Buch gewählt habe, und gemäß neueren Entwicklungen ein wenig.[50]

Die Übung

Der Ausgangspunkt der Übung ist ein Problem oder zumindest das Thema, um das Ihre Gedanken momentan kreisen. Letztlich geht es bei der Übung nicht um Probleme an sich, sondern darum, sich seiner Gedanken und Gefühle bewusst zu werden, von der Beherrschung durch falsche Identifikationen befreit zu werden und sein Herz zu öffnen. Probleme stellen indes den idealen Einstieg für die Methode dar.

Der erste Schritt

Wecken Sie Bewusstheit. Mobilisieren Sie die Absicht, sich nach innen zu wenden und Ihre Gedanken und Gefühle anzuschauen.

Erinnern Sie sich: In der Welt da draußen oder bei der Person, über die Sie sich ärgern, mag alles Mögliche im Argen liegen; was Sie dabei angeht, ist zunächst einmal nur Ihr eigenes Gefühl: wie Sie sich mit der Sache fühlen, was die Situation mit Ihnen macht. Welche Angelegenheit dort draußen auch immer Ihnen zu schaffen macht – *wenn* sie Ihnen zu schaffen macht, sind Ihre eigenen Gefühle im Spiel. Dann ist da etwas, das Ihnen wehtut und um das Sie sich kümmern müssen. Die Situation gibt Ihnen die Gelegenheit, eine alte Wunde zu heilen. Um das tun zu können, müssen Sie die Blickrichtung ändern: Anstatt über die Situation, die Menschen oder die Dinge nachzudenken, müssen Sie sich umdrehen und die Art betrachten, *wie* Sie darüber nachdenken – Ihre Gedanken.

Zweiter Schritt

Beobachten Sie, welches Gefühl oder welche Gefühle Ihre Gedanken ausdrücken. Konzentrieren Sie sich auf das, was im Vordergrund steht: das deutlichste Gefühl, zu dem Sie den leichtesten Zugang haben. Schauen Sie nun statt auf den Inhalt der Gedanken auf die Emotion. Benutzen Sie aber die Gedanken, um die Emotion deutlicher zu machen. Übertreiben Sie die Gedanken, die dieses Gefühl ausdrücken, ruhig ein wenig.

Dritter Schritt

Fühlen Sie die Emotion. Richten Sie Ihre Aufmerksamkeit auf Ihren Atem und fühlen, erspüren, durchstreifen Sie Ihren Körper mit Ihrem Atem, während Sie den Emotionsgedanken zuhören. In welchem Teil des Körpers sitzt das Gefühl? Wie fühlt es sich an, wenn Sie es ganz zulassen? Lernen Sie diese Emotion kennen, während Sie Ihren Atem spüren.

Vierter Schritt

Öffnen Sie Ihrem Gefühl Ihr Herz. Fragen Sie sich, was es von Ihrem Herzen braucht.

PROBIEREN SIE DIE SCHLÜSSELWORTE DURCH. BRAUCHT ES:

- *Anerkennung* (die schlichte Anerkennung, dass es überhaupt existiert) statt Leugnung?
- *Erlaubnis* (was bedeutet, dass es da sein darf) statt Verbot?
- *Erbarmen* (was bedeutet, dass Sie sich seiner erbarmen und es fühlen), statt allein gelassen zu werden?
- *Mitgefühl*?
- *Verständnis* (das Herz versteht, indem es fühlt, es braucht keine Gründe)?

– *Respekt* (im Sinne von Achtung)?
– *Wahrnehmung als Gefühl*?

Zusätzliche Schlüsselworte, die auftauchen können, sind:

– *Rehabilitation* (das bedeutet, von der Verurteilung befreit zu werden)
– *Raum* (was vor allem bedeutet, dass man das Gefühl wahrnimmt und dass es sich ausbreiten darf)
– *Würdigung*.

Probieren Sie aus, auf welchen dieser Gedanken sich in Ihrem Innern etwas regt, eine subtile Veränderung auftritt, eine Erleichterung, ein Aufatmen; es können auch Tränen auftauchen – gute Tränen, Tränen der Erleichterung, der Erschütterung plötzlichen Verstehens oder Erbarmens. Das ist das Zeichen dafür, dass Ihr Herz sich dem betreffenden Gefühl geöffnet hat.

Fünfter Schritt

Nachdem Sie das Gefühl sozusagen in die Arme Ihres Herzens geschlossen haben und während Sie es dort festhalten, denken Sie nun wieder an die Ausgangssituation. Wie fühlt es sich an, dieser Situation ins Auge zu sehen, während Sie die betreffende Emotion bewusst in Ihrem Herzen fühlen? Welche weiteren Gefühle tauchen auf und möchten ebenfalls in Ihr Herz?

Variante: Körperzentrierte Herzensarbeit in ihrer ausführlichen Form

Vorbereitung

Denken Sie an Ihr Problem. Wecken Sie Bewusstheit in sich: also die Bereitschaft, alles, was in Ihnen auftauchen mag, neutral und bewusst wahrzunehmen und Ihr Herz dafür zu öffnen. Vergegenwärtigen Sie sich Ihr Problem, indem Sie an die oder eine konkrete Situation denken, in der es sich manifestiert (in Form von Erinnerung oder, wenn es sich um Zukünftiges handelt, Imagination).

Erster Schritt

Richten Sie Ihre Aufmerksamkeit auf Ihren Körper und Ihren Atem. Wie fühlt sich Ihr Körper an, während diese Gedanken in Ihrem Kopf sind? Wo beobachten Sie in Ihrem Körper etwas Besonderes (Verspannung, Schmerz, Stechen, Ziehen, Zittern, Schwitzen, Hitze, Kälte, Schlaffheit, Taubheit etc.)? Begeben Sie sich mit Ihrer Aufmerksamkeit und Ihrem Atem in die betreffende Region hinein und lernen Sie diese Körperempfindung kennen. Belassen Sie sie so, wie sie ist – Sie können auch zulassen, dass sie sich verstärkt. Erleben Sie sie bewusst. Spüren Sie Ihren Atem.

Zweiter Schritt

Wenn Sie dies aufmerksam tun, werden Sie irgendwann entdecken, dass dieser spezielle Körperzustand zugleich ein Gemütszustand ist, ein Gefühl. Nicht der Körper befindet sich in diesem Zustand, sondern Sie selbst. Aber Sie erfahren ihn körperlich. Um herauszufinden, welches Gefühl das ist, achten Sie darauf, wie Sie sich fühlen, während Sie die betreffende Körperempfindung bewusst erleben und Ihren Atem spüren. Wenn Sie Ihr Ausgangsproblem dabei im Hinterkopf haben, wird es leichter sein, die Emotion zu erkennen.

Dritter Schritt

Fühlen Sie diese Emotion. Das ist nicht dasselbe, wie den Körperzustand zu erfahren, und auch nicht dasselbe, wie die Emotion zu erkennen. Richten Sie Ihre Aufmerksamkeit nun ganz bewusst auf das Gefühl (das seelische Erleben) und spüren Sie Ihren Atem. Können Sie es zulassen? Wenn Sie sich aus der Identifikation lösen, geht es. Erforschen Sie, wie es ist, sich so zu fühlen.

Vierter Schritt

Öffnen Sie diesem Gefühl Ihr Herz, indem Sie sich fragen, was es von Ihnen braucht. Gemeint ist die Art der Annahme, die Sie ihm bislang verweigert haben. Probieren Sie die Herzensschlüssel durch. Einer von ihnen (siehe S. 218) passt immer – auch wenn manchmal andere, Ähnliches bezeichnende Worte stimmiger scheinen mögen. Wenn nicht, gibt es Widerstände: Gefühle, die sich davorschieben und erst (auf die gleiche Weise) gewürdigt werden müssen – und zwar so lange, bis Sie in der Lage sind, dem Gefühl, um das es ursprünglich ging, Ihr Herz zu öffnen.

Fünfter Schritt

Nun hat Ihr innerer Zustand sich verändert. Indem Sie sorgfältig darauf achten, diesen veränderten Zustand zu bewahren (also das Gefühl, dem Sie Ihr Herz geöffnet haben, in Herz und Bewusstsein zu halten), schauen Sie noch einmal zur Ausgangssituation zurück. Wie fühlt diese sich jetzt an?

Wenn Ihr Herz an diesem Punkt dem betreffenden Gefühl gegenüber wirklich offen ist, ergibt sich hier immer eine Veränderung zum Positiven hin. Die Situation sieht anders aus, wirkt anders auf uns. Man befindet sich außerhalb des Dramas, mehr bei sich, steht zu seinem Gefühl und fühlt sich ganz, heil und stark (selbst wenn das betreffende Gefühl Ohnmacht ist).

Prägen Sie sich diesen neuen Zustand gut ein, bevor Sie die Übung beenden. Dann können Sie nachher in der konkreten Situation innerlich in Kurzform dasselbe tun: das Gefühl bewusst und mit der Haltung des Herzens, die es braucht (Anerkennung oder was auch immer), da sein lassen und bei ihm sein, indem Sie es fühlen.

Arbeiten Sie auf diese Weise so lange mit Ihrem Problem, bis Sie auf dem Grund angelangt sind, also alle beteiligten Emotionen gewürdigt haben und zu derjenigen vorgedrungen sind, welche die Angelegenheit zu einem Problem für Sie gemacht hat: dem Schmerz, um den das Ganze sich dreht. Wenn Sie ihn gefühlt haben, sind Sie von der Problematik befreit (die ja nur durch die Verdrängung des Schmerzes entstand). Meiner Erfahrung nach ändert sich in der Folge auch die äußere Situation, manchmal auf recht überraschende Weise. Sie können dann noch einen Schritt weitergehen und auch die Sehnsucht befreien, die unter diesem Schmerz begraben lag (wie bereits ausgeführt).

Unsere Verdrängungsstruktur

Um Ihnen einen Hinweis darauf zu geben, welche Gefühle bei jeder Problematik im Spiel sein können, sei nun kurz erklärt, aus welchen hauptsächlichen Elementen unsere

Verdrängungsstruktur in jedem Fall aufgebaut ist. Dabei kann es zwischen den angeführten Gefühlsschichten durchaus weitere geben, die aus Mischgefühlen und allen möglichen anderen Gefühlsnuancen bestehen können.

In allem, was uns ein Problem bereitet, geht es im Kern um einen Schmerz. Um diesen herum sind die verschiedenen Gefühlsschichten aufgebaut.

FOLGENDE SCHICHTEN SIND IMMER VORHANDEN:

– Die oberste Schicht: unsere emotionale Reaktion auf den Schmerz (unsere Abwehr) = negative Emotionen wie Wut, Ärger, Trauer
– Darunter: Die Angst vor dem Schmerz (letztlich die Angst, ihn nicht überleben zu können)
– Die Kernschicht: der Schmerz selbst (verlassen, verraten, ungeliebt, gedemütigt, abgelehnt, verurteilt, schlecht, schmutzig, getrennt, übergangen, einsam, ignoriert, ausgestoßen, bloßgestellt etc. zu sein)
– Darunter begraben, solange man mit dem Schmerz identifiziert bleibt: die dazugehörige Sehnsucht (angenommen, geliebt, respektiert, wertgeschätzt, wahrgenommen zu werden, Sehnsucht nach Vertrauen, Absolution, Erlösung, Heilung/Heiligung (Reinigung), Zugehörigkeit etc.)

Diese Elemente gehören immer zu einer Problematik. Sie werden aber nur in den seltensten Fällen mit Ihrer Herzensarbeit nach diesem Schema vorgehen und sich systematisch bis zur untersten Schicht durcharbeiten. Das wäre zwar eine Vorgehensweise, wie der Verstand sie bevorzugt. Die Psyche aber hat ihre eigene Ordnung, und es ist das

Leichteste und Natürlichste – und oft auch das einzig Mögliche –, ihr zu folgen und die Gefühle so zu nehmen, wie sie auftauchen (in welcher kunterbunten Reihenfolge auch immer).

Vier Herangehensweisen

Grundsätzlich gibt es auf meinem einfachen Weg des Erwachens, den ich ebenso umständlich wie zutreffend körperzentrierte Herzensarbeit genannt habe, vier verschiedene Herangehensweisen.[51] Die ersten beiden habe ich oben geschildert. Ich fasse kurz zusammen:

1. Man geht von einem Problem oder Thema aus, das die Gedanken beschäftigt, beobachtet seine Gedanken, filtert die Emotion heraus, fühlt diese körperlich und öffnet ihr sein Herz – und so weiter Schicht um Schicht, bis man auf dem Grund angelangt ist.
2. Man geht von einem Problem oder Thema aus, das die Gedanken beschäftigt, nimmt den Körperzustand, der diese Gedanken begleitet, wahr und entdeckt in ihm die Emotion, der man dann sein Herz öffnet. Und so weiter Schicht um Schicht, bis man auf dem Grund angelangt ist. Dieses Verfahren hat gegenüber dem ersten den Vorteil, dass man über den Körper schneller an die wahren Gefühle kommt als über den Kopf, und den Nachteil, dass Menschen, denen es schwer fällt, ihre Körperzustände als Gefühlszustände zu erkennen, an dieser Hürde scheitern können. Für diese ist die erste Herangehensweise leichter.
3. Man geht von einer Emotion aus, die gerade beherrschend ist. Aus der Identifikation löst man sich, indem man seine Aufmerksamkeit auf den Körper richtet. Wie fühlt sich diese Emotion körperlich an? Das hilft, sie bewusst als Gefühl zu erleben, statt unbewusst von ihr überwältigt zu werden. Danach kann man ihr, wie oben beschrieben, sein Herz öffnen, und (gleich oder später, je

nachdem, wie es sich richtig anfühlt) sich dem zuwenden, was darunter liegt (denn unter jeder negativen Emotion liegt ein Schmerz und darunter wiederum eine Sehnsucht).

4. Man geht von einem Körperzustand aus, der einem zu schaffen macht: beispielsweise Rückenschmerzen. Man weckt Bewusstheit, spürt den Atem und heftet seine Aufmerksamkeit an den Atem. Mit Atem und Aufmerksamkeit fühlt man nun in die betroffene Körperregion hinein. Erleben Sie Ihren Zustand bewusst und mit ganzer Aufmerksamkeit – so lange, bis Sie das Gefühl darin entdecken. Es ist kein anderes Gefühl, sondern der Körperzustand *ist* das materialisierte Gefühl. Wie heißt es? Wie fühlen Sie sich, während Sie sich auf diese Stelle konzentrieren? Sobald Sie das Gefühl erkannt haben (geistiger Teil), können Sie es fühlen (seelischer Teil) und ihm Ihr Herz öffnen.

Dieser Ansatz kann schwieriger sein als die anderen. Es fällt vielen nicht leicht, in einem Körperzustand ihren Gemütszustand wiederzuerkennen, wenn man sich des Zusammenhangs nicht bewusst ist, in den dieser Körperzustand gehört. Etwas leichter geht es, wenn man sich die zur Zeit relevanten Elemente und Beziehungen seines Lebens vergegenwärtigt, während man sich auf die leidende Körperstelle konzentriert.

Ein Tipp zum Schluss: Sie müssen nicht unbedingt eigens Zeit für diese Übung aufwenden. Eigentlich ist sie auch gar nicht als *Übung* gedacht, sondern als *Weg* des Erwachens, als *Technik,* die es Ihnen in jeder Situation ermöglicht, aus Ihrer Identifikation mit Leid erzeugenden Gedanken aufzuwachen, Ihr Herz Ihren eigenen Gefühlen und denen Ihrer Mitmenschen zu öffnen, Ihre Fühl- und Wahrnehmungskapazität zu erweitern und zu vertiefen und zur Wahrheit zu gelangen. Um diesen Weg im Alltag gehen zu können, um in konkreten Situationen wach genug zu sein, damit Sie Ihr Herz öffnen können, kann es nötig werden, zuerst etliche Male in der Trockenübung zu arbeiten (wobei Sie natürlich Ihre jeweils akuten Probleme zum Anlass nehmen werden).

Aber dann wachen Sie mitten im täglichen Leben auf, in den konkreten Situationen, schwierigen wie schönen – sooft es Ihnen einfällt. Fühlen Sie sich! Und spüren Sie Ihren Atem. Der Atem bringt Sie zu sich selbst, in Ihren Körper, zu Ihrem Gefühl, zu Ihrer Wahrheit, zu Ihrem Herzen und in die Gegenwart zurück.

Anmerkungen

1 Wenn es Ihnen allerdings dazu verhilft, habe ich natürlich nichts dagegen.
2 Es gibt jedoch Menschen, die sich an ihre Geburt erinnern und bereits als Baby ein Bewusstsein einer eigenen Identität hatten; diese scheinen jedoch Ausnahmen zu sein.
3 »Negativ« und »positiv« sind hier nicht als Wertungen gemeint. Ein negativer Gedanke ist vielmehr als verneinend und ein positiver als bejahend zu verstehen.
4 Im schlimmsten Fall ist ein Mensch völlig »gefühlsblind« (dafür wurde eigens ein Wort erfunden: »alexithym«). *Der Spiegel* (49/2003) berichtete darüber, dass alexithyme Menschen erst lernen müssen, ihre Körperreaktionen als Gefühle zu deuten.
5 Sophie Kinsella: *Die Schnäppchenjägerin*, München 2001, S. 182.
6 Charlotte Joko Beck: *Zen im Alltag*, München 2000.
7 Ich verwende hier, dem alltäglichen Sprachgebrauch folgend, die männliche Form (»der« Wahrnehmende) als die menschliche, also geschlechtsübergreifende; ich bin mir der Problematik bewusst, möchte aber meinen Text nicht mit komplizierten Wendungen verschandeln (»der/die zu sein, der/die die Dinge auf seine/ihre Weise wahrnimmt«), aber auch nicht mit der Wortendung »– Innen« – FreundInnen –, die ich als Frau eher noch diskriminierender finde als die alte Version. Bis wir zu einem echten neuen, männlich-weiblichen Selbstverständnis gefunden und aus diesem heraus eine unverkrampfte neue Sprache entwickelt haben, bleibe ich bei der alten Version.
8 Ausführlich findet sich dies in meinem Buch *Herz öffnen statt Kopf zerbrechen*, München 2002, erklärt.
9 Diese Praxis habe ich ausführlich in *Herz öffnen statt Kopf zerbrechen* geschildert. Siehe dazu auch Charlotte Joko Beck: *Zen im Alltag*, München 2000.
10 Diese Aufzählung erhebt keinen Anspruch auf Vollständigkeit.
11 Das ist auch das große Problem beim »positiven Denken«. Viele Menschen kamen in meine Seminare, die hinter ihren aktuellen Problemen und Symptomen alte Gefühle und Gedanken entdeckten, von denen sie sich längst befreit wähnten: Schließlich hatten sie sich doch diese Gefühle und Gedanken schon vor Jahren durch besseres Wissen und positive Affirmationen ausgeredet!
12 Was natürlich umgekehrt genauso gilt. Sie wundern sich vielleicht darüber, dass Sie manche Menschen automatisch wie kleine Kinder behandeln. Sofern Sie das nicht grundsätzlich mit allen tun, liegt der

Grund wahrscheinlich darin, dass diese Menschen sich unbewusst für klein halten und sich ständig klein machen.

13 Bourbeau, Lise: *Heile die Wunden deiner Seele mit der Weisheit deines Körpers. Die Botschaften deines Körpers wandeln sich zur Quelle spiritueller Kraft*, Aitrang 2000.

14 Und eventuell auch je nach Vorgeschichte.

15 Ebenso wähnt sich ein Mensch, der sich zutiefst ungeliebt fühlt, durch Liebe bedroht, solange er damit identifiziert ist, »ungeliebt« zu sein.

16 Jane Roberts' *Die Natur der persönlichen Realität* und Prentice Mulfords *Unfug des Lebens und des Sterbens* sind meine Lieblingsbücher zu diesem Thema. Aber auch die Autoren Joseph Murphy, Catherine Ponder und Stuart Wilde weisen eindrücklich auf den Zusammenhang zwischen Gedanken und Schicksal hin.

17 Die körperzentrierte Herzensarbeit habe ich in zwei Büchern vorgestellt: in *Das Tao des Herzens* (ausführliches Arbeitsbuch) und dem Folgetitel *Herz öffnen statt Kopf zerbrechen*, das ein griffigeres Einsteigerbuch darstellt und mehr für den Alltag konzipiert ist.

18 Alle, die an der Materie interessiert sind, sollten dieses Buch unbedingt lesen: Jean Liedloff: *Auf der Suche nach dem verlorenen Glück. Gegen die Zerstörung unserer Glücksfähigkeit in der frühen Kindheit*, München 1999.

19 Man kann darüber diskutieren, ob diese negative Identifikation tatsächlich in unserer Kindheit neu entstanden ist oder schon aus einem anderen Kontext mitgebracht wurde. In diesem Zusammenhang führt es uns aber zu weit vom Thema weg.

20 Unser bewusstes, vernünftiges Ich denkt nicht so, aber unser Unterbewusstsein tut es.

21 Unser Körper kann zwar verletzt, verstümmelt oder getötet werden, nicht aber wir selbst. Denn wir sind nicht nur der Körper, aus dem bei unserem Tod das entweicht, was ihn belebt hat, sondern wir sind vor allem das, was diesen Körper belebt.

22 Diese Identifikation hat nicht unbedingt die äußere Situation verursacht, wohl aber die Tatsache, dass diese für Sie ein Problem geworden ist.

23 Darüber gibt es einige Literatur von Jirina Prekop, etwa für Eltern: *Hättest du mich festgehalten. Grundlagen und Anwendung der Festhalte-Therapie*, München 1992.

24 Dieses Ich steht in Anführungszeichen, denn wer ist das, der da geboren wird? Wer ist dieses Ich? Darüber muss man meditieren. So hat Ramana Maharshi als einzigen Kontemplationsgegenstand die Frage »Wer bin ich?« empfohlen.

25 Dies ist die Auffassung – oder Entdeckung – der Sufi-Mystiker, die ich aus meiner inneren Erfahrung heraus teile.

26 In meinen Büchern *Herz öffnen statt Kopf zerbrechen* und *Das Tao des Herzens* bin ich ausführlich darauf eingegangen; auch in Teil IV des vorliegenden Buches erkläre ich genauer, wie man damit umgeht.

27 Von diesem berühmten buddhistischen Mönch, Zen-Meister, Langsamgeher und Friedensstifter stammen zahlreiche Bücher. Hier beziehe ich mich auf *Ein Lotos erblüht im Herzen*, München 1992.

28 Mit »wahrnehmen« meine ich immer »fühlen«. Es geht nicht darum, etwas nur zur Kenntnis zu nehmen, sondern mit Körper und Atem zu fühlen.

29 Damit ich diese Gefühle würdigen und zu einem mir gehörenden Bestandteil meiner Innenwelt machen kann, muss ich allerdings auch den Schmerz der Trennung durchleiden.

30 Unter »würdigen« verstehe ich immer: das Gefühl bewusst fühlen und ihm sein Herz öffnen.

31 Sie erzeugt diese Gefühle nämlich nicht, sie aktualisiert sie nur. Die Gefühle waren vorher schon da, sind aber nicht bemerkt worden.

32 Raum und Zeit sind, wie Einstein sagte, nicht Gegebenheiten, sondern Arten des Denkens.

33 Diese Technik der Umkehrung ist ein wichtiges Element in Byron Katies Methode, *The Work* (siehe Literaturverweis im Anhang).

34 In Teil III und IV finden Sie unter einzelnen Problembereichen mehr darüber.

35 Unter »Vorzeit« verstehe ich hier: die vorgeburtliche Zeit im Mutterleib, die Geschichte unserer Vorfahren, eventuell frühere Leben.

36 Bücher von und über Bert Hellinger und seine systemische Familientherapie gibt es viele, zum Beispiel *Zweierlei Glück. Die systemische Psychotherapie Bert Hellingers*, hrsg. von Gunthard Weber, Heidelberg 1997.

37 Mehr über die Liebe des Herzens finden Sie in meinem Buch *Die Stimme des Herzens*, Bergisch Gladbach 2000.

38 Hazrat Inayat Khan: *Irdisches Glück und himmlische Glückseligkeit*, Heilbronn 1996, S. 88.

39 Dies ist einer der »Sprüche« aus meinem *Bewusstseins-Orakel*, München 2002 (Früherer Titel: *Den Weg des Herzens gehen*).

40 Siehe dazu auch Teil III, »Anmerkungen zu einzelnen Gefühlen«.

41 So haben wir Deutschen häufig mit solchen historischen »Schulden« aus der Nazizeit zu tun.

42 Der Mensch selbst, der sich ein Verbrechen aus einem vergangenen Leben anlastet, scheint der lebende Beweise dafür zu sein: Offenbar

hat er ja doch seinen Tod überlebt, wieso dann nicht auch seine Opfer?

43 Jane Roberts: *Die Natur der persönlichen Realität. Ein neues Bewusstsein als Quelle der Kreativität,* Genf 1985, S. 182 und 191.

44 Diese beiden christlichen Übungen verdanke ich Pir Vilayat Inayat Khan, der sie wiederum von Mönchen auf dem Berg Athos gelernt hat, und zwar in folgender Form: Man sitzt oder kniet und neigt mit jeder Wiederholung den Kopf ein wenig zum Herzen. Man wiederholt »Kyrie eleison«, wobei man sich auf seine Schuld konzentriert beziehungsweise alles auftauchen lässt, wofür man sich schuldig fühlt; dann wiederholt man auf die gleiche Weise »Christe eleison«, wobei man sich auf seinen Groll konzentriert und an die Menschen denkt, denen man grollt. Anschließend wiederholt man beide Mantras im Wechsel mehrere Male: »Kyrie eleison – Christe eleison.«

45 Siehe Literaturverzeichnis.

46 Safi Nidiaye: *Liebe ist mehr als ein Gefühl,* Genf 1990, S. 89.

47 Martin Buber: *Die Erzählungen der Chassidim,* Zürich 1987, S. 394.

48 »Wir« sind der Kreis derjenigen, die ständig praktizieren und sich darüber austauschen, darunter außer mir vor allem Gloria Preiß, die seit vielen Jahren mit mir zusammenarbeitet.

49 Bourbeau, Lise: *Heile die Wunden deiner Seele mit der Weisheit deines Körpers. Die Botschaften deines Körpers wandeln sich zur Quelle spiritueller Kraft,* Aitrang 2000.

50 Wenn Sie sich gründlicher über die Praxis der körperzentrierten Herzensarbeit informieren möchten, helfen Ihnen meine beiden folgenden Bücher weiter: *Das Tao des Herzens* ist ein sehr ausführliches Arbeitsbuch, das auch Hintergrundinformationen über die Methode enthält. *Herz öffnen statt Kopf zerbrechen* stellt seine Weiterführung dar, wobei ich dort die Methode auf eine mehr für den normalen Alltag geeignete Weise vorstelle. Parallel zum vorliegenden Buch erscheint auch eine CD gleichen Namens mit Übungsanleitungen zur körperzentrierten Herzensarbeit.

51 Die Übungsanleitungen auf meiner CD »Aufwachen – und lachen« entsprechen diesen vier Herangehensweisen.

Literatur

Beck, Charlotte Joko: *Zen im Alltag*, München 2000

Bourbeau, Lise: *Heile die Wunden deiner Seele mit der Weisheit deines Körpers. Die Botschaften deines Körpers wandeln sich zur Quelle spiritueller Kraft*, Aitrang 2000

Buber, Martin: *Die Erzählungen der Chassidim*, Zürich 1987

Inayat Khan, Hazrat: *Irdisches Glück und himmlische Glückseligkeit*, Heilbronn 1996

Inayat Khan, Pir Vilayat: *Erwachen. Eine Sufi-Erfahrung*, München 2001

Katie, Byron: *Lieben was ist. Wie vier Fragen Ihr Leben verändern können*, München 2002

Kinsella, Sophie: *Die Schnäppchenjägerin*, München 2001

Liedloff, Jean: *Auf der Suche nach dem verlorenen Glück. Gegen die Zerstörung unserer Glücksfähigkeit in der frühen Kindheit*, München 1999

Mulford, Prentice: *Unfug des Lebens und des Sterbens*, Frankfurt 1977

Nidiaye, Safi: *Das Bewusstseins-Orakel. Der Weg zum höheren Selbst*, München 2002

Nidiaye, Safi: *Das Tao des Herzens. Wie Sie Ihre Gefühle befreien*, Kreuzlingen/München 2000

Nidiaye, Safi: *Die Stimme des Herzens. Der Weg zum größten aller Geheimnisse*, Bergisch Gladbach 2000

Nidiaye, Safi: *Herz öffnen statt Kopf zerbrechen. Der Weg zu Freiheit, Freude und Frieden*, München 2002

Nidiaye, Safi: *Liebe ist mehr als ein Gefühl. Botschaften des höheren Selbst*, Genf 1990

Prekop, Jirina: *Hättest du mich festgehalten. Grundlagen und Anwendung der Festhalte-Therapie*, München 1992

Roberts, Jane: *Die Natur der persönlichen Realität. Ein neues Bewusstsein als Quelle der Kreativität*, Genf 1985

Thich Nhat Hanh: *Ein Lotos erblüht im Herzen. Die Kunst des achtsamen Lebens*, München 1992

Weber, Gunthard (Hrsg.): *Zweierlei Glück. Die systemische Psychotherapie Bert Hellingers*, Heidelberg 1997